Tod und Jenseits im Glauben der Völker
Herausgegeben von Hans-Joachim Klimkeit

Tod und Jenseits im Glauben der Völker

Herausgegeben von
Hans-Joachim Klimkeit

Autoren dieses Bandes:

Jakob Ozols, Josef Franz Thiel, Heinrich Schützinger, Hans-Joachim Klimkeit, Otto Plöger, Heinrich Zimmermann, Karl Hoheisel, Hanns Gabelmann, Tilman Nagel, Claus Vogel, Klaus Fischer, Klaus Sagaster

1978
Otto Harrassowitz Wiesbaden

Redaktor: Ulrich Vollmer

CIP-Kurztitelaufnahme der Deutschen Bibliothek

Tod und Jenseits im Glauben der Völker

hrsg. von Hans-Joachim Klimkeit. Autoren dieses Bd.: Jakob Ozols ... – 1. Aufl. – Wiesbaden : Harrassowitz, 1978.

(Sammlung Harrassowitz)

ISBN 3-447-01948-4

NE: Klimkeit, Hans-Joachim [Hrsg.]; Ozols, Jakob [Mitarb.]

Druck: Hubert & Co, Göttingen. Printed in Germany

Inhaltsverzeichnis

Vorwort

Die hier veröffentlichten Arbeiten sind aus einer Vortragsreihe hervorgegangen, die unter der Ägide des „Studium Universale" der Universität Bonn gehalten wurde. Als Vorsitzender dieser Einrichtung habe ich persönlich nicht mehr dazu beigetragen als die Bereitstellung des institutionellen Rahmens für die Vorträge. Wenn mich der verdienstvolle Herausgeber, H.-J. Klimkeit, dennoch zu einem Vorwort einlädt, so um des Gedankens willen, der im Namen dieser Institution enthalten ist.

Denn es bedarf wohl einer Erläuterung, was mit dem „Allgemeinen" des Studium Universale gemeint sei. Heute pflegt man vom „Interdisziplinären" zu sprechen. Komplexe Problembereiche, ausgedehnte Sachzusammenhänge oder verwandte Phänomene, die in verschiedenen Kontexten wesentlich abgewandelt werden, verlangen den Einsatz verschiedener Methoden und Disziplinen. Gelingt es, die Spezialisten zur Zusammenarbeit an einem „Projekt" zu bringen, bei der sie nicht nur Inhalte, sondern auch Methoden austauschen, so läßt sich ein besseres Ergebnis erhoffen als aus der Addition vereinzelter Bemühungen – wenn diese überhaupt möglich ist. Niemand bestreitet heute die Bedeutung dieses Ansatzes. Auch der vorliegende Band ist dem Gedanken des Interdisziplinären verpflichtet.

Allein, die Spezialisten kommen um des Objekts willen zusammen, um in der Richtung ihres speziell angesetzten Erkenntniswillens weiteren Fortschritt zu erzielen. Das Interdisziplinäre ist deshalb die Fortsetzung, nicht die Aufhebung der Spezialisierung, und so ist es nicht die Rückgewinnung des Allgemeinen. Dies liegt für unsere Erkenntnisbemühung vielmehr umgekehrt in dem, weshalb Erkenntnis erstrebt, erworben, verbreitet und geschätzt wird; in letzter Instanz ist das der Mensch, der durch die Erkenntnis menschlicher lebt.

Das gilt nicht erst, weil Wissen anwendungsfähig wäre oder zum materiellen Überleben dienlich. Es gilt schon und gerade, sofern wir uns durch Wissen orientieren, uns der Welt und unseres Ortes in ihr vergewissern, schließlich mehr darüber erfahren, wer wir selbst sind. Es ist immer noch sinnvoll,

Erkenntnis und Wissenschaft als Momente menschlicher Bildung anzusehen. Erst als humane Vollzüge erfüllen sie einen allgemeinen Sinn, der dann auch spezielle Themen und Verfahren der Wissenschaft als Elemente eines Studium Universale einzuordnen gestattet.

Es geht also nicht um Allgemeinbildung in traditionellem Sinne und schon gar nicht um Popularisierung. Die Wissenschaft kann ihre spezialistische Ausrichtung nicht aufgeben und soll es auch nicht. Aber sie kann ihre Sache so vorführen, daß jenes Allgemeine des humanen Bezuges deutlich wird, auch wo es nicht eigens thematisiert wird. Wo könnte das deutlicher geschehen als bei solchen Aussagen, Gedanken, Bildern und Werken, in denen Menschen ihr Verständnis vom letzten Daseinssinn ausdrücken?

Wolfgang Kluxen

Einleitung

Die hier zusammengefaßten Beiträge, die aus einer im Wintersemester 1976/77 an der Universität Bonn gehaltenen Ringvorlesung hervorgegangen sind, thematisieren eine menschliche Grundfrage, die im Zentrum eines jeden religiösen Glaubens steht. Daß diese Grundfrage heute nicht nur lebendig geblieben ist, sondern den modernen Menschen in einer Zeit zweckrationaler Lebensgestaltung sogar in besonderer Weise anspricht und bewegt, davon zeugt die in den letzten Jahren anschwellende literarische Produktion, die die Todesproblematik zum Gegenstand hat. Ist das Blickfeld der Öffentlichkeit einerseits bestimmt von vielfach suggerierten Idealen, die ein junges, kräftiges, gesundes, zeugungsfähiges Leben beinhalten, so verschafft sich doch andererseits der Kontrapunkt eines solchen verklärten Lebens, nämlich die Wirklichkeit des Alterns und Sterbens und die damit verbundene Sinnfrage in unserem heutigen Bewußtsein wieder Geltung. Und das, obwohl der konkrete Vorgang, der diesen Kontrapunkt sichtbar werden ließe, aus dem allgemeinen Erfahrungsraum des öffentlichen Lebens ausgeklammert wird und zumeist in klinischer Abgeschirmtheit vonstatten geht.

Angesichts der Tatsache, daß die Frage nach Tod und Jenseits in einer Zeit, die sich alles von der Neugestaltung dieses Lebens erhofft, doch wieder unüberhörbare Aktualität gewinnt, wäre eine nach „sozialrelevanten“ Gesichtspunkten vorgenommene Perspektiveneinteilung bei der Behandlung der Thematik denkbar und möglich gewesen. Sie hätte den Fachwissenschaftler, der in unmittelbarer Konfrontation mit der Todesproblematik steht, den theologischen Seelsorger, den Mediziner, den Psychologen und den Sozialwissenschaftler zu Worte kommen lassen. Eine solche Beleuchtung des Gegenstandes würde sicherlich deutlich machen, daß Tod und Jenseitshoffnung zwar nicht *für* die Gesellschaft, wohl aber *in* ihr eine nicht zu eliminierende menschliche Bedeutsamkeit besitzen.

Bei der Gestaltung des Vorlesungszyklus stand nun aber der Gedanke Pate, daß das Leben unserer Gesellschaft nicht nur durch kulturimmanente Bezüge bestimmt ist, sondern in zunehmendem Maße geprägt wird durch die Beziehungen, die sich zwischen den Gesellschaften unserer Erde auf allen Ebenen aufbauen. Diese Beziehungen bestimmen notwendigerweise auch unsere geistige Situation, ja den Horizont auch unserer entscheidensten Lebensfragen. Die methodischen und sachlichen Folgen der Sprengung des europazentrischen Weltbildes, zunächst durch orientalistische und ethnologische Forschung, mehr aber noch durch die modernen Kontakte ins wissenschaftliche Bewußtsein gehoben, diese Folgen legen es nahe, daß jede Suche nach letzten Prinzipien in ihrer Konsequenz weit über unseren gesellschaftlichen Raum hinausgreifen muß. Neben die gesellschaftliche Relevanz tritt somit als gleichberechtigte Norm sinnvollen wissenschaftlichen Fragens jene Bildungsrelevanz, die eine geistige Bewältigung der Situation weltweiter Begegnungen zum Maßstab hat. Diese Bildungsrelevanz hat aber mehr als nur die Vermittlung von Fakten zur Aufgabe. Es geht ihr um die angemessene Erfassung jener anderen Menschenbilder, zugleich jener Alternativformen menschlicher Lebensgestaltung und damit auch Jenseitshoffnung, die die Grundrisse darstellen für die Architektur ganz anderer Formen kultureller Selbstverwirklichung. Wer sich solcher Begegnung verschließt, mag seinen eigenen Weg gehen. Wer sich aber mit fremder Daseinsgestaltung und Glaubensüberzeugung beschäftigt, kann daraus Gewinn für ein tieferes Verständnis seines eigenen Lebens und Glaubens ziehen. So geht es gerade bei den Todesvorstellungen nicht zuletzt um die angemessene Erfassung jener anderen glaubensbegründeten und glaubensdenkerisch konkretisierten Auffassungen vom Menschen, die unser Menschenbild ergänzen und erweitern.

Indem wir in das Wesen zeitlich und räumlich fremder Glaubenswelten an einem entscheidenden Punkte einzudringen suchen, können und sollen wir also in und hinter den besonderen Erscheinungen die das Humane ansprechenden Gehalte aufsuchen. Diese aber sollen sichtbar werden als Lebensausdruck von Kulturwelten, die uns Überzeugungen und damit Dokumente der Menschlichkeit und nicht nur textliche und künstlerische Kuriositäten hinterlassen haben. Erst unter dieser Voraussetzung ist auch die Begegnung mit der Welt fremder Religionen mehr als nur geschmackvolle Mode, mehr als nur spielerische Beschäftigung mit einem romantischen Anderswo und Anderswie. Sie zielt vielmehr ab auf die Erkenntnis von Lösungen in der Bewältigung des Daseinsvollzuges, die tatsächlich allgemeine und überzeugende Bedeutsamkeit gewannen und deshalb auf den Nenner des wissenschaftlich Relevanten, d.h. des Bildungsrelevanten in unserem Sinne, gebracht werden können.

Diese anderen Entwürfe des Humanen, diese fremden Bilder vom Menschen und seiner letzten Bestimmung, die ihren Ausdruck im Gesamtkomplex der fremden Kultur finden, beanspruchen zum Teil schon in der pluralistischen

Welt ebenso ihren Rang wie die aus dem Erbe der europäischen Antike und der abendländischen Denkbemühung hervorgegangenen Auffassungen. Die volle Tragweite dieses Sachverhaltes, daß auch außereuropäische Leitbilder und Sinnbilder Geltung beanspruchen für Gesellschaft und Wirtschaft, für Recht und Politik, für öffentliche wie für persönliche Lebensgestaltung, können wir heute schon ahnen. Doch erst in dem Maße, in dem die Rückbesinnung auf die eigenen kulturellen und damit auch religiösen Orientierungen in der außerwestlichen Welt sich tatsächlich expliziert und entfaltet, wird das ganze Gewicht jener anderen „humanistischen" Konzeptionen in Erscheinung treten, die sich auf dem Grundtenor eines anderen Glaubensverständnisses aufbauen.
Diese fremden Konzeptionen aber treten uns nirgends klarer vor Augen als in der von der Religion gestifteten Fundierung menschlicher Existenz diesseits und jenseits der Todesgrenze. Sie gewinnen ihre größte Anschaulichkeit in den Bildern vom Schicksal des Menschen nach dem Tode. Nicht nur die Bilder, sondern auch den zugrundeliegenden Glauben mit seiner zeitlichen Fernwirkung oder räumlichen Ausstrahlung zur Anschauung zu bringen, das war das ebenso schlichte wie anspruchsvolle Ziel der Vorlesungsreihe.
Praktisch erfolgte die Zusammenstellung der Themen nach Maßgabe der zeitlichen und personellen Möglichkeiten, die sich in Bonn im Winter 1976/77 für die Veranstaltung ergaben. Die Auswahl der behandelten Bereiche ist damit nach verschiedenen Richtungen hin ergänzungsfähig. Der angebotene Stoff kann und soll grundsätzlich ein Bild von der Vielfalt fundamentaler Glaubensvorstellungen in bezug auf Tod und Jenseits vermitteln. Irgendeine Vollständigkeit war nicht angestrebt.
Die praktische Aufgabe einer Koordinierung der Veranstaltungen fiel der Religionswissenschaft zu. Als Ort der Vermittlung interdisziplinär aufeinander bezogener religionshistorischer Forschungsrichtungen bringt sie damit zum Ausdruck, daß sie nach verschiedenen Richtungen hin zwar nicht immer ein Wort mitzusprechen, wohl aber immer ein Wort mitzuhören hat. Durch ihren Standort im Kosmos der *universitas litterarum* bestätigt sie die allgemeine Regel, daß alle beteiligten Disziplinen im Methodischen so gut wie in den Substanzen einander ergänzen, wenn es um die Erfassung des Humanen in seinen letzten Bezügen geht. Indem sie darüber hinaus bemüht ist, ein möglichst reiches Liniennetz von diversen Grundüberzeugungen sichtbar werden zu lassen, will sie eine solche Einheit der Wissenschaft vom Menschen als Möglichkeit und unaufgebbares Ziel beschwören, die getragen ist von der lebendigen Kommunikation der Fachgelehrten, die gerade den Glauben des Menschen und damit wohl sein kostbarstes geistiges Gut in die

wissenschaftliche Diskussion miteinbeziehen. Die Religionswissenschaft geht dabei von der Zuversicht aus, daß die umfassende Fragestellung die sorgsame Spezialforschung nicht beeinträchtigt, sondern sowohl voraussetzt wie ergänzt. Indem sie ferner von ihrem Fach her den Blick auf den tiefen Hintergrund und weiten Rahmen des Glaubensbildes lenkt, das aus sachlicher und zeitlicher Begrenzung nur im Ausschnitt vermittelt werden konnte, knüpft sie an eine wesentliche Intention der traditionellen Religionswissenschaft an. Diese war von jeher bemüht, das in fachspezifischer Arbeit gewonnene Bild einer voraufgegangenen oder fremden Religion so darzustellen, daß sie weder als fremde Kuriosität noch als irgendein verklärtes Gegenideal erscheint. Die Glaubenswelt zeitlich und räumlich entfernter Menschen wird bei einem solchen Vorgehen zweifellos weiterhin seltsame, fremdartige und zuweilen auch abschreckende Züge aufweisen. Sie kann aber beanspruchen, von ihrer je eigenen verstehbaren Gesetzlichkeit her exegesiert und dargestellt zu werden, ehe sie irgendeiner weiterführenden kritischen Explikation zugeführt wird. Ein solches maßstabgerechtes Begreifen des fremden Glaubens ergibt sich als Forderung aus der Tatsache, daß nicht nur unser sozialer, sondern auch unser geschichtlicher Horizont über die entscheidenden geistigen Traditionen des Abendlandes und Israels hinausweist.

Gerade deshalb ist aber auch eine vom Fachmann vorgenommene Darstellung des antiken und biblisch-christlichen Glaubens im Rahmen einer umspannenden Sicht der Dinge geboten. Denn eine Zusammenstellung verschiedener Menschenbilder und Glaubenshoffnungen schließt keineswegs eine Nivellierung oder Verwässerung aller Überzeugungen in sich. Die vergleichende Synopse soll eher dazu dienen, die je besondere Sicht der Dinge, das je eigene und unverwechselbare Profil einer jeden Religion um so schärfer ins Gesichtsfeld treten zu lassen. Indem wir verschiedene Fachleute zu Worte kommen lassen, ohne dabei eine abstrakte Synthese oder übergreifende Summa gleichsam als Fazit zu formulieren, machen wir uns auch jene Grundintention religionshistorischer Arbeit zu eigen, die gerade im „kontrastdiagnostischen" Vergleich das geeignete Mittel sieht, um die Alternativformen religiösen Sinnstrebens zu würdigen.

War die Reihe ursprünglich nur als Vorlesungszyklus konzipiert, so sah sich der Veranstalter im Laufe des Semesters dem vielfachen Wunsche gegenüber, eine Veröffentlichung vorzunehmen. Indem er diesem Wunsche entsprach, überließ er es dem einzelnen Referenten, in welchem Maße er seinen ursprünglich nur als Vorlesung konzipierten Beitrag bearbeiten und mit Anmerkungen versehen wollte. Auch die innere Gliederung des Stoffes war dem einzelnen Mitarbeiter freigestellt. Im allgemeinen ist der Vortragsstil beibehalten worden. Grundsätzlich wollen die Beiträge ihrer Konzeption gemäß als Vorlesungen für eine allgemeine Zuhörerschaft gelten und in erster Linie gesicherte Ergebnisse einer Disziplin, nicht unbedingt neue Forschungseinsichten vermitteln. Daß auch ein solches Unternehmen ein legitimes und notwendiges wissenschaftliches Unterfangen darstellt, da es den Inhalt der fremden Glaubenswelt zum Rang eines auch uns angehenden Bildungsstoffes erhebt, dürfte nach dem oben Gesagten klar sein.

Es bleibt mir, zunächst meinen Mitarbeitern Frau Dr. Ilse Pehl und Herrn Ulrich Vollmer für die mit der Koordination von Vorlesungen und deren Veröffentlichung verbundene Mühe, die sie bereitwillig mittrugen, herzlich zu danken. Ulrich Vollmer hat in aufopfernder Geduld die besondere redaktionelle Arbeit, die ein Sammelband erfordert, sowie die Herstellung des Registers übernommen. Dem Verlag Harrassowitz bin ich zu Dank verpflichtet für sein Entgegenkommen in der Herstellungsfrage und in der Aufnahme von Bildmaterialien. Schließlich gebührt mein Dank den Referenten, die sich der Arbeit einer Vorbereitung ihrer Beiträge für den Druck unterzogen haben.

Hans-Joachim Klimkeit

Jakob Ozols

Über die Jenseitsvorstellungen des vorgeschichtlichen Menschen

Obwohl es überraschend klingen mag, die älteste uns faßbare religiöse Äußerung des frühen Menschen ist sein Glaube an eine in ihm wohnende nichtmaterielle Seelengestalt. Diese Feststellung geht aus einer Anzahl von Schädeln und Unterkiefern hervor, die in altsteinzeitlichen Siedlungen oder in ihrer Nähe gefunden worden sind. Da es aus dieser Zeit keine Bestattungen im späteren Sinne gibt, liegt es nahe, für das Vorhandensein der genannten Funde ähnliche Vorstellungskomplexe anzunehmen, wie sie aus den isolierten Schädel- und Unterkieferniederlegungen der späteren Zeit zu erkennen sind.

Eines der bekanntesten Beispiele dieser Art ist der Befund in der Guattari-Grotte am Monte Circeo in Italien. Dort befanden sich in einem Höhlenabschnitt, der seit dem Ende der Eiszeit verschüttet war, ein menschlicher Unterkiefer und ein mit Steinen umstellter und mit Ocker bestreuter Schädel, und – auf dem Boden verstreut – lagen Knochen von verschiedenen Jagdtieren.

Nicht minder eindrucksvoll sind zwei Schädelnester in der Großen Ofnethöhle bei Nördlingen in Bayern. Alle 33 Schädel waren zwischen dem 3. und 4. Rückenwirbel abgetrennt und an zwei Stellen unweit des Einganges in flachen Mulden niedergelegt. Kreisförmig angeordnet, mit dem Gesichtsteil gegen den Ausgang aufgestellt und mit Rötel bedeckt, lassen sie unübersehbar einen mit ihnen vollzogenen Brauch erkennen.

Schon diese Beispiele zeigen eindeutig, daß hier eine außergewöhnliche Behandlung der vom Körper getrennten Schädel vorliegt, die nur mit geistigen und religiösen Vorstellungen zu erklären ist.

Sucht man nach entsprechenden religionswissenschaftlichen Parallelen, so findet man ein ähnliches Vorgehen bei manchen Naturvölkern. Auch sie trennen die Köpfe ihrer toten Angehörigen vom Körper, stellen sie an besonderen Plätzen auf, setzen sie auf lebensgroße Puppen oder führen sie einfach mit sich. Einige australische Stämme pflegen statt des ganzen Schädels nur den Unterkiefer mitzutragen [1].

Die Erklärung für diesen seltsam erscheinenden Brauch besagt, daß durch ihn die Anwesenheit und der Schutz der verstorbenen Ahnen gesichert sei. Solche Ansicht beruht wiederum auf der Überzeugung von einer nicht körperhaften, in dem Kopf oder dem Körper beheimateten Seelengestalt, die als verkleinertes Abbild auch nach dem Tode des Betreffenden weiterlebt und in einer Verbindung mit dem Kopf bzw. dem Schädel des Verstorbenen steht.
Die Überzeugung, daß der Mensch, aber auch das Tier, eine unsterbliche Seelengestalt besitzt, ist nicht nur bei vielen primitiven, sondern mit Ausnahme des Buddhismus auch bei allen anderen Hochreligionen zu finden.
Entwicklungsgeschichtlich gesehen dürfte die älteste Stufe dieses Glaubens der allgemeine Animismus gewesen sein, die nächste der in der letzten Eiszeit zur Ausprägung gekommene Schamanismus, der in Nordasien in fast unveränderter Form bis in die ersten Jahrzehnte unseres Jahrhunderts erhalten war.
Nach den Schilderungen der Schamanen ist dieses kleine Ich von schattenhafter Beschaffenheit und daher weder greifbar noch mit gewöhnlichen Waffen verwundbar. Es ist die Schutzmacht und zugleich auch das eigentliche „Leben" des Betreffenden. Ohne Seelengestalt ist ihr Eigentümer hilflos und krank. Nach dem Tode trennt sich die Seelengestalt von dem Körper und führt ihr eigenes, weitgehend vom Körper gesondertes Leben weiter. Sie kehrt jedoch immer wieder zu dem Skelett und insbesondere zu dem Schädel zurück, um sich dort auszuruhen. Bei Lebenden verläßt sie den Kopf nur nachts oder in außerordentlichen Situationen, wie plötzlichem Erschrekken, schwerer Krankheit oder bei besonderen Zuständen wie in der Trance und Ekstase. Die Seelengestalt darf aber nicht lange ausbleiben. Wenn sie nicht bald zurückkehrt, wird der Mensch krank, er ist vielen Gefahren ausgesetzt, und bei längerer Abwesenheit der Seelengestalt muß er sogar sterben.
Die größte Gefahr droht der Seelengestalt von den Geistern. Sie kann von ihnen entführt oder verwundet werden. Das gleiche droht auch ihrem Eigentümer. Wird die Seelengestalt jedoch geheilt, so wird auch ihr leiblicher Träger gesund. Insofern stehen die ältesten uns bekannten Anfänge der Krankenheilung gleichfalls in unmittelbaren Beziehungen zu diesem geheimnisvollen, schattenhaften Ich.
Wenn die Seelengestalt den Körper verläßt, unterliegt sie nicht mehr den gewohnten Gesetzmäßigkeiten. Sie kann mühelos große Entfernungen überwinden und an unbekannte oder nicht mehr zu der diesseitigen Welt gehörende Orte gelangen. Sie ist auch nicht an eine bestimmte Zeit gebunden, und sie kann wie das Vergangene so auch das Zukünftige erleben. Sie kann ferner die Seelengestalten längst verstorbener Menschen treffen, Geistern begegnen und ungewöhnliche Abenteuer bestehen.

Aus solchen und ähnlichen Aussagen ist unschwer zu erkennen, daß diese Vorstellungen vor allem auf Traumerlebnissen beruhen, daß aber auch die Erfahrungen von Visionen, Halluzinationen und Selbstsuggestion daran beteiligt sind. Einige Anzeichen lassen sogar metaphysische oder parapsychologische Eindrücke vermuten [2].

Auf die enge Verbindung zwischen der Seelengestalt und dem Kopf gehen auch die sogenannten Schädeltrepanationen zurück. Es sind runde, künstlich hergestellte Schädelöffnungen, die, nach den vernarbten Randflächen zu urteilen, bei lebenden Menschen vorgenommen worden sind. Es gibt jedoch Schädel, an denen eine Trepanation ersichtlich nach dem Tode des Betreffenden erfolgt ist. Gerade diese Fälle sprechen entschieden gegen die weit verbreitete Ansicht, daß man mit solchen Eingriffen versucht habe, vorhergegangene Schädelverletzungen oder sogar den Irrsinn zu heilen [3]. Betrachtet man die Trepanation dagegen als den Versuch, der Seelengestalt ein ungehindertes Ein- und Austreten aus dem Schädel zu verschaffen, so läßt sie sich ohne weiteres mit den sogenannten „Seelenlöchern" in den Steinkistengräbern vergleichen. Auch dort sind runde Löcher an einer der Schmalseiten ausgehauen worden, von denen man allgemein annimmt, daß sie für solchen Zweck gedacht sind. Sie stellen gewissermaßen einen Zugang der Seelengestalten zu ihren in dem Grab liegenden Skeletten dar. Entsprechende Seelenlöcher in den Hausgiebeln sind außerdem wie aus der europäischen Volkskunde so auch aus der außereuropäischen Ethnologie bekannt [4].

Wie der damalige Mensch sich die Seelengestalt vorgestellt hat, zeigt eine Malerei auf einem Felsen unweit des Dorfes Šiškino an der Lena. Sie erscheint dort als eine winzige Figur neben dem Vorderhuf eines im Vergleich zu ihr riesengroßen Tieres (Abb. 1). Da sie eine für den Schamanen typische Tracht trägt, ist mit ihr wohl die Seelengestalt eines Schamanen gemeint. Der genannte Felsen, der auch viele andere Darstellungen besitzt, wird sinnvollerweise die „Schamanenfelswand" genannt.

Die Seelen der Toten gehören nach antiker Denkweise nicht mehr der diesseitigen Welt an. Sie haben ihren eigenen Lebensbereich, der das Jenseits genannt wird. Diese Geister- oder Schattenwelt – sie wird auch so genannt – ist aber schon für den eiszeitlichen Menschen ein fester Begriff gewesen. Sie gehörte ebenso zu seinem Weltbild wie das Diesseits. Beredte Zeugen dafür und für die Ernsthaftigkeit, mit der er sich mit dieser Schattenwelt auseinandergesetzt hat, zeigt seine bildnerische Tätigkeit. Es ist dabei gleich, ob es sich um Schnitzereien an Waffen und Geräten, um kleine freistehende Figuren oder um Gravierungen auf Steinen oder Knochen handelt. Alle diese Darstellungen sind von seinen Jenseitsbegriffen gleichermaßen geprägt oder unmittelbar auf sie bezogen. Am eindrucksvollsten hat der eiszeitliche

Abb. 1: Mit roter Farbe ausgeführte Malerei auf einer Felswand beim Dorf Šiškino an der Lena.

Mensch seine mit dem Jenseits verbundenen Vorstellungen in den Felsbildern zum Ausdruck gebracht. Die Höhle war für ihn das Jenseits, das er mit seiner künstlerischen Tätigkeit von einer bloßen Idee zu einer für ihn existenten und nicht wegzudenkenden Wirklichkeit umgestaltet hat.

Die Gründe, die den damaligen Menschen bewogen, die Höhle zum Jenseits zu wählen, sind nicht schwer zu erraten. Man braucht nur eine Höhle unter ähnlichen Bedingungen wie er zu betreten und die Eindrücke auf sich einwirken zu lassen. Diese fügen sich dann zu einem ähnlichen Bild zusammen, wie es uns in der späteren und bekannten Überlieferung entgegentritt. Die Höhle muß aber ihre natürliche Beschaffenheit behalten haben und völlig dunkel sein. Die mit Gehwegen ausgestatteten, ausgeräumten und hell angestrahlten Höhlen sind für diesen Zweck völlig ungeeignet. Zur Beleuchtung nimmt man eine mit Fett oder Öl gefüllte offene Lampe oder brennende Holzscheite mit – Lichtquellen, über die auch der damalige Mensch verfügte.

In eine solche natürlich gebliebene Höhle steigt man über hohe Schuttanhäufungen oder durch ein enges Loch. Dieses Hinabsteigen kommt einer Grenzüberschreitung gleich. Man läßt den Tag und das Licht der Sonne hinter sich und begibt sich in eine nie endende Nacht hinein.

Der nächste Eindruck ist das eigenartig veränderte Raumgefühl. Wenn man nicht gerade einen schmalen Durchgang passiert oder durch einen niedrigen

Gang geht, sieht man in dem schwachen Lichtkegel der Lampe nur den Boden unter den Füßen und einen kleinen Ausschnitt der nahestehenden Wand. Alles andere ist von der undurchdringlichen Finsternis verschluckt. Der dadurch hervorgerufene Eindruck einer unerkennbaren Weite hebt zeitweilig das Raumgefühl völlig auf.
Ähnlich ist es mit dem Zeitsinn. Auch der ist gestört. Die in der Höhle verbrachte Zeitspanne kann entweder unmerklich zusammenschrumpfen oder sehr lang erscheinen.
Befremdlich und mitunter beängstigend wirkt sich auch die Lautlosigkeit aus, die nur vom tropfenden Wasser oder dem Rauschen eines Wasserlaufes unterbrochen wird. Die sonst vorherrschende Stille vermittelt den Eindruck einer absoluten Leblosigkeit.
Es sind dies Empfindungen, die man nicht mit der Nacht im Diesseits vergleichen kann. Die Nacht hat ihr eigenes Leben, und sie ist selten völlig dunkel und derartig bedrückend. In der Höhle hingegen ist tatsächlich alles tot und still, und es gibt auch kein Ende dieses Zustandes. So ist es nicht verwunderlich, wenn der damalige Mensch die Höhle für die Welt der Toten hielt. Entscheidend dürfte für ihn aber die ewige Dunkelheit sein, der Zustand, der die Seelen veranlaßt, sich von ihren schlafenden Körpern zu tren-

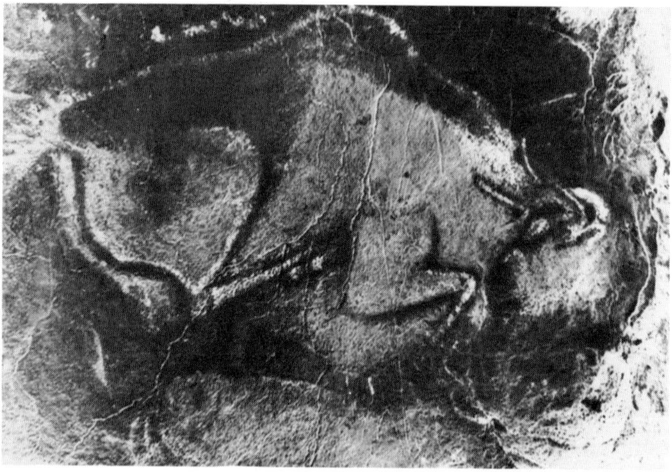

Abb. 2: Eine Bisondarstellung in der Höhle von Altamira.

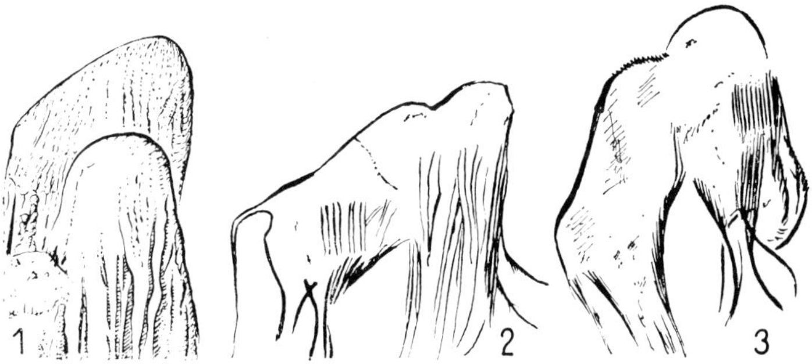

Abb. 3: 1: Stalagmitbildung in der Höhle Pech-Merle.
2–3: Mammutdarstellungen auf den Wänden der Höhle.

nen und in ihrer lautlosen Art ein die Zeit und den Raum überwindendes Dasein zu führen. In der Höhle ist ein solches Dasein dauernd möglich. Es gibt dort keinen Morgen, der sie zu ihren irdischen Körpern zurücktreibt.

Unter diesen Voraussetzungen brauchte der eiszeitliche Mensch keine große Einbildungskraft, um in der Höhle tatsächlich die dort vermuteten Geister zu entdecken. Sie traten ihm ungewollt in den Felsformationen entgegen, hervorgerufen durch das kleine und bewegliche mitgeführte Licht. Dieses entwirft auf der Wand ein bizarres Schattenspiel, bei dem die Unebenheiten wie Vorsprünge und Vertiefungen des Wandreliefs sich plötzlich in eigenartige Figuren oder Tierkörper verwandeln. Auf eine recht gespenstische Weise treten sie unerwartet und lautlos dem Höhlenwanderer wie aus dem Nichts entgegen. Man brauchte sie nur mit einigen Ritzlinien oder mit Farbe zu umreißen oder zu ergänzen, und aus dem natürlichen Schattenwesen ist ein bleibendes Bild entstanden.

Die bekannten Bisonfiguren an der Decke von Altamira und viele andere Darstellungen sind eindeutige Beispiele für solches Vorgehen des damaligen Menschen (Abb. 2). Zuweilen haben ihm auch große natürliche Stalagmitformationen, wie in der Höhle von Pech-Merle, als Vorbilder für entsprechende Wandmalereien gedient (Abb. 3).

Die vorgeschichtlichen Felsbilder sind lange Zeit falsch verstanden und gedeutet worden. Sie wurden für Kunstwerke im modernen Sinn gehalten, und danach hat man sie mit stilkritischen und anderen der Kunstwissenschaft eigenen Methoden untersucht und in ein Entwicklungsschema eingeordnet,

ohne nach ihrer damaligen Bedeutung und ihrem Zweck zu fragen. Man hielt sie für die erste ernsthafte Kunstäußerung des frühen Menschen, in der er den Weg von ganz einfachen Anfängen bis zum vollendeten Bild zurückgelegt haben soll. So werden in einer Farbfläche ausgesparte Handnegative als die ersten und mehrfarbige, nach der Wiedergabe der Körperlichkeit strebende Tierbilder als die letzten Bilder in diesem Schema angesprochen [5].
Theoretisch, und wenn man den Sinn der Felsbilder außer acht läßt, wäre eine solche Entwicklung möglich. Aber schon die Überschneidungen der spät einzuordnenden durch einfache Liniengravierungen widersprechen dieser Annahme. In einigen Höhlen treten sogar auf einer Wand die angeblich verschiedenen „Zeitstile" in buntem Durcheinander nebeneinander auf. Das sind jedoch keine nicht erklärbaren Widersprüche. Die Ursachen für die unterschiedliche Darstellungsweise liegen nicht in der Entwicklung des künstlerischen Könnens. Ihre Eigenart ist der Ausdruck einer bestimmten Bildersprache und geht auf ihren Inhalt zurück. So sagen z. B. die in einer Farbfläche farblos gebliebenen Handdarstellungen dasselbe wie die einfachen, durch eine Umrißlinie gebildeten Tierbilder aus. Die ersten stellen die schattenhaft durchsichtigen Geisterhände, die letzteren die entsprechend beschaffene Seelengestalt des betreffenden Tieres dar. Die Farblosigkeit bedeutet hier die bildlich ausgedrückte Körperlosigkeit. Beides sind keine primitiven Anfänge des bildnerischen Bemühens, sondern ausgereifte Meisterwerke ihres Ausdrucks.
Besonders die mit einer eingravierten Umrißlinie dargestellten Tiere geben ihr geisterhaftes Wesen im wahrsten Sinne des Wortes wieder. Bei einer schwachen oder indirekten Beleuchtung sind die Darstellungen auf der Wand überhaupt nicht sichtbar. Nur wenn man nahe genug ist und sie voll beleuchtet werden, treten sie aus der unruhigen Wandstruktur heraus. Aber auch dann erblickt man meistens zunächst nur den Kopf oder die Rückenlinie des Tieres und danach allmählich die übrigen Körperteile. Es genügt aber ein Schritt rückwärts oder zur Seite oder auch eine Schwenkung der Lichtquelle, und sie verschwinden ebenso geheimnisvoll, wie sie erschienen sind, in die Wand zurück. So liegt gerade in ihrer angeblichen Primitivität ihre stärkste Ausdruckskraft. Sie sind keine Versuche, ein Tier zeichnerisch zu erfassen, sondern Bilder gespenstischer und mit verborgener Lebenskraft erfüllter Geisterwesen.
Die farbig ausgemalten oder mit Innenzeichnung versehenen Bilder sind besser erkennbar. Man kann sie schon aus einiger Entfernung sehen, und sie gehen nicht so leicht in die Wand zurück. Aber sie sind auch keine Abbildungen durchsichtiger Seelenschaften, sondern Tiere, die im Wiederbelebungsprozeß stehen und schon eine gewisse Körperlichkeit besitzen. Denn

das große Thema der Felsbilder, sei es der eiszeitlichen Malereien, sei es der späteren Gravierungen, ist die geheimnisvolle, im Jenseits sich vollziehende Wiederbelebung und Erneuerung des verlorenen Körpers.
Die Wiederbelebung und die Erlangung einer neuen Leiblichkeit ist ein für den modernen Menschen schwer vorstellbarer, für seinen vorgeschichtlichen Ahnen jedoch selbstverständlicher Vorgang. Nur dem neuzeitlichen Menschen erscheint der Tod als ein unwiderrufliches Ereignis. Für den vorgeschichtlichen Menschen aber war er nur ein mehr oder weniger lang andauernder, vorübergehender Zustand.
Es war dem frühen und auch dem antiken Menschen nicht verborgen geblieben, daß alles, was auf der Erde beheimatet ist, zwangsläufig mit der Zeit alt und verbraucht wird und sein Ende hat. Aber er war davon überzeugt, daß in der jenseitigen Welt Kräfte vorhanden sind, die den Zeitablauf umkehren können, wodurch dort das Alte und Zerschlagene, wie das Tote und Vergangene in seiner ursprünglichen Vollkommenheit wiederhergestellt werden kann. Wahrscheinlich ist diese Überzeugung aus der Wahrnehmung des unbegreiflichen ständigen Weitergehens des Lebens entstanden, mit dem immerwährenden Erscheinen neuer Menschen und Tiere an Stelle der alten und toten. Die Erneuerung berührt aber auch die Frage nach dem Ursprung und Sinn des Lebens und des Todes überhaupt. Es mag auch die Tatsache, daß die Nachkommen im Aussehen und in ihren Eigenschaften den Vorfahren ähnlich sind, das Ihre zu den Gedanken von der Wiederbelebung und Erneuerung beigetragen haben.
Die Felsbilder erzählen in aller Deutlichkeit von diesem in der Unterwelt sich vollziehenden Vorgang. Die an der Decke von Altamira gemalten Bisonfiguren sind die schönsten Beispiele dieser Art. Sie haben noch zum Teil ihre durchsichtigen Geisterkörper, aber auch größere Flächen, in denen die rote

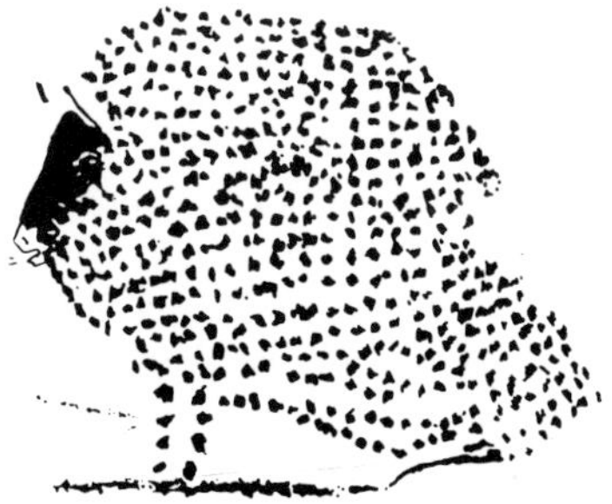

Abb. 4: Bisondarstellung in der Höhle Marsoulas.

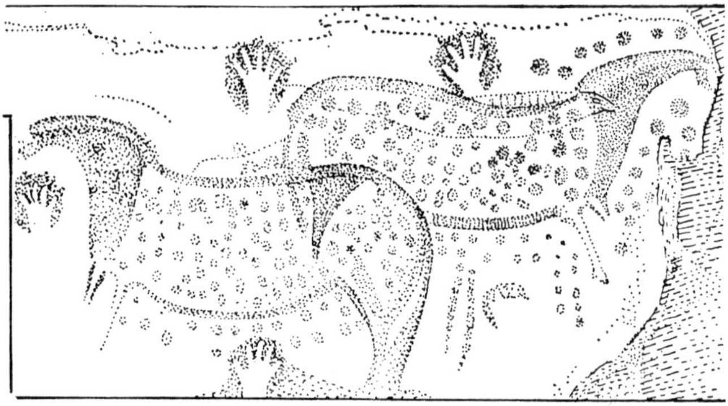

Abb. 5: Pferdedarstellungen mit Handbildern in der Höhle Pech-Merle.

Farbe des bereits vorhandenen Fleisches überwiegt. An einigen Stellen zeigt sich schon der Ansatz des braunen oder schwarzen Haarkleides (Abb. 2). Viele der Tiere haben aber auffallend kleine und unförmige Köpfe, die noch wachsen und ihre endgültige Gestalt erst erreichen müssen.

Die Erneuerung ist nicht immer so farbenfroh und plastisch dargestellt. Manchmal ist dieser Vorgang viel einfacher mit Farbflecken oder Punkten ausgedrückt, wie z.B. bei den Bisons in der Höhle von Marsoulas (Abb. 4) oder den Pferden von Pech-Merle (Abb. 5). Auch diese Pferde besitzen noch kleine und unfertige Köpfe. Sie sind jedoch von Punkten umgeben, die auf ihre volle Herstellung hinweisen. Punkte und Punktgruppen sind auch in der nacheiszeitlichen Felsbilderkunst Zeichen für die körperliche Erneuerung geblieben.

Aus dem Schamanisieren ist im Hinblick auf die Vorstellungen von der Höhle als Unterwelt die Unterweltstopographie der Schamanen von besonderer Bedeutung. Diese geht offensichtlich auf eine alte, möglicherweise auf eine seit der Eiszeit festgelegte Überlieferung zurück.

So gehört zu den Grundvorstellungen, daß zwischen der diesseitigen und der jenseitigen Welt ein großes Wasser liegt. Der Schamane kann es mit dem Boot überqueren oder mit der Unterstützung seiner Hilfsgeister überwinden. Er kann aber auch tauchen, und aus diesem Grunde wird in einigen sibirischen Sprachen für das Tauchen im Wasser und das Schamanisieren ein und dasselbe Wort gebraucht.

Abb. 6: Ausschnitt aus einer mit Gravierungen überzogenen Wandfläche der Höhle Les Trois Frères.

Den Eingang in die Unterwelt bildet ferner fast ausnahmslos ein enges Loch, durch das man sich durchzwängen muß. Der nun beginnende Weg zu den Geistern ist lang und gefahrvoll. Er führt bald hinauf, bald hinab, er geht über schmale Grate, an tiefen Schluchten und steilen Wänden entlang. Es gibt Wegabschnitte, die durch Wasserläufe oder schmale Durchlässe voneinander getrennt sind, und Stellen, die sich nur in kriechender Haltung bewältigen lassen. Es gibt Abzweigungen und Irrwege, auf denen man nicht zum Ziele kommt[6].

Solche und ähnliche Schilderungen lassen sofort an die unterirdischen Höhlen und ihre Beschaffenheit denken. Etwas anderes läßt sich kaum mit einer diesbezüglichen Beschreibung vergleichen. Das Erstaunliche ist jedoch die Tatsache, daß solche Unterweltsvorstellungen auch in den Gebieten gegenwärtig sind, in denen es überhaupt keine Höhlen gibt.

Die Tierdarstellungen in den eiszeitlichen Höhlen lassen erkennen, wie sehr dem damaligen Menschen die Sorge um ausreichendes Jagdwild nahegelegen haben muß. Das ist völlig verständlich, denn fehlte es daran, sei es durch Verminderung infolge der anhaltenden Jagd oder durch Abwanderung, so stand die ganze Existenz der Menschen auf dem Spiel. Der einzige Ausweg war, den Ersatz aus der Unterwelt zu holen.

Eine diesbezügliche Szene dürfte in der Höhle Les Trois Freres dargestellt sein. Sie ist eigentlich nur ein Ausschnitt aus einem größeren, an einer Höhlenwand abgebildeten Geschehen. Die Wand ist mit sogenannten „Kritzeleien" bedeckt, d.h. mit vielen übereinandergravierten Tierfiguren oder ihren Teilen, wie Köpfen und Rückenlinien mit Punktgruppen, Linienzügen und verschiedenen Zeichen in einer wild durcheinandergebrachten Darstellung. Im unteren Teil dieses Durcheinanders ist eine zusammenhängende Gruppe von zwei Tieren und einem Menschen erkennbar. Der dargestellte Mensch trägt eine Bisonmaske und kann daher nur ein Schamane sein. Die Tiere, ein Hirsch und ein Bison, laufen vor ihm her (Abb. 6). Sie weisen beide, aber insbesondere das erste Tier, einige ungewöhnliche Merkmale auf. Auf seiner Flanke ist eine längslaufende punktierte Linie zu sehen, und seine Vorderfüße enden, wie in der Fachliteratur allgemein vermerkt wird, in schwimmflossenartige Bildungen. Betrachtet man jedoch diese Füße eingehender, so stellt sich heraus, daß es sich nicht um Schwimmflossen handelt, sondern um das noch nicht mit Fleisch und Hufen bedeckte Fußskelett. Durch diese Eigentümlichkeit wird der noch nicht ganz vollendete Zustand des Hirsches angedeutet, ebenso wie durch die punktierte Mittellinie, die ein Ausdrucksmittel des Röntgenstils ist[7]. So ist in diesem Bildausschnitt die Wegführung der nahezu erneuerten Tiere aus dem Wiederbelebungschaos der Unterwelt durch einen Schamanen dargestellt.

Mit den Vorstellungen der Höhle als Wiederbelebungsort der Tiere sind vermutlich auch eine Reihe von eigenartigen Höhlenbärenschädel- und Langknochenniederlegungen in einigen Alpenhöhlen zu erklären. Sie waren zum Teil mit Steinen oder Steinplatten umstellt und in Vertiefungen und versteckten Höhlenteilen deponiert. Durch die Art und Weise ihrer Niederlegung erinnern sie einerseits an das Knochenritual, andererseits an die Menschenschädelfunde in den Höhlen. Hierzu gibt es sogar erstaunliche Parallelen. So hat man in der Grotte Furtins in der Bourgogne eine ähnliche konzentrische Schädelanordnung angetroffen wie in der Ofnethöhle. Auch die Schnauzenteile aller Schädel waren gegen den Ausgang der Höhle gerichtet[8]. Die genannten Befunde lassen über die kultische Bedeutung solcher Niederlegungen keinen Zweifel und zeigen, daß zwischen den Menschen- und Höhlenbärenschädeln in dieser Hinsicht kein Unterschied gemacht worden ist.

Möglicherweise war es sogar der Höhlenbär, der als Vorbild für die Vorstellung von dem in der Höhle stattfindenden Wiederbelebungswunder diente. Denn in der Höhle verbrachten die Höhlenbären ihren Winterschlaf, und das unbewegliche lange Liegen mit der dadurch bedingten Abmagerung konnte den damaligen Menschen als der Tod und der körperliche Zerfall erscheinen, das Erwachen des Bären im Frühjahr aber wiederum als eine Wiederbelebung zu einem neuen Leben.

Die Vorstellungen von der Höhle als Jenseits haben sicher in der späteren

Zeit zur Errichtung der Gräber geführt. Besonders enge Beziehungen bestanden offensichtlich zu den Großsteingräbern und den Dolmen. Aber auch bei den übrigen Bestattungsarten dürfte als zentraler Gedanke die Überzeugung, daß der Tote irgendwann sein Grab verlassen und ein erneuertes Leben beginnen werde, den Ausschlag für eine solche Totenniederlegung gegeben haben. So stehen letzten Endes die ausgemalten und als Jenseitsräume ausgestatteten Höhlen in einem viel engeren Zusammenhang mit den Gräbern der folgenden Zeit, als es dem Anschein nach der Fall gewesen sein könnte. Die religiösen Vorstellungen als Ganzes haben aber inzwischen eine wesentliche Änderung erfahren.

Diese Wendung ist im Zuge der veränderten wirtschaftlichen und sozialen Verhältnisse eingetreten. Denn in weiten Teilen Europas und Asiens hörte der Mensch auf, Jäger und Sammler zu sein, und ging zu Ackerbau und Viehzucht über. Das bedeutete auch das Ende der bis dahin bestehenden Jägergemeinschaft mit ihrer sozialen Gleichstellung der Gemeinschaftsmitglieder. Es entstanden Gegensätze zwischen Bemittelten und Unbemittelten und zwischen reich und arm. Die Reichen wurden mächtig und die Armen ihre Knechte oder Hörigen. Derart grundlegende Veränderungen konnten sich aber nicht ohne Einfluß auf die Vorstellungen von den im Jenseits waltenden Zuständen vollziehen, und entsprechend dachte man sich auch dort eine gewisse Hierarchie.

Ebenso grundlegend veränderten sich die Vorstellungen von dem Verhältnis zwischen den jenseitigen Mächten und den Menschen. Es herrschte nun zwischen ihnen nicht mehr die alte Partnerschaft, sondern eine einseitige Abhängigkeit der Menschen von diesen Wesen – ein Verhältnis, wie es in der diesseitigen Welt zwischen Herren und Knechten bestand.

Die wichtigste Rolle spielten in dem neuen Glauben die Gottheiten. Man stellte sie sich als Mächte mit menschlicher Verhaltensweise, aber mit übermenschlichen Eigenschaften vor. Sie sind den Menschen auf allen Gebieten weit überlegen und lenken ihre Schicksale. Sie bestimmen über ihr Wohlergehen und über ihren Tod. So muß der Mensch sie fürchten und verehren, ihnen Opfer bringen, sie anbeten und ihnen bedingungslos dienen.

Nach ihrer Gestalt, ihrer Kleidung, den Zeichen, mit denen sie ausgestattet sind, und den Aufgaben, die sie erfüllen, kann man bei den meisten in dieser Zeit aufgekommenen Gottheiten auch ihre Herkunft erkennen.

So ist es offensichtlich, daß die Mehrzahl der altorientalischen Stadt- und Gebietsgottheiten aus dem Ahnenstand bzw. den Ahnengeistern hervorgegangen ist. Als Gottheiten beschützen sie ihre königlichen Nachkommen und deren Gefolge in gleicher Weise weiter, wie es vorher die Ahnengeister getan hatten.

Die aus den tiergestaltigen Geistern entstandenen Gottheiten führen ihre Aufgaben in ähnlicher Gestalt fort. Die Mischwesen verkörpern in ihrem Aussehen und Tun die gleichen Erscheinungen, wie sie z. B. den Tiertracht tragenden Schamanen und entsprechend auftretenden Geistern eigen sind.
Kaum gewandelt haben sich die Gruppe der Artgeister und die ihnen etwa gleichgestellten Herren der Tiere und Pflanzen. Sie nehmen jetzt aber eine Zwischenstellung zwischen den Geisterwesen und den Gottheiten ein.
Die mächtigsten und einflußreichsten in dieser Hierarchie sind die Naturgottheiten. Sie sind meistens gestaltlos und werden durch ihre Symbole, Opfertiere oder durch eine als Vermittler zwischen ihnen und den Menschen auftretende menschliche oder mischwesenähnliche Gestalt dargestellt. Ihre Offenbarungen sind jedoch stets mit Naturgewalten und Naturerscheinungen verbunden.
Wann und wo sich die Wandlung des Geisterglaubens in diese Richtung vollzogen hat, ist noch ungewiß. Sie tritt aber schon im 6. und 5. vorchristlichen Jahrtausend im anatolisch-altorientalischen Raum auf. Diese Gegend ist andererseits für einen früh einsetzenden Ackerbau und eine frühe Viehzucht bekannt, so daß möglicherweise mit dieser wirtschaftlichen Umorientierung dort auch der geistige Umbruch leicht hätte stattfinden können[9].
In dem jetzt neu entstandenen Weltbild des Menschen ist eine weitere Dimension, die Himmelsschicht, hinzugekommen. Sie wird von der mächtigsten aller Gottheiten, dem Gewitter- oder Wettergott, beherrscht. Seine Zeichen sind Waffen, vor allem die Axt oder der Hammer, die den Blitz oder den Donner symbolisieren. Beide Symbole in einer Waffe vereint bilden die sogenannte Hammeraxt. Das Opfer- und damit das heilige Tier des Wettergottes ist der Stier. Der Wettergott wird oft in menschlicher Gestalt auf dem Stier stehend abgebildet und trägt an seiner Kopfbedeckung Stierhörner. In den Texten wird er nicht selten mit dem Stier verglichen und in Gebeten als der „Himmelsstier“ oder „göttlicher Himmelsstier“ angerufen.
Er ist der uneingeschränkte Herrscher über alle, der seine Macht wie über den Himmel so auch über die Erde und die Unterwelt ausübt. Wenn er ungnädig ist, zürnt und brüllt bzw. blitzt und donnert er; dann fliehen die anderen Gottheiten angsterfüllt in den Himmel oder in die Unterwelt hinab. Wie groß das Ansehen des Wettergottes in der altorientalischen Welt war, läßt sich an dem Verhalten der Israeliten erkennen. Obwohl sie eine rein geistige und gestaltlose Gottesverehrung anstrebten, scheuten sie sich nicht, Jahwe mit dem sonst so heftig von ihnen bekämpften Baal in Stiergestalt zu vergleichen, um seine Allmacht zu unterstreichen.
Der Gewittergott hält sich in den Regenwolken auf, die seine heilige Wohnung genannt werden, während er selbst als der „Wolkenreiter“ bezeichnet

wird. Seine Kultstätten sind hohe Berge oder, wo solche fehlen, einzelne Anhöhen. Das sind Stellen, die er mit seinen Wolken streift und auf denen er den Menschen am nächsten ist. Außerdem läßt er von den Bergen und Anhöhen ebenso das allen lebenswichtige Wasser herabfließen wie aus den dunklen Wolken. In seiner Macht über das Wasser ist auch seine Herrschaft über die Welt begründet. Das Wasser aus den Strömen und Bächen löscht den Menschen und Tieren den Durst, und das Wasser aus den Wolken befeuchtet die Erde, daß die Pflanzen und Bäume wachsen können. Ohne diese Spenden müssen Menschen und Tiere verdursten und Pflanzen und Bäume verdorren. Der Wettergott verfügt nicht nur über das Wasser in der diesseitigen Welt allein. Ihm untersteht auch das Urgewässer, das die Erde umgibt, und der Unterweltsstrom mit seiner himmlischen Fortsetzung, der Bahn, über die die Sonne ihren Tageslauf vollzieht.

Als ein mächtiger Herrscher ist er fest in die Religionsgeschichte der Menschheit eingegangen und tritt im Laufe der Zeit bei verschiedenen Völkern unter verschiedenen Namen auf. Man kann ihn aber ohne Mühe in den orientalischen Baalen, dem kanaanäischen Hadad, dem hethitischen Teschub und dem assyrischen Raman ebenso wie in dem griechischen Zeus, dem römischen Jupiter, dem germanischen Thor und dem slavischen Perun erkennen[10].

Ähnlich verhält es sich mit seinen Kultstätten. Die meisten Bergheiligtümer, seien es die Welten-, Himmels-, Götter-, Paradies- oder einfache heilige Berge, sind Kultstätten, die ebenso mit ihm in einem Zusammenhang stehen wie diejenigen, die direkt seinen Namen tragen, wie die Donners- oder Thorsberge.

Wie stark die Tradition des Berges als Heiligtum im Alten Orient gewesen ist, zeigen die dort nach dem Vorbild des Berges errichteten Tempelanlagen. Selbst der Übergang zu ausgesprochenen Stadtkulturen hat in dieser Hinsicht nichts geändert. In Babylon hat man solche bergartigen Tempel in der Stadt errichtet. Die ersten ägyptischen Pyramiden in Stufenform gehen auch höchstwahrscheinlich auf die Vorstellungen von dem stufenförmigen Weltberg zurück.

Außerhalb der orientalischen Hochkulturen sah es anders aus. Dort waren es natürliche Berge und Anhöhen, die als Heiligtümer ausgewählt wurden. Eines der gewaltigsten und eindrucksvollsten Bergheiligtümer seiner Zeit ist zweifellos der in den ligurischen Seealpen gelegene Mont Bego gewesen. Schon der ferne Anblick seines 2872 m hohen Gipfels läßt seine Beziehungen zu dem Gewittergott erkennen, denn er ist fast immer in dicke Wolken, Dunst oder Nebel gehüllt und nur selten klar zu sehen. Diese ungewöhnlichen Wetterbedingungen verdankt der Berg seiner Lage am Südrand des

Massivs. Von der einen Seite steigt an ihm die warmfeuchte Mittelmeerluft hoch, von der anderen kommen die trockenen und kühlen Gletscherwinde. In dieser an dem Berg sich bildenden Wetterfront entstehen Stürme, Dunst und Nebel und gehen oft Gewitter nieder. Seine Wetterseiten sind die Nord- und Westabhänge, und die dort gelegenen Hochtäler sind von zahlreichen Blitzeinschlägen gekennzeichnet.

Nach den antiken Vorstellungen sind solche Stellen heilig, weil sie von der Gottheit selbst ausgesucht und mit dem Blitzschlag gekennzeichnet sind. Die antike Tradition verlangte, daß sie eingezäunt werden oder daß man darüber Altäre oder die sogenannten Blitzgräber baute. So ist es nicht verwunderlich, daß der damalige Mensch diesen fast ständig unsichtbaren Berggipfel als heilig betrachtete und die von der Gottheit mit Blitzeinschlägen gekennzeichneten Hochtäler als seine Kultplätze auserwählte.

Mehrere zehntausend Felsbilder berichten über den dort verehrten Gewittergott und seinen Kult – allerdings in einer stark abgekürzten Bildersprache, die damals allen verständlich gewesen war, die wir aber heute nur schwer entschlüsseln können.

Die Symbole, die am häufigsten auf den Felsen auftreten, sind der Stier, das heilige Tier der Gottheit, und seine Waffen, die Blitz und Donner bildlich wiedergeben. Wie die Stierzeichen, so sind auch die Waffen gelegentlich nach dem Schema des antiken Waffenblitzes spiegelbildlich zueinander angeordnet (Abb. 7).

Abb. 7: Waffen und Stierkopfsymbole, angeordnet nach dem antiken Blitzschema auf dem Mont Bego.

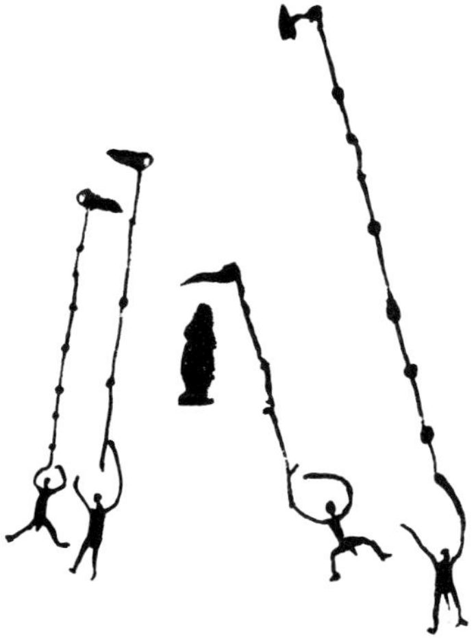

Abb. 8: Gravierung von Fontanalba, Mont Bego.

Die Stierbilder sind stark vereinfacht und treten meistens nur als Kopf oder als Hörnerzeichen auf. Sie erscheinen am Mont Bego bereits als ausgeprägte Bildersprache und sind nicht hier oder in der nächsten Umgebung entwickelt worden. Die Art der Stilisierung erlaubt, ihre Vorstufen und ihr Herkommen aus dem anatolisch-altorientalischen Raum zu lokalisieren. Dort sind sie schon im 5. und 4. vorchristlichen Jahrtausend bekannt, während sie auf dem Mont Bego im Hinblick auf die mit ihnen vergesellschafteten Waffendarstellungen nicht vor dem Ende des 3. Jahrtausends angesetzt werden können [11].

Über den auf dem Berg ausgeübten Kult liegen keine historischen Nachrichten vor. Es gibt aber einige Gravierungen, die solche Kultszenen darstellen. In einigen von ihnen spielen Waffen eine führende Rolle, z.B. eine Gravierung von Val Fontanalba. Sie zeigt vier Menschen, die um eine in der Mitte dargestellte Waffe tanzen (Abb. 8). In den Händen tragen sie langgeschäftete Dolchstäbe, und sie sind, nach ihren herabhängenden Tierschwänzen zu urteilen, mit tierähnlicher Tracht bekleidet. Die erhobenen Arme und die Beinhaltung weisen eindeutig auf eine Tanzhaltung hin.

Für den gleichnishaften Sinn dieser Szene sprechen nicht nur das umtanzte Objekt – die Waffe –, sondern auch die Waffen der Tänzer. Ihre Schäftungen

Abb. 9: Ausschnitt aus dem Fries von Cueva de la Vieja in Ostspanien.

sind siebenmal länger als die Tänzer selbst und enthalten mehrere Knoten als Markierungszeichen, die beiden äußeren Stäbe sieben, so daß der Abstand jeweils einer Personenlänge entspricht. Diese Einteilung erinnert an die sieben Stufen des Schamanenbaumes bei den Aufstiegsriten der Schamanen, die sieben Himmelsschichten bedeuten, welche der Schamane überwinden muß, wenn er mit den Himmelsmächten in Verbindung treten will.
Somit dürfte in dieser Szene ein ekstatischer Tanz dargestellt sein, bei dem die Tänzer sieben Aufstiegsstufen zu bewältigen haben, bevor sie zu der Gewittergottheit gelangen können, die in der Waffe personifiziert ist.
Die Dolchstäbe in ihrer Eigenschaft als symbolische Kultwaffen sind für die frühe Metallzeit allgemein bekannt. In ähnlicher kultbezogener Handlung sind sie auch in der skandinavischen Felsbilderkunst zu finden. Ein gleichbedeutendes Felsbild, das den Aufstieg eines tiermaskentragenden Menschen zu einer als Doppelaxt dargestellten Gottheit zeigt, ist unter den ostspanischen Felsbildern auch in dem großen Fries von Cueva Vieja zu sehen (Abb. 9)[12].

Eine weitere Szene in einer Gravierung von Val des Merveilles läßt noch deutlicher die magische Kraft der Kultwaffen erkennen. Sie spielt sich neben einem Stierkopfzeichen ab, das durch eine gebrochene Linie angegeben ist (Abb. 10). An einem Ende dieses Zeichens befinden sich ein weiteres, kleineres Hörnersymbol und eine halbrunde Scheibe. An dem anderen Ende sind eine tierkostümtragende menschliche Figur sichtbar und unter ihr ein quergestreiftes, von vier kleinen Stierkopfsymbolen eingerahmtes Oval. Eines dieser Stiersymbole trägt eine schräg zwischen den Hörnern stehende Waffe. Der Schlüssel zum Verständnis dieser Darstellung liegt bei der axtschwingenden Figur und dem quergestreiften Oval auf der rechten Seite der Szene.
Das mit Querstreifen versehene Oval ist in der Felsbilderikonographie ein

Abb. 10: Gravierung von Val des Merveilles, Mont Bego.

gleichnishaftes Zeichen für das Skelett, das Schwingen der Axt wiederum eine Wiederbelebungshandlung, wie sie z.B. in der Edda aufgezeichnet ist, in einer Episode, in der erzählt wird, wie der nordische Gott Thor mit dem Schwingen seines Hammers zwei am Vortage geschlachtete Böcke wieder zum Leben bringt.
Der Hammer oder die Axt in der Hand des Tiermaskenträgers in der Gravierung von Val des Merveilles ist eine solche Waffe. Die vier um das Oval angeordneten Symbole zeigen an, in wessen Namen diese Handlung geschieht. Das große und ungewöhnlich aussehende Stierzeichen in der Mitte der Darstellung dürfte für die hier auf diese Weise dargestellte Gottheit stehen.
Der Glaube, daß die Waffen und Geschosse nicht nur den Tod, sondern auch das Leben bringen können, ist alt, und man kann dieser Überzeugung schon in den sogenannten „verwundeten" und mit eingezeichneten Pfeilen oder Speeren versehenen Tierbildern auch in der eiszeitlichen Höhlenmalerei begegnen (Abb. 11).

Abb. 11: Mit eingezeichneten Pfeilen gekennzeichneter Bison.
Felsmalerei aus der Höhle Niaux.

Man hat versucht, solche Darstellungen mit dem aus der Ethnologie bekannten jagdmagischen Tötungszauber zu erklären. Aber die Waffen und Geschosse befinden sich in den Unterweltsszenen, und zwar vielfach in oder neben Tieren, die einwandfrei in der Wiederbelebung stehen, was einer derartigen Deutung strikt widersprechen würde. In den geistigen Anschauungen des vorgeschichtlichen Menschen sind Tod und Erneuerung fest miteinander verknüpft. Der Tod wird nicht als ein endgültiger Zustand angesehen. Er wird vielmehr als eine Übergangsphase betrachtet, denn nur durch den Tod kann es zu einer Erneuerung kommen, bei der das Alte und Verbrauchte in der verlorengegangenen Vollkommenheit wiederhergestellt wird.

Eine solche Umwandlung ist in der diesseitigen Welt nicht möglich. Denn hier geht alles schneller oder langsamer seinem Verfall und seiner Vernichtung entgegen. In der Unterwelt ist es anders. Dort kann die Entwicklung in umgekehrter Richtung verlaufen, indem das Alte neu und das Zerschlagene wieder heil wird. Solche Umkehrung ist aber nicht ein einfaches Zurücklaufen der Zeit, denn niemand lebt sein altes Leben von neuem wieder. Hinter diesen Vorstellungen steht der mit der Schöpfung verbundene Gedanke, und die Neuwerdung ist als eine wiederholende Fortsetzung der Schöpfung zu verstehen. Die ägyptischen Pyramiden- und Totentexte verkünden das in aller Deutlichkeit, wenn sie die Fahrt der Sonnenbarke durch die Unterwelt eine Wiederholung der Weltschöpfung nennen[13]. So ist die Umkehrung der im Diesseits gültigen Ordnung nichts anderes als die ständig seit der Erschaffung der Welt weiterwirkende Urschöpfung, die auf diese Weise dafür sorgt, daß das Leben auf der Erde nicht aufhört, sondern gedeiht und sich weiterentwickelt.

Aus der ethnologischen Religionsforschung ist diese Schöpfung unter der Bezeichnung die „verkehrte Ordnung" bekannt[14]. Bildlich wird sie durch die Umkehrung der diesseitigen Zustände und Richtungen ausgedrückt. So laufen die in der Unterwelt auf dem Wege zur Erneuerung befindlichen Menschen und Tiere mit den Köpfen nach unten und den Füßen nach oben. Die Schiffe fahren diesen Weg nicht mit dem Bug, sondern mit dem Heck voran. Der Weg zur Erneuerung ist aber nur durch den Tod oder die Vernichtung möglich, und bei dieser Wandlung können die Waffen und die von ihnen geschlagenen Wunden zum Zeichen eines erneuerten Lebens werden.

Das wichtigste Zeichen einer ständig sich vollziehenden Erneuerung war für den damaligen Menschen aber die Sonne. Jeder sah, wie sie am Morgen frisch und kraftvoll am östlichen Himmelsrand aufging, gegen Mittag ihre stärkste Glut und ihre Lichtfülle erreichte, um gegen Abend zu verblassen und als rote, kaum Wärme abgebende Scheibe am westlichen Horizont unterzugehen. Mit ihrem Tagesablauf hat sie unverkennbar eine Ähnlichkeit mit dem Lebensweg des Menschen, der auch vom Kind zum Jüngling, dann zu voller Entfaltung gelangt, um als kraftloser Greis zu sterben. Beide gelangen auch in die Erde. Die Sonne verschwindet hinter dem Himmelsrand, der Mensch wird in ein Grab gelegt. Die Sonne bleibt jedoch nicht für ewige Zeiten in der Todesnacht, sondern erscheint am nächsten Morgen frisch und verjüngt am östlichen Himmel. Die Folgerung, die aus diesem Tatbestand gezogen werden konnte, war einfach. Die alte Sonne hat durch die Unterwelt hindurch einen Weg von Westen nach Osten zurückgelegt und ist dabei vom Greis zum Jüngling geworden. Die ägyptischen Texte sprechen direkt vom Sonnengreis am Abend und Sonnenkind am Morgen.

Das Geheimnis der Neuwerdung der Sonne liegt demnach in ihrer Reise, und so ist der unerschütterliche Glaube entstanden, daß jeder, der diesen Weg geht, genauso verwandelt wird.

Die Sonne wird nach ägyptischen Vorstellungen auf dieser Reise von dem Sonnengott und seiner Mannschaft begleitet. Sie steigt am Abend in die Barke, die sie mit ihren Begleitern über das die Erde umgebende Urgewässer und dann über den Unterweltsstrom trägt, bis sie am nächsten Morgen vom Gott Nun aus dem Wasser in die diesseitige Welt, zu der auch der Himmel gehört, emporgehoben wird. Eine entsprechende Fahrt führt auch der Pharao für sich und alle seine Untertanen durch. Diese müssen aber den Weg kennen, und so bekamen die toten Ägypter die Totenbücher oder Totentexte mit ins Grab gelegt. In ihnen sind alle Verhaltensregeln und genaue Zeitangaben für die Wegstrecken aufgezeichnet, nebst einer fast wissenschaftlich anmutenden Unterweltstopographie.

Auf dem Unterweltsstrom fuhren aber nicht nur die alten Ägypter ihrer Erneuerung entgegen. Die vielen Schiffsdarstellungen und die unzähligen Sonnensymbole in fast allen damals bewohnten Teilen der Welt bezeugen dasselbe[15]. Sie sind aus ähnlichen Vorstellungen entstanden, und wie allgemeingültig ihre Aussagen sind, zeigen neben vielen anderen einige ausgewählte europäische Felsgravierungen. So werden z.B. die Unterweltswege in den ägyptischen Texten als „krumm" oder „gebogen" beschrieben. In Abbildungen erscheinen sie als bizarr verschlungene Windungen. Genauso sind sie aber auch in einem Felsbild von Skälv in Schweden dargestellt (Abb. 12), das die „verkehrte Ordnung", die eine Umkehrung der diesseits gültigen Zustände ist, sichtbar macht.

Eine solche Gegenüberstellung der diesseitigen und der jenseitigen Welt ist wiederum in dem großen Fries von Gristavlan, ebenfalls Schweden, zu sehen. In dem unteren Streifen laufen die Menschen und Tiere mit den Füßen nach oben und die Schiffe fahren mit dem Heck voran (Abb. 13). Die größte

Abb. 12: Felsgravierung von Skälv.

Abb. 13: Teil des Felsbilderfrieses von Himmelstadlund.

Überraschung bietet jedoch die menschliche Figur am Ende des Frieses. Sie hebt nämlich ein den Unterweltsweg durchfahrendes Schiff genauso wie der ägyptische Gott Nun wieder in die diesseitige Welt empor.
Die übereinstimmende Gleichartigkeit der Vorstellungen erstreckt sich auch auf recht ausgefallene Eigentümlichkeiten. So erwähnen die ägyptischen Totenbücher eine Wüstenstrecke, die von der Barke mit Hilfe von feuerspeienden Schlangen durchfahren werden muß. Es ist auch die dunkelste Stelle in der ganzen Unterwelt. Auf Schlangen reitende Schamanen finden sich auch auf Felsbildern vom Onega-See in Karelien und Rödöy in Norwegen. Sie stellen offensichtlich die Unterweltsreisenden dar, die eine entsprechend dunkle Strecke zu bewältigen haben (Abb. 14)[16].
Nicht anders verhält es sich mit den wichtigsten und überall gleich verstandenen Symbolen, wie z.B. mit dem Labyrinth. Nach der griechischen Sage ist das Labyrinth ein unterirdischer Palast auf der Insel Kreta, aus dem niemand, der dort hineingelangt ist, wieder herauskommen kann. Auf den kretischen Münzen ist er als ein Irrgarten dargestellt[17]. Nach dem gleichen Vorbild, aber auch in einfacherer Ausführung sind vorgeschichtliche Steinsetzungen gebaut, die man an den Westküsten und im Norden Europas antreffen kann[18]. Außerdem begegnet man Labyrinthen nach dem klassischen Schema unter den Felsbilderdarstellungen, auf Kirchenmosaiken und als Wandmalereien. Soweit man sie erklärt, werden sie als Darstellungen der Hölle angesprochen[19].
Faßt man die Jenseitsvorstellungen des vorgeschichtlichen Menschen zusammen, so zeigt es sich, daß sie alle auf die Überzeugung von der unsterblichen Seelengestalt hin ausgerichtet sind. Diese Überzeugung ist bis in die neueste Zeit der wichtigste Bestandteil der Religionen geblieben. Sie ist offensichtlich durch die Vorstellungen von Traum-, aber auch anderen Erlebnissen geprägt worden. Der schutz- und teilnahmslose Zustand während des Schlafes hat zu der Annahme geführt, daß die Seelengestalt das eigentliche Leben und die Schutzmacht des Betreffenden darstellt. Die Nacht ist

Ab. 14: Felsgravierung vom Onega-See, Besov-Nos.

ihr Element, und die dunklen und leblosen Höhlen boten sich geradezu an, nach dem Tode ihres diesseitigen Eigentümers ihre Heimstätte zu werden.
Der immerwährende Kreislauf des Lebens mit dem ständigen Erscheinen neuer Menschen und Tiere an Stelle der toten mag den Anstoß zu der Annahme gegeben haben, daß der Tod nur ein vorübergehender Zustand sei und die Seelengestalt erneut einen neuen Körper bekommen werde. Der Winterschlaf und das Erwachen der Höhlenbären im Frühjahr können die Vorstellungen ausgelöst haben, eine solche Regeneration gehe mit Hilfe der Geister in der unterweltlichen Höhle vor sich. Die Bedeutung, die der damalige Mensch dieser Erneuerung beigemessen hat, ist aus seinem Kunstschaffen, insbesondere seinen Felsbildern, deutlich erkennbar.
Mit der wirtschaftlichen und gesellschaftlichen Entwicklung erfährt dieser auf dem Animismus begründete Glaube neue Wendungen. Die neuen Erwerbsquellen, der Ackerbau und die Viehzucht, verlangen eine straffere Organisation, eine größere Arbeitsteilung, und bringen die Erkenntnis, daß ohne Wasser weder Tiere und Menschen noch Pflanzen leben können. Das Wasser stammt aber vom Himmel. Es kommt entweder aus den Wolken, oder es fließt in Bächen und Strömen die Berge und Anhöhen hinab. Die eindrucksvollste Manifestation des Himmels ist aber das Gewitter mit Blitzschlag und Donner. Hinter diesen Erscheinungen vermutet der damalige Mensch ein mächtiges unsichtbares Wesen, den Gewittergott. Sein Zeichen ist der Blitz, der durch eine Waffe oder, wenn es um den Donner geht, durch einen Hammer dargestellt wird. Sein Opfertier ist der Stier, und eine stier-

köpfige Menschengestalt ist seine unterweltliche Erscheinungsform. Die spiegelbildlich angeordneten Waffen oder auch andere Symbole unterstreichen seine Macht über beide Welten.

Die Erfahrung, daß das Land immer irgendwo an einem größeren Wasser, dem Meer, aufhört, mag zu der Überzeugung geführt haben, daß die Erde allseitig von einem Wasser umgeben sei und die Seelen der Toten, aber auch derjenige, der in das Jenseits reist, dieses Wasser überwinden müssen. Das hat zu der Vorstellung von den Seelenschiffen als Fahrzeug für die Jenseitsreisen geführt.

Die Fahrt durch die Unterwelt geht aber über einen großen Unterweltsstrom, und da der Wettergott der Herr über alle Gewässer ist, ist er auch der alleinige Gebieter über diesen Weg, der zu dem erneuerten Leben führt. Damit beherrscht er wie die Lebenden so auch die Toten, die er mit seinen Blitzen wiederbeleben kann. Ob bei diesen Vorstellungen auch die Beobachtung von der die Pflanzenwelt belebenden Kraft der Frühjahrsgewitter eine Rolle gespielt hat, ist schwer zu beurteilen.

Das sichtbare Zeichen und gewissermaßen der Garant für eine stattfindende Erneuerung bot sich dem vorgeschichtlichen Menschen in dem Anblick der Sonne, wie sie morgens krafterfüllt aufgeht und alt und glutlos am Abend wieder in das Urmeer versinkt. Dieses Wunder wiederholte sich jeden Mor-

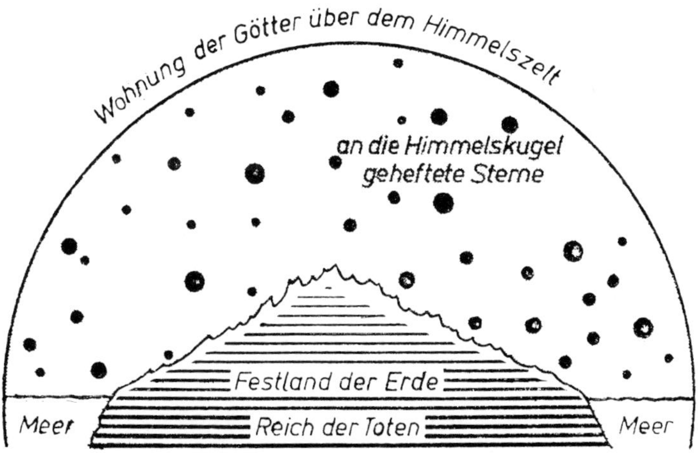

Abb. 15: Das mittelalterliche Weltbild.

gen von neuem, und der Unterweltsweg der Sonne vom Greis zum Jüngling wurde auch als der Weg des verstorbenen Menschen zum erneuerten Leben angesehen.

Das in der Eiszeit entstandene zweiteilige Weltbild hat bis in das naturwissenschaftliche Zeitalter hinein das geistige Denken der Menschheit bestimmt. Die jeweils vorhandenen Abweichungen der einzelnen Religionen oder Zeiten beziehen sich hauptsächlich auf die Himmelsschicht, die aber wie die Sonne und der Sternenhimmel zu der diesseitigen Welt gehört (Abb. 15).

Die alteuropäischen Völker und Kulturkreise haben in geradliniger Weiterführung die Himmelsregion zu einer Sphäre der Götter und der Seligen ausgebaut. Im Mittelalter glaubte man an neun ineinandergeschachtelte Himmelshalbkugeln, die mit verschiedener Geschwindigkeit sich drehten und dabei eine Himmelsmusik erzeugten, die aber nur von den Bewohnern der Gefilde der Seligen gehört werden konnte. Die Verdammten und die Ungetauften mußten in der ewig dunklen und unwirtlichen Unterwelt bleiben, aus der aber im Gegensatz zu den Vorstellungen des vorgeschichtlichen Menschen kein Entkommen mehr zu erwarten ist.

Anmerkungen

1 J. Maringer: Vorgeschichtliche Religion. Zürich/Köln 1956, 64 ff.

2 J. Ozols: Vorgeschichtliche Tierdarstellungen und frühe Bildmagie. In: Kölner Jahrbuch f. Vor- und Frühgeschichte 11 (1970), 18 ff.

3 Enzyklopädisches Handbuch zur Ur- und Frühgeschichte Europas (Hrsg. v. J. Filip) II (1969), 1484 f.

4 G. Wilke. In: Reallexikon der Vorgeschichte (Hrsg. v. M. Ebert) 12 (1928), 2.

5 H. Breuil: Quatre cents siècles d'art pariétal. Montignac 1952. P. Graziosi: Die Kunst der Altsteinzeit. Stuttgart 1956.

6 J. Ozols. In: Kölner Jahrbuch f. Vor- und Frühgesch. 12 (1971), 30.

7 J. Ozols. In: Bonner Jahrbücher 175 (1975), 13 f.

8 J. Maringer: Vorgeschichtliche Religion, 86 ff.

9 J. Mellaart: Çatal Hüyük. Bergisch Gladbach 1967.

10 J. Hehn: Die biblische und babylonische Gottesidee. 1913. Zeitschr. für Alttestamentliche Wissenschaft 1922, 158 f. (Beitr. v. Venetianer). Beiheft 33 zu dieser Zeitschrift 1918, 191 ff. (Beitr. v. Greßmann).
Sogar bei den sibirischen Ostjaken wird dem Himmelsgott ein Ochse geopfert: K. Karjalainen, Die Religion der Jugra-Völker III, FFComm. 63, Helsinki 1927, 157 f.

11 C. Bicknell: Guide de gravures rupestres préhistoriques dans les Alpes Maritimes. Bordighera 1972. M. Isetti: Les gravures préhistoriques du Mont-Bego. Bordighera 1964.

12 J. Ozols: Zur Problematik der ostspanischen Felsbilder. In: Festgabe Kurt Tackenberg zum 75. Geburtstag. Bonn 1974, 113.

13 E. Hornung: Ägyptische Unterweltsbücher. Zürich / München 1972, 34 u. 48.
14 J. Ozols. In: Kölner Jahrbuch f. Vor- u. Frühgesch. 11 (1970), 22.
15 O. Almgren: Nordische Felszeichnungen als religiöse Urkunden. Frankfurt / M. 1934, 365.
16 E. Hornung: Ägyptische Unterweltsbücher, 39. Über die Unterweltsreise der Schamanen auf dem Rücken der Schlange berichtet Karjalaien: Die Religion der Jugra-Völker II, FFComm. 44 (1924), 335 und III, FFComm. 63 (1927), 308.
17 E. Krause: Nordische Herkunft der Trojaburgen. Glogau 1893, Abb. 3.
18 Ders.: Die Trojaburgen Nordeuropas. Glogau 1893, 88 ff.
19 K. Kerényi: Labyrinth-Studien. Zürich 1950. F. Hirsch: Der Sonnenwendbogen. Lahr 1965.

Josef Franz Thiel

Tod und Jenseitsglaube in Bantu-Afrika

I. Einleitende Fragen

Von allen Übeln ist der Tod sicher das größte und vom Afrikaner am meisten gefürchtete, wie ja im Grunde auch von allen Menschen. Wäre dem nicht so, wäre nicht einzusehen, warum bei jedem Todesfall, ja selbst bei jeder Krankheit, der Afrikaner den Zauberdoktor, *nganga*, konsultiert, um den Schuldigen zu eruieren. Man veranstaltet Giftordale, Hexerjagden, Diffamierung und Verfolgung, um den Verderber der Lebenskraft ausfindig zu machen.

Wenn man bei Naturvölkern bisweilen den Eindruck gewinnt, daß alte Leute gelassen, ja mit stoischer Ruhe sterben, so täuscht man sich, wenn man glaubt, sie hätten vor dem Tod keine Angst. Im Grunde genommen sterben sie vielleicht ruhiger, weil sie überzeugt sind, daß der Tod keine Trennung von ihren Lebenden bedeutet, daß der Tod nur eine Umwandlung ihrer Seinsweise ist, daß sie ins Dorf ihrer Vorfahren ziehen und mit ihnen zusammen ein Leben in Harmonie führen werden. Der Tod als Ende ist aber für den Afrikaner etwas unfaßbar Tragisches.

Das sozio-politische wie religiöse Leben des Afrikaners ist so organisiert, daß es nur dann sinnvoll ist, wenn der Tod kein ewiges Ende, ja nicht einmal eine Schranke zwischen Diesseits und Jenseits ist. Der Tod ist nur das Tor zum Leben im Dorf der Ahnen. Deshalb sprechen wir in der Ethnologie vom Tod wie einem *rite de passage*, einem Übergangsritus, wie es deren zahlreiche in einem Menschenleben gibt. S. Freud hatte recht, wenn er in ,Totem und Tabu' sagt, es sei für den Menschen einfacher, ein Leben nach dem Tod als einen ewigen Tod zu konzipieren.

Man kann sich allerdings mit Recht fragen, ob Begriffe wie ,ewig', ,unsterblich', ,allmächtig', ,unendlich' usw. von Naturmenschen erfaßt werden können. Wenn der Naturmensch betont, er lebe nach dem Tod weiter, so will er damit nicht ausdrücken, er lebe ,ewig' oder er sei ,unsterblich'. Denn wenn er z.B. gefragt wird, was denn geschehe, wenn sein Klan auf Erden

ausstirbt, so antwortet er, selbstverständlich sterbe er auch im Jenseits. Denn was für einen Zweck hätte noch das Weiterleben im Jenseits, wenn auf Erden ihm niemand ein Opfer darbrächte. Wissenschaftler, die aus dem hochkulturlichen Bereich kommen, vielfach noch mit einem christlichen Hintergrund, sind zu leicht versucht, ihre Begriffe wie ‚Seele', ‚Unsterblichkeit' etc. in die Naturreligionen zu übertragen. Aber häufig sind die Begriffe der beiden Bereiche Naturreligion–Hochreligion nur ähnlich, aber nicht dekkungsgleich.
Für uns, die wir aus einer christlichen Weltanschauung kommen, ist der Tod eine Zäsur, eine Barriere, die das Diesseits vom Jenseits trennt. Für den Afrikaner ist der Tod nur ein Ritus, ein Übergang vom Dorf der Lebenden (‚Jugendlichen') zum Dorf der Ahnen (die noch intensiver leben als die ‚Jugendlichen'). Das jenseitige Leben ist für den Afrikaner eine Projektion des diesseitigen mit allen seinen wirtschaftlichen, sozialen und politischen Vor- und Nachteilen. Wer hier auf Erden Häuptling ist, ist es auch im Jenseits, und wer hier arm und Sklave ist, wird es auch im anderen Dorf sein.

II. Der sozio-religiöse Hintergrund von Tod und Auferstehung

1. Vorfragen

Von den vielen Utopien, die seit eh und je durch die Welt geistern, ist mit die hartnäckigste, wenn auch mit die schönste, die Idee von der egalitären Gesellschaft. Es gibt sie aber nirgendwo, auch nicht bei den primitivsten Wildbeutern und erst recht nicht bei den Schwarzafrikanern. Naturvölker sind allesamt nach biologischen Kriterien strukturiert, und selbst im Frühstadium ihrer Entwicklung setzt häufig bereits eine ökonomisch-politische Strukturierung ein, so daß sie in Schichten, Klassen oder Kasten gegliedert sind. Häufig werden dann die Schichten hierarchisch angeordnet, d.h. man rechtfertigt durch religiöse Argumente die Über- und Unterordnung.
Bei Naturvölkern ist neben dem Geschlecht das wichtigste Ordnungsprinzip das Alter: Der Ältere steht immer über dem Jüngeren und der absolut Älteste steht an der Spitze der Gruppe. Die religiöse Rechtfertigung dieser Über- und Unterordnung kommt daher, daß der Ältere dem Ursprung der Lebenskraft näher ist als der Jüngere und daß man der Meinung ist, die Lebenskraft ströme über den Älteren auf den Jüngeren. Der Älteste der Gruppe aber ist das Bindeglied zwischen Diesseits und Jenseits.
Die solidarische Verwandtschaftsgruppe nennen wir Lineage, in etwa unserer Sippe vergleichbar. Da die verwandtschaftliche Zuordnung bei Naturvöl-

kern meist unilinear erfolgt, also entweder matrilinear oder patrilinear, steht an der Spitze der Sippe der älteste Mann oder die älteste Frau. Es kann allerdings sein, daß auch in matrilinearen Gesellschaften der älteste Mann Sippenältester wird, die älteste Frau aber in religiösen Belangen an erster Stelle steht. Alle Mitglieder der Sippe müssen sich mit ihrer Gemeinschaft identifizieren und solidarisch zeigen. Stirbt ein Mitglied, sagen alle Glieder der Sippe: „Wir sterben." Heiratet jemand aus der Sippe, so heißt es: „Wir heiraten. Wir haben eine Frau genommen." Verkauft die Sippe ein Recht oder irgend etwas, so muß jedes Mitglied der Sippe einen Bruchteil des Erlöses erhalten. All dies soll die Solidarität der Sippe unterstreichen.

Das Leben des Individuums ist denn auch nie sein persönliches Eigentum, sondern Gut der Gemeinschaft. Stirbt ein Glied der Sippe, dann stirbt die Lebenskraft der Sippe, d.h. sie wird geschwächt. Ihr kommt also eine Art Über-Ich zu. Sie besitzt ein Quantum an Lebenskraft, das jedes Glied zu vermehren hat. Wenn daher feststeht, daß ein Mitglied, sei es auch noch jung an Jahren, unfruchtbar ist, ist dieses Mitglied ein nutzloses Glied der Gemeinschaft. Die Bayansi im Zaire sprechen dann von einem *mur okwa* – Mensch des Todes. „Er frißt nur unser Essen weg und macht Mist", sagt man. Ein derartiger Mensch ist tot, wenn er auch noch vegetiert; er stirbt oft gerne. Der Tod bedeutet für ihn ein Ende seines Leidens. Für ihn gibt es auch im Jenseits kein freudiges Weiterleben. Er ist ja unfruchtbar, weil ein Fluch der Ahnen auf ihm lastet.

Ich möchte vor allem diese soziale Komponente des Lebens im Jenseits wie auch im Diesseits unterstreichen. Das Individuum, losgelöst von seiner biologischen Gemeinschaft, ist nicht lebensfähig, denn die Lebenskraft muß über die Ahnen kommen. Von seiner Lineage ausgestoßen zu werden, bedeutet Tod. Deshalb ist es auch sinnlos, den Afrikaner als Individuum erfassen zu wollen und dann zu fragen, ob seine Seele unsterblich sei. Dieses Problem existiert für ihn gar nicht. Die Frage lautet vielmehr, ob er zur Gemeinschaft der Ahnen im Jenseits gesellt werden wird, ob er von den Ahnen als ein würdiger Nachkomme in ihre Schar aufgenommen werden wird. – Das Leben im Jenseits scheint mehr eine soziale denn eine religiöse Bedeutung zu haben.

2. Der Tod als sozio-religiöses Phänomen

Für uns ist der Tod die Trennung von Leib und Seele. Ist es schon für uns schwer, eine klare Vorstellung von Seele zu haben, so wird es noch viel schwieriger, etwas unserem Begriff ‚Seele' Entsprechendes in den Kulturen

Schwarzafrikas auszumachen. Der Afrikaner hat mehrere ‚Seelen', wenigstens drei: Hauchseele, Schattenseele, Geistseele, oder wie immer die Benennungen lauten mögen. Für den Afrikaner ist daher der Tod nicht Trennung von Leib und Seele, denn er glaubt ja, daß die ganze Persönlichkeit mit allen ihren Fähigkeiten im Jenseits weiterlebt.
Tod und Weiterleben haben zunächst soziale Gründe: Der Afrikaner kennt den ewigen Tod, sofern er soziale Übeltäter trifft: Blutschänder, Hexer, Unfruchtbare (Unfruchtbarkeit ist Strafe für Inzest) usw. Der Mensch mit sozialem Status, also jener, der nach den Normen der Ahnen lebt, stirbt nicht. Er ändert nur seinen Seinszustand. Durch das Abzelebrieren der Todesriten, d.h. der Übergangsriten, lebt der gleiche Mensch im Dorf der Ahnen weiter. Der Tod wird also – mit anderen Worten – ‚hinwegdisputiert'. Er wird zur Ideologie.
So jedenfalls könnte man die offizielle Version über den Tod umschreiben. Das Individuum weiß, daß es sterben muß, daß es ein Sein zum Tode hat. Dadurch aber, daß es sich mit seiner Sippe solidarisiert und identifiziert, erreicht es Unsterblichkeit. Allerdings ist es wiederum nicht die Sippe als Ganzes, die ewig ist, sondern sie subsumiert sich in ihrem Exponenten, im Ältesten. Er ist die sichtbare, symbolische Identifikationsfigur der Sippe. Unsterblich ist im Grunde nur er als der Vertreter der Sippe. Dies ist er aber auch nur so lange, als auf Erden Nachkommen sind, die sich seiner erinnern, die ihm Opfer darbringen und in denen seine Lebenskraft weiterlebt. Der eigentlich Unsterbliche ist aber nicht ein x-beliebiger Ahn, sondern der Urahn, der *in illo tempore*, in jener mythischen Urzeit, gelebt und seine Lebenskraft zahlreichen Nachkommen weitergegeben hat.

3. Der Tod als *rite de passage*, als Übergangsritus

Alle großen Riten der Naturvölker sind Übergangsriten, die von einem Seinszustand zu einem anderen überleiten. Deshalb beinhaltet jeder Ritus Tod und Auferstehung. Man stirbt dem gegenwärtigen Seinszustand ab und aufersteht zu einem neuen. Dies ist der tiefste Sinn der *rites de passage*. Solche Übergangsriten gibt es im Leben des Afrikaners mehrere:

Die Geburt. Der Afrikaner mißt der Seele, oder genauer der menschlichen Persönlichkeit, häufig eine Präexistenz zu. Er ist auch vielfach der Meinung, daß sich alternierende Generationen reproduzieren, der Enkel also die Wiedergeburt des Großvaters und die Enkelin die der Großmutter darstellen.

Mit anderen Worten: die Lebenskraft des Großvaters tritt mit dem Enkel in ein erneutes irdisches Seinsstadium.

Die Initiationszeremonien an der Schwelle von der Kindheit zur Jugend. Hier ist der Übergangscharakter (vom Kindesalter zum Erwachsenenalter) am deutlichsten sichtbar; vielfach wird der Übergang durch äußere Zeichen markiert: Beschneidung bzw. Exzision.

Die Heirat. Die Heiratszeremonien markieren den Übergang vom Jugendalter zum vollen Erwachsenenalter. Hier beginnt der Mensch, die empfangene Lebenskraft zu multiplizieren, d. h. Nachkommen in die Welt zu setzen.

Die Berufung zum Zauberdoktor oder Schamanen (ngănga). Die komplizierten Berufungsriten markieren sehr deutlich den symbolischen Tod des Kandidaten und die Auferstehung zu einem neuen Seinszustand. Der Kandidat wird dadurch in die Lage versetzt, die Stimmen der Ahnen und Geister zu verstehen und die Ursachen der Krankheiten zu erkennen.

Der Tod. Durch die vorgenommenen Zeremonien wechselt der Verstorbene vom Dorf der Lebenden zum Dorf der Ahnen, das sich in der Erde befindet.

Bei all diesen Riten stirbt der Mensch einen symbolischen Tod: Man sondert ihn ab vom Kulturraum der Lebenden und bringt ihn in den Raum der Geister und Ahnen, der im Gegensatz zum Kulturraum steht. Als unkultivierten Raum kann man bezeichnen: den Wald, die Savanne, das Wasser, kurz: die von Menschen unbebaute und unkultivierte Natur. Das Dorf und die Felder repräsentieren das Diesseits, Wald und Savanne das Jenseits. Feuer, gekochte Speisen, die rote Farbe bedeuten Kultur; Wasser, Rohes, die weiße Farbe die Unkultur. Die Frau als Blutende und Gebärende ist mit dem Leben und damit dem Diesseits verhaftet: Sie gebiert, sie pflanzt, sie kocht, sie hütet das Feuer, ist Herrin des Hauses; sie ist das diesseitige Wesen schlechthin. Der Mann ist dem Jenseits verhaftet: Er lebt als Jäger in Wald und Savanne; als Krieger und Jäger tötet er Leben. Er hält sich nicht im Hause auf, sondern in der Natur. Er ist sozusagen das Symbol der Unkultur.
Der Afrikaner ist im Grunde genommen bemüht, den physischen Tod in einen rituellen umzudeuten. Geht man auf die symbolische Deutung des Todes ein, so gewinnt man den Eindruck, daß zwischen Diesseits und Jenseits ein ähnlicher Unterschied besteht wie zwischen Kindheit und Jugend, d. h. der Übergang von einem Zustand in den anderen ist mittels eines Ritus vollziehbar. Die lebenden Ältesten verhalten sich denn auch den verstorbenen

Ahnen gegenüber wie Jugendliche ihren Ältesten gegenüber. Der Jugendliche spricht den lebenden Ältesten in gleicher Weise an wie der lebende Älteste den im Jenseits lebenden Ahn. Er bringt ihm die gleichen Geschenke dar, er redet ihn vielfach mit dem gleichen Epitheton an. Alles deutet darauf hin, daß der physische Tod nur ein Ritus ist.
Aber selbst der einfachste Afrikaner ist sich bewußt, daß dies Ideologie und nicht Wirklichkeit ist. Der Ahn braucht nur einmal nicht in erwarteter Weise zu helfen, dann pflegt man ihn als „Toten" zu bezeichnen. Die Bayansi im Zaire beschimpfen ihre Ahnen, wenn sie, obgleich ihnen geopfert wurde, nicht helfen: „Du bist kein Ahn, du bist nur ein Totengespenst!" Der Ausdruck für Totengespenst ist *mukwi*, was immer pejorativ ist. Man gebraucht diesen Ausdruck den Verstorbenen der eigenen Sippe gegenüber nur, wenn die Verstorbenen nicht helfen. Gilt ein Ahn als *mukwi*, dann wird er von seinen Nachkommen bald vergessen. Man opfert ihm nur mehr widerwillig, damit er einen in Ruhe läßt, aber allmählich tritt für ihn der ewige Tod ein, d. h. man erinnert sich seiner nicht mehr und beopfert ihn nicht mehr.

4. Der Tod als Prozeß

Für uns Abendländer gehen wichtige Ereignisse immer in einem Augenblick vor sich, d.h. wir können immer den Moment angeben, wann Ehe stattfindet, wann Tod eintritt usw. Für uns sind diese großen, wichtigen Ereignisse Momentaufnahmen. Ganz anders für den Afrikaner: Ehe, Tod, Initiationszeremonien usw. sind Prozesse, die sich über eine lange, unbestimmte Zeit hinweg erstrecken. Man könnte sagen, die Ehe beginnt ganz dünn und verdichtet sich immer mehr, bis dann schließlich nach allen Zeremonien usw. auch in Schwarzafrika Ehe praktisch unauflöslich werden kann.
Ebenso muß der Tod als lang andauernder Prozeß gesehen werden. Das physische Absterben des Menschen ist gar nicht das Wichtigste bei dem ganzen Vorgang. Der Tod ist vielmehr ein soziales Ereignis mit starkem magisch-religiösem Hintergrund. Stirbt jemand aus der eigenen Sippe, so sterben die Sippenmitglieder symbolisch mit. Je näher man dem Verstorbenen steht, desto stärker wird sich das symbolische Mitsterben äußern. Man legt die Kleider ab, bemalt den Körper mit weißer Farbe (Farbe des Jenseits), man schert das Haupthaar, und die nächsten Verwandten ziehen sich sogar für mehrere Wochen in die Einsamkeit zurück, schlafen auf dem Boden, tragen keine Kleider, dürfen sich nicht waschen, dürfen keine gekochten Speisen essen usw. All dies soll das symbolische Mitsterben veranschaulichen.

Aber auch der Verstorbene selbst braucht eine lange Zeitdauer, um vom Diesseits ins Jenseits zu wandern. Mit Eintritt des physischen Todes bleibt der Verstorbene noch in seinem Hause präsent. Damit er es aber verläßt, zerstört man das Haus. Man macht Löcher ins Dach, durchbricht Wände, damit der Verstorbene endlich merkt, daß er die Lebenden in Ruhe lassen soll und sich hinüberbegibt. Ist der Verstorbene begraben, so ist er zwar im Friedhof präsent, aber er kommt noch immer zurück ins Dorf, um sein Haus und seine Angehörigen zu besuchen. Wie lange er im Friedhof noch präsent ist, ist schwer auszumachen, jedenfalls noch mehrere Wochen und Monate. Allmählich aber nimmt seine Anwesenheit ab, und man nimmt an, daß er sich im Dorf der Ahnen aufhält. Wo sich das Dorf befindet, weiß man nicht genau zu sagen: in der Erde, in der See, im Wasser. Im Zaire-Kasai-Gebiet zeigen die Völker nach Westen, wenn man nach dem Totenreich fragt. Flußabwärts, dem atlantischen Ozean zu, d.h. im Sonnenuntergang. Man spricht vom Totenreich als von *Kalunga* oder *Mputu*. Letzteres Wort ist auch für Europa gebräuchlich. Es wäre möglich, daß das Wort *Mputu* von *Bamputulugeso* (*Baportugais* = Portugiesen) abgeleitet ist. Die Portugiesen kamen nämlich aus dem Meer und waren Weiße, wie auch die Ahnen dieser Völker im Westen sein sollen, und zwar als Weiße.

III. Das Leben im Jenseits

Wie schon erwähnt, gelangt nicht jeder Verstorbene ins Dorf der Ahnen, und vor allem kann nicht jeder selbst zum Ahn werden, sondern nur, wer einen hohen sozialen Status besitzt. Man sagt, daß nur die Guten ins Dorf der Ahnen kämen. Ich hörte einmal einen Afrikaner fluchen, als er einen Prozeß verloren hatte: „Ihr alle werdet nie ins Dorf der Ahnen kommen!“ Aber wonach bemißt sich gut und böse? Nach den Normen der Ahnen, und die Normen werden wiederum von den lebenden Ältesten und Häuptlingen ausgelegt. Gut und böse sind also im Grunde von der Gesellschaft oder – genauer gesagt – von den Ältesten festgelegte Begriffe.
Obgleich alle afrikanischen Völker einen Schöpfergott kennen, glaube ich nicht, daß es genuin afrikanisch ist, daß man sich ein Leben im Jenseits in Gemeinschaft mit dem Höchsten Wesen wünscht oder auch nur in Betracht zieht. Wenn heute immer wieder geschrieben wird, daß die Afrikaner ein Leben nach dem Tode in Gemeinschaft mit Gott kennen und wünschen, so liegt hier ganz offensichtlich christlicher oder islamischer Einfluß vor. Der traditionelle Afrikaner wünscht sich ein Leben in Gemeinschaft mit seinen Ahnen und vor allem seinen Urahnen.

Da die Urahnen die Repräsentanten der Sippe sind, also der eigenen Gesellschaft, so meint im Grunde genommen der Afrikaner mit einer Verabsolutierung – bis zu Schöpfergottheiten – sich selbst und seine Gemeinschaft.
Ich möchte daher die eingangs gemachte Aussage aufgreifen und behaupten: Die größte Misere, die den Menschen treffen kann, ist der Tod, und die größte Sehnsucht ist seine Unsterblichkeit. Da der Afrikaner weiß, daß er als Individuum den Tod erleiden wird, holt er sich über das Vehikel seiner Gemeinschaft und deren Repräsentanten, d.h. ihren Urahn, die Unsterblichkeit zurück. Er begreift sich praktisch selbst als absolut.

Heinrich Schützinger

Tod und ewiges Leben im Glauben des Alten Zweistromlandes

Einleitung

Abgrenzungen

Für das Thema stellte sich als erstes die Frage nach der örtlichen Abgrenzung. Unter „Altem Zweistromland" verstehen wir die Region zwischen Euphrat und Tigris nebst Randgebieten, das Land, das heute etwa dem Gebiet des Staates Irak entspricht und im Altertum als wichtigste Zentren die Länder Sumer und Akkad, d.h. Babylonien, sowie nordwestlich davon das Land Assyrien umfaßte.
Eine zweite Frage war die der zeitlichen Abgrenzung. Hier dürfte es zweckmäßig sein, die obere Grenze in die erste Hälfte des 3. Jahrtausends zu setzen, einige Zeit nach dem Aufkommen der sumerischen Schrift, aber noch vor die Zeit der Königsgräber der I. Dynastie von Ur um die Mitte des Jahrtausends, die untere Grenze an die Zeitenwende. So stehen wir also innerhalb einer Epoche der Schriftlichkeit; denn nur anhand schriftlicher Quellen sind genauere Erkenntnisse über die religiösen Vorstellungen der Zeitgenossen zu gewinnen.
Die Schriftzeugnisse, mit denen wir uns demzufolge zu befassen haben, erscheinen im Gewand zweier Sprachen, des Sumerischen, das noch einige Zeit in das 2. Jahrtausend hinein lebendig war und danach als Kultsprache diente, und des Akkadischen, d.h. Babylonisch-Assyrischen, eines Zweigs der semitischen Sprachenfamilie, dessen älteste Schriftdenkmäler aus der Mitte des 3. Jahrtausends stammen und das etwa vom 9. Jahrhundert an als lebendige Sprache durch das Aramäische verdrängt wurde, als Schrift- und Gelehrtensprache aber noch bis etwa zur Zeitenwende im Gebrauch war.
Es ist begreiflich, daß im Verlauf derartig langer Zeiträume und angesichts der Tatsache, daß im südlichen Zweistromland mit den Akkadern und den ebenfalls semitischen Amoritern ein den Sumerern fremder Menschenschlag,

wenn auch unter weitgehender kultureller Angleichung, die ältere Zivilisation überlagerte, mit einer Weiterentwicklung und möglicherweise Änderung religiöser Anschauungen zu rechnen ist.

Literatur

Innerhalb der Literatur, die ich herangezogen habe, ist zu trennen zwischen sumerisch-akkadischer Quellen- und moderner Sekundär-Literatur.
Unter der Quellen-Literatur seien als wichtigste Textzeugnisse genannt: das sumerische und das akkadische Epos vom Gang der Liebesgöttin Ištar zur Unterwelt, das akkadische Epos „Nergal und Ereškigal“ – d.h. von Unterweltskönig und Unterweltskönigin –, die Unterweltsschilderungen aus der 7. und 12. Tafel des akkadischen Gilgamešepos, letztere aus einer fast vollständig rekonstruierbaren sumerischen Dichtung übersetzt, ferner eine späte akkadische Schlüsselerzählung mit politischer Tendenz von der Unterweltsvision eines assyrischen Kronprinzen, schließlich einige akkadische Beschwörungen – alles dieses in Texteditionen, Bearbeitungen und Übersetzungen.
Hinsichtlich der Sekundär-Literatur möchte ich unterscheiden zwischen Ausgrabungsberichten, so vor allem aus Babylon, Assur und Ur, zusammenfassenden Darstellungen, unter denen das zweibändige Werk „Babylonien und Assyrien“ von Bruno Meissner, erschienen 1920–25 (inzwischen zum Teil überholt, aber noch unentbehrlich) und das 1972 erschienene Buch von Karl Oberhuber, „Die Kultur des Alten Orients“, hervorgehoben seien, und den sich einer speziellen Thematik widmenden Arbeiten, auf die in den Fußnoten verwiesen wird. Als sehr nützlich erwiesen sich im übrigen die Ausführungen von Alexander Heidel im Anschluß an seine Gilgameš-Übersetzung (2. Aufl. 1949, zuletzt nachgedruckt 1970).

Tod und Jenseits in ihren Zeugnissen

Begräbnis

Im Alten Zweistromland war die Körperbestattung die gewöhnliche Form des Begräbnisses, wenn auch Einzelheiten nach Zeit und Ort variierten. Im Normalfall scheint der Tote auf Friedhöfen beigesetzt worden zu sein, entweder einfach in Schilfmatten gewickelt, in der Regel jedoch in Behältnissen, die aus großen tönernen Töpfen oder Doppeltöpfen, aus meist tönernen Sarkophagen verschiedener Form oder Ziegelkisten bestehen konnten.
Zuweilen, so in Ur in Südbabylonien aus der Wende vom 3. zum 2. Jahr-

tausend und einige Zeit danach sowie in Assur aus der 1. Hälfte des 2. Jahrtausends bis in die späteste Zeit, sind Familiengrüfte, die sich bei oder unter dem Wohnhaus befanden, freigelegt worden. Aber auch Erdbestattungen wurden nicht selten unter dem Hause des Verstorbenen vorgenommen. Daneben finden sich Gräber auch an unbebauten Plätzen einer Stadt, jedoch nur ausnahmsweise in Heiligtümern.

Hervorragende Persönlichkeiten fanden in unterirdischen Grabanlagen ihre letzte Ruhestätte, wie sie im Königsfriedhof aus der Zeit der I. Dynastie von Ur und dem der III. Dynastie aus der Mitte bzw. dem Ende des 3. Jahrtausends oder in den Grüften von assyrischen Königen unter dem „Alten Palast" von Assur vom Ende des 2. bis in das 1. Drittel des 1. Jahrtausends vorliegen.

Auf Beigaben wurde bei der Beerdigung eines Toten im allgemeinen großer Wert gelegt, auch wenn Menge und Reichtum des Mitgegebenen nach Zeit und Umständen wechselten. Gewöhnlich erhielt der Verstorbene ein Trinkgefäß, Behältnisse mit Nahrungsmitteln sowie persönliche, ihm liebgewesene Dinge mit. Kultische Bedeutung hatten Schiffsmodelle, die in Gräbern in Ur der Zeit Ur I bis III gefunden wurden und vielleicht bei der Überquerung des noch zu erwähnenden Totenflusses Verwendung finden sollten. Das auf dem Königsfriedhof zu Kisch (im nördlichen Babylonien), vor allem jedoch auf dem zu Ur (im südlichen Babylonien, beide um 2500 v. Chr.) mit den hochgestellten Toten wahrscheinlich freiwillig in die Unterwelt gegangene Gefolge – in Ur bis zu 80 Personen – rechnete zu den Grabbeigaben und benötigte deshalb keine eigene Totenzurichtung [1].

Kosmologie und Gang zur Unterwelt

Zum besseren Verständnis des Folgenden ist es notwendig, einen Blick auf die Kosmologie, d. h. die Lehre vom Weltall, der Bewohner des Alten Zweistromlandes zu werfen:

Nach gewöhnlicher Anschauung war der Himmel in drei Sphären gegliedert, von denen die oberste dem Himmelsgott Anu zum Aufenthalt diente, die mittlere den übrigen Göttern des Himmels. Der unterste Himmel war derjenige, den wir sehen und über den die Gestirne wandern. Die Ränder des Himmels, der also einer Halbkugel glich, ruhten auf dem runden Himmelsdamm, der das Weltmeer abschloß. Wie der Himmel war auch die Erde in drei Abteilungen gegliedert. Die oberste war die Erde der Menschen, die rund und in sieben Etagen geteilt war und vom Weltmeere umgeben. Sie war das Reich des Gottes Ellil. Die mittlere gehörte dem Gott des Grundwasserozeans, Ea, an. Die dritte und unterste Erde war die Unterwelt, die, entsprechend der Unterteilung der oberen Welt, aus sieben Stockwerken bestand mit sieben Mauern und Toren[2].

Nach dem Tode des Menschen wendete sich die abgeschiedene Seele gegen Westen, in die Richtung des Sonnenuntergangs, wo sich fern in der Wüste der Eingang zur Unterwelt befand. Grenzscheide zwischen dem Lande der Lebenden und dem der Toten war dort der Fluß Ḫubur[3], wo der sturmvogelköpfige und mit vier Händen und Füßen versehene Fährmann Ḫumuṭtabal, d.h. „Nimm schnell hinweg!", den Übersetzdienst versah.

Beschreibung der Unterwelt

Nunmehr schlug die abgeschiedene Seele den Weg zum äußersten Tor der Unterwelt ein. Diese hatte im Akkadischen verschiedene Namen, größtenteils Lehnwörter oder Lehnübersetzungen aus dem Sumerischen, so *kigallu*, sumerisch *kigal*, zu deutsch „großer Ort", – *arallû*, sumerisch *arali*, – *erkallu*, sumerisch *erigal*, zu deutsch „große Stadt", – *erṣetu* (sumerisch *ki, kur*), was „Land", „Erde", aber auch „Unterwelt" bedeutet, – und, in gehobener Sprache, *erṣet lā târi* (sumerisch *kurnugia*), zu deutsch „Land ohne Rückkehr".

Am Tore der Unterwelt wurde der Verstorbene von deren Pförtner namens Nedu erwartet. Erst wenn dieser von der Unterweltsherrin Ereškigal, das heißt also „Gebieterin des großen Ortes", akkadisch Allatu, die Erlaubnis dazu erhalten hatte, wurde die Seele eingelassen und durch die sieben Tore der Unterwelt zum Palast der Ereškigal geführt, wobei sie vermutlich an jedem Tor einen Teil ihres Schmucks oder ihrer Kleidung abzugeben hatte, so daß sie zuletzt nackt vor die Herrin der Unterwelt trat[4].

Deren Gatte war der Gott Nergal, ursprünglich ein Himmelsgott, der – wie das akkadische Epos „Nergal und Ereškigal" berichtet – sich vor dem Wezir der Ereškigal nicht erhoben hatte und deshalb in die Unterwelt zitiert wurde, um abgestraft zu werden. Er bezwang jedoch die Herrin der Unterwelt und wurde von ihr zum Gemahl gemacht. Seine Doppelnatur kommt darin zum Ausdruck, daß er sowohl als Gott der sengenden Mittagssonne wie auch als Gott der Mitternachtssonne galt[5].

In die nächste Umgebung der Ereškigal gehörte ferner der schon erwähnte Wezir namens Namtar, d.h. „Schicksalsbestimmer". Er war auf der Oberwelt als Dämon bekannt und hatte seinerseits 60 Krankheitsdämonen unter der Hand. Von den Dämonen, die in der Unterwelt zu Hause waren und sich auf der oberen Erde unnütz machen konnten, seien genannt:

Alluḫappu, zu deutsch „Fangnetz“, mit einem Löwenkopf; seine vier Hände und seine Füße waren menschlich,

Mukīl rēš lemutti, zu deutsch „Helfer zum Bösen“, mit einem Vogelkopf, Flügeln sowie menschlichen Händen und Füßen,

Šulak, der wie ein Löwe aussah, aber auf den Hinterfüßen stand,

Utukku lemnu, zu deutsch „der böse Utukku“, mit einem Löwenkopf und den Händen und Füßen eines Sturmvogels,

Mimma lemnu, zu deutsch „Jegliches Böse“, mit zwei Köpfen, von denen einer ein Löwenkopf war [6].

In dieser Gesellschaft befand sich also die Seele, wenn sie der Herrin der Unterwelt und ihrem Gemahl gegenübertrat.
Was sich nun abspielte, ist noch nicht geklärt. In der erwähnten Unterweltsvision eines assyrischen Kronprinzen, entstanden wahrscheinlich gegen Ende des 1. Viertels des 7. Jahrhunderts, also sehr spät, zieht Nergal den Prinzen an dessen Stirnlocke zu sich heran, schreit ihn an und bedroht ihn mit seinem Szepter. Doch kann diese Behandlung, da dem Text, wie schon bemerkt, eine politische Motivation zugrunde lag, kaum verallgemeinert werden.
Für ein Totengericht, das den Verstorbenen im Hinblick auf sein moralisches Verhalten zu seinen Lebzeiten be- und verurteilt hätte, liegen bis jetzt keine Belege vor. Anscheinend gab es keinen Unterschied im Jenseits zwischen Gut und Böse und hatten die sogenannten Totenrichter, unter ihnen der Heros Gilgameš, nur für die Ordnung in der Unterwelt zu sorgen.
Wie dem auch sei: Folgt man der spätestens dem 12. Jahrhundert entstammenden akkadischen Fassung von Ištars Gang zur Unterwelt [7] und den entsprechenden Passagen in der vermutlich in das 12. Jahrhundert zu setzenden 7. Tafel des Gilgameš-Epos [8], mußte sich die Seele mit einer Umgebung und Bedingungen einer Weiterexistenz abfinden, die trostlos zu nennen sind.
Ich zitiere aus dem Epos von Ištars Gang zur Unterwelt (Ninive-Rezension, Zeile 1–11):

„Zum Land ohne Rückkehr, dem Bereich der Ereškigal (?),
richtete Ištar, die Tochter des Sîn (d.h. des Mondgottes), ihren Sinn.

Ihren Sinn richtete die Tochter des Sîn
zum finsteren Hause, dem Wohnsitz der Göttin von Erkalla,
zum Hause, aus dem niemand herauskommt, der es betrat,
zum Wege, dessen Begehen ohne Rückkehr ist,
zum Hause, (in dem,) der es betritt, des Lichtes entbehrt,
wo Staub ihre Nahrung, Lehm ihre Speise,

sie Licht nicht sehen, im Dunkeln sitzen,
wie Vögel mit einem Flügelkleide bekleidet sind,
auf Tür und Riegel Staub lastet."

Gemäß der Übersetzung des betreffenden Abschnittes in der 7. Tafel des Gilgameš-Epos durch Karl Oberhuber (s. Anm. 8) wäre nur das Schicksal der verstorbenen Könige um einiges besser gewesen als das der übrigen menschlichen Hadesbewohner.

Relativiert, d.h. auf bestimmte Umstände des Lebens, Sterbens oder der Behandlung des Totengeistes bezogen, ist die Unterweltsschilderung in der aus dem Sumerischen ins Akkadische übersetzten und aus ebenfalls erhaltenen sumerischen Paralleltexten zu ergänzenden 12. Tafel des Gilgameš-Epos[9]. Die sumerische Dichtung dürfte dem Ende des 3. Jahrtausends entstammen. Berichterstatter ist der für kurze Zeit in die Oberwelt entlassene Totengeist des Heros Enkidu, der seinem Freunde Gilgameš mitteilt, daß beispielsweise der Vater von zwei Söhnen auf zwei Ziegelsteinen sitze und Brot esse, der Vater von fünf Söhnen eine ehrenvolle Position im Palast der Unterwelt innehabe, der Vater von sieben Söhnen als Gefährte der Götter auf einem Stuhl ruhend Musik höre. Das Haupt des in der Schlacht Gefallenen werde von Vater und Mutter gestützt. Der, dessen Körper unbeerdigt in der Steppe liege, habe jedoch in der Unterwelt keine Ruhe, und wer ohne Versorgung durch seine lebenden Angehörigen sei, müsse – es ist nicht ganz klar, ob in der Unter- oder Oberwelt – von den Resten im Topf und den auf die Straße geworfenen Brocken existieren.

Es ist somit anzunehmen, daß die Vorstellungen von der Existenz in der Unterwelt im Laufe der Zeit Veränderungen unterworfen waren, aber auch, daß aufgrund unterschiedlicher religiöser Überlieferungen voneinander abweichende Lehrmeinungen vertreten wurden.

Schließlich ist es schwer vorstellbar, daß in den Kulten der Unterweltsgötter Nergal und Ereškigal, deren Tempel sich in der babylonischen Stadt Kutha befanden, eine so negative Auffassung der Unterwelt, wie sie im Epos von Ištars Höllenfahrt und in der 7. Tafel des Gilgameš-Epos zutage tritt, erträglich gewesen wäre.

Beziehungen zwischen Unterwelt und Oberwelt

Auch nach der Beisetzung bedurfte der Verstorbene noch der Fürsorge der Hinterbliebenen. Es galt, der Seele Wasser zu spenden und Totenopfer (akk. *kispu*) zu bestimmten Anlässen und Zeiten, so etwa beim Fest der Totengeister im Monat Abu, darzubringen. Die Betreuung des verstorbenen Vaters und der übrigen Toten der Familie oblag dem ältesten Sohn und Erben. Kinderlose waren deshalb bestrebt, durch Adoption ihre Versorgung im Todesfalle sicherzustellen. Daneben spielten auch Priester im Totenritual eine Rolle [10].

Das Grab wurde dabei wohl als eine Art Durchgangsstation zur oder als ein Teil der Unterwelt aufgefaßt, wie es dem menschlichen Empfinden entsprach, dem die mythische Schilderung der Unterwelt für das tägliche Leben wenig bieten konnte; und so fanden die Totenopfer und Totengedächtnisfeiern wahrscheinlich nach Möglichkeit bei oder über dem Grabe statt. In diesem Sinne ist es zu verstehen, daß der altassyrische König Šamšīadad I. (1815–1782) seine Grabstätte im Dagantempel in Terqa „Haus der Todesruhe" nannte und der neuassyrische König Sanherib (705–681) sein Mausoleum unter dem „Alten Palast" in Assur „Platz der Ruhe, ewige Wohnung", daß ferner die Schändung von Gräbern als ein Mittel galt, den Totengeistern die Ruhe zu nehmen. Schließlich scheint auch die Beschreibung der Unterwelt im Epos von Ištars Gang zur Unterwelt und in der 7. Tafel des Gilgameš-Epos zu einem Teil von den in unterirdischen Grabgewölben herrschenden Verhältnissen inspiriert worden zu sein.

Das Leben erlosch folglich in der jenseitigen Welt nicht völlig. Die Seele führte eine Form der Weiterexistenz, die sich im günstigsten Falle von der Art ihres irdischen Wandels nicht allzu sehr unterschied [11] – abhängig jedoch von der Pflege durch die lebenden Angehörigen –, in den im akkadischen Epos von Ištars Gang zur Unterwelt und in der 7. Tafel des Gilgameš-Epos gezeichneten Bildern allerdings nichts Erfreuliches bot.

Das Heraufbeschwören der Seelen von Verstorbenen zum Zwecke ihrer Befragung gehörte nach den Vorstellungen der Bewohner des Zweistromlandes und darüber hinaus der Welt der Antike in den Bereich des Möglichen. Als Heraufbeschwörer des Totengeistes konnten wahrscheinlich vor allem Priester fungieren.

Bereits erwähnt wurde die bekannte Stelle in der 12. Tafel des Gilgameš-Epos, Vers 76ff., worin der Totengeist des Enkidu, dem der Herr der Unterwelt, Nergal, ein Loch in der Erde aufgetan hat, an die Oberwelt fährt, um Gilgameš über die Existenzbedingungen in der Unterwelt Bericht zu erstatten.

In diesen Zusammenhang gehört aus dem Alten Testament die im 1. Buch Samuel (Kap. 28, Verse 7–25) geschilderte Beschwörung des Totengeistes des Propheten Samuel durch die Totenbeschwörerin von Endor, in welcher der Prophet dem König Saul sein nahe bevorstehendes Ende und die Niederlage des israelitischen Heeres verkündete, sowie die im 11. Gesang der Odyssee beschriebene Totenbeschwörung des Odysseus am Hadeseingang, durch die er vermittels der Seele des Sehers Teiresias Auskunft und Ratschläge über die weitere Heimfahrt und sein ferneres Leben erhielt.

Wurden in den soeben genannten Fällen die Seelen von Abgeschiedenen ohne ihr eigenes Zutun zum Zwecke ihrer Befragung an die Oberwelt zitiert, konnten nach dem Glauben des Alten Zweistromlandes die Geister der unbegrabenen Toten oder derjenigen, die auf der Erde keinen Pfleger mehr hatten, auf nicht näher geklärte Weise an die Oberwelt entweichen und dort gleich Krankheitsdämonen sich unter den Menschen ihre Opfer suchen. Eine Ursache dafür, daß ein Mensch von einem Totengeist (akk. *eṭemmu*) befallen wurde, war seine bewußte oder unbewußte Versündigung, wodurch sich die Gottheit von dem Menschen abwendete und den Krankheitsdämonen, umherschweifenden Totengeistern – auch denen der eigenen Familie – und anderen finsteren Mächten, wie Hexen und Hexern, die ihrerseits Totengeister und Krankheitsdämonen einsetzen konnten, den Weg freimachte[12]. In der vierten Tafel der akkadischen Beschwörungsserie „Maqlû" heißt es, an die Adresse von Hexen gerichtet:

> „Einem Totengeist meiner Familie habt ihr mich übergeben ...
> Dem Totengeist eines Fremden habt ihr mich übergeben ...
> Einem umherschweifenden Totengeist, der keinen Pfleger hat,
> einem Totengeist verfallener Ruinen habt ihr mich übergeben ..."[13]

Fühlte sich ein Kranker von einem Totengeist besessen, konnte er sich direkt an die – natürlich wohlversorgten – Verstorbenen der eigenen Familie wenden, um durch diese die richterliche Obrigkeit der Unterwelt gegen ungehorsame Totengeister anrufen zu lassen. Aus der Berliner Tafel VAT 8910 sei hier zitiert:

> „Ihr, Totengeister meiner Familie, Erschaffer (?) ...,
> (Totengeist) meines Vaters, meines Großvaters, meiner Mutter, meiner Großmutter, meines Bruders, meiner Schwester,
> (Totengeist) meiner Familie, meiner Sippe, meiner Verwandtschaft,
> so viel wie in der Unterwelt schlafen; Totenopfer habe ich euch dargebracht,
> euch Wasser gespendet, euch versorgt,
> euch verherrlicht, euch geehrt.
> So tretet nun heute vor Šamaš (– den Sonnengott und Wahrer der Gerechtigkeit in der Ober- und Unterwelt –) und Gilgameš (– den Helden des Gilgameš-Epos, der nach seinem Tode Unterweltsrichter wurde –),

führt meinen Prozeß, erwirkt für mich eine Entscheidung!
‚Jegliches Böse', das in meinem Körper, meinem Fleisch, meinen Sehnen ist,
übergebt der Hand des Namtar, des Wezirs der Unterwelt!
Ningizzida, der Thronträger der weiten Unterwelt, möge ihre Bewachung stark machen,
Nedu, der Oberpförtner der Unterwelt, ihre Gesichter wenden.
Ergreift ihn (den Totengeist) und laßt ihn in das Land ohne Rückkehr herabsteigen!
Ich aber, euer Knecht, möge leben und gesund werden." [14]

In einer anderen Beschwörung (u.a. in der Berliner Tafel VAT 8237 erhalten) wendet sich der Kranke durch den Mund des Beschwörungspriesters direkt an den Sonnengott Šamaš. Er bittet ihn, den Totengeist in Richtung Westen, also zum Eingang der Unterwelt, zu schicken und dem Oberpförtner der Unterwelt, dem schon erwähnten Nedu, zu übergeben. Für diese lange Reise hat der Kranke dem Totengeist eine komplette Ausrüstung – Kleider, Schuhe und Gürtel – nebst Wegzehrung zur Verfügung gestellt [15].
Eine in Beschwörungsriten nicht selten angewandte magische Praxis bestand in der symbolischen Bestattung eines Abbildes des umherirrenden Totengeistes, wodurch diesem die Beerdigung mit nachfolgendem Gang in die Unterwelt verschafft oder aufgedrungen wurde und der Kranke, von dem ihm innewohnenden Dämon befreit, genesen konnte [16].
Es bestanden demnach, wie wir abschließend bemerken, nach der Überzeugung der Menschen des Alten Zweistromlandes zwischen den Bewohnern der Ober- und denen der Unterwelt Beziehungen, die nichts Außergewöhnliches hatten und sowohl positiver wie auch negativer Art sein konnten. Der Tote war abhängig von den Lebenden im Hinblick auf seine ordnungsgemäße Bestattung und seine spätere Versorgung in der Unterwelt. Umgekehrt bedurften die Lebenden zuweilen der Hilfe der Verstorbenen – wie wir es an einem Beispiel gesehen haben – und waren ganz allgemein bei der Verwirklichung ihres Lebens auf den Segen der dahingegangenen Familienmitglieder angewiesen. Vernachlässigung der Pflichten den Verstorbenen gegenüber konnte dagegen Unglück und Krankheit nach sich ziehen.

Vorstellungen vom ewigen Leben

Als Einleitung zu diesem Abschnitt seien die Worte wiederholt, welche in einer altbabylonischen Version aus dem Gilgameš-Zyklus die göttliche Schenkin Siduri an Gilgameš richtete, als er auf der Suche nach dem ewigen

Leben zu ihrem Wohnsitz fern am Rande des mythischen Meeres, das die Welt der Lebenden begrenzte, vorgedrungen war (in der Übersetzung Schott/ v. Sodens [17]):

> „Gilgamesch, wohin läufst du?
> Das Leben, das du suchst, wirst du nicht finden!
> Als die Götter die Menschheit erschufen,
> Teilten den Tod sie der Menschheit zu,
> Nahmen das Leben für sich in die Hand."

Dieser Ausspruch ist eindeutig: Nach dem für das Alte Zweistromland gültigen Weltplan war ein ewiges Leben für die Menschen nicht vorgesehen, ebensowenig wie eine Auferstehung der Toten.
Es entspricht dem Gesagten, daß in der Kultlegende der Vegetationsgott Tammuz im Zyklus der Jahreszeiten während des Hochsommers in die Unterwelt hinabstieg und im Frühjahr mit dem neuen Grün wieder zurückkehrte, daß die Göttin Ištar zum Totenreich ging, dort festgehalten wurde und durch die Klugheit des Gottes Ea, des Herrn des Grundwasserozeans, entweichen konnte.
Sterblichen Menschen jedoch, so dem Heros Adapa, der die ihm vom Himmelsgott Anu angebotene Speise des Lebens und den Trank des Lebens ausschlug, im Glauben, es seien Speise und Trank des Todes, und dem Helden Gilgameš, so sehr er sich mühte, blieb das ewige Leben versagt. Denn auch das Kraut, das Gilgameš schließlich vom Meeresgrund holte und das ihm von der Schlange geraubt wurde, führte nur den Namen „Als Greis wird der Mensch (wieder) jung", hätte ihm also nicht das ewige Leben, sondern eine vielleicht nur einmalige Verjüngung beschert.
Von einer Ausnahme in der Welt des Epos muß allerdings noch berichtet werden: Ut-napištim, der Held der Sintfluterzählung im Gilgameš-Epos, wird durch das Eingreifen Ellils, des Gottes der irdischen Welt, nebst seinem Weibe gleich Göttern zur Unsterblichkeit erhoben und auf eine ferne Insel im mythischen Meere hinter dem Rande der Welt versetzt. Doch wurde der Entschluß des Gottes nicht ganz freiwillig herbeigeführt. Ut-napištim war gegen den Willen Ellils, des Hauptverantwortlichen an der Sintflut, durch einen Wink des menschenfreundlichen Gottes Ea dem Verderben entronnen. Um der Autorität Ellils willen konnte er nicht gut auf der irdischen Welt bleiben. Die Erhebung in die Unsterblichkeit erledigte – etwas vereinfachend ausgedrückt – das Problem.
Für das menschliche Leben hatte diese Erzählung jedoch keine Bedeutung. Wenn daher beispielsweise der altbabylonische König Samsuiluna (gest.

1712) in einer seiner Inschriften die Götter bat: „Zababa und Ištar mögen dem Samsuiluna, dem Fürsten, ihrem Lieblingsbruder, Wohlergehen und Leben, das wie (bei) Sîn (dem Mondgott) und Šamaš (dem Sonnengott) (ewig) dauert (d.h. sich ständig erneuert), zum Geschenk geben, ihm als Gabe verleihen", so dürfte ihm klar gewesen sein, daß diese Bitte ein frommer Wunsch war und auch er dem Todesgeschick ins Auge zu sehen hatte.
Der Gang zur Unterwelt war also der unvermeidliche und unwiderrufliche Abschluß der menschlichen irdischen Existenz, ein zeitweiliges Entkommen aus der Unterwelt nur als Totengeist möglich.
Dem Aufenthalt in der Unterwelt scheinen allerdings keine zeitlichen Grenzen gesetzt gewesen zu sein, so daß die dem irdischen Leben gegenüber mehr oder minder stark reduzierte, schattenhafte Existenz des Totengeistes in einer im allgemeinen nicht sehr erfreulichen Umgebung die einzige Art von „ewigem Leben" bildete, welche die Religion des Alten Zweistromlandes dem Menschen anzubieten hatte. Das Vorhandensein einer mystischen Auferstehungslehre, etwa an die Verehrung des Vegetationsgottes Tammuz gebunden, ist bisher nicht nachzuweisen.

Schlußbetrachtung

Die religiösen Vorstellungen des Alten Zweistromlandes hatten dem Menschen in bezug auf das Jenseits wenig zu bieten. Dementsprechend war die Ausrichtung des menschlichen Lebens vorwiegend diesseitsbezogen. Das Diesseits zu gestalten, war die Aufgabe des Menschen. Hierbei boten sich verschiedene Möglichkeiten an. Den einfachsten, wenn auch anspruchsvollere Naturen kaum befriedigenden Weg zeigte die schon genannte Schenkin Siduri in Fortsetzung des oben gebrachten Zitats dem Helden Gilgameš auf (in der Übersetzung Schott/v. Sodens [17]):

> „Du, Gilgamesch – dein Bauch sei voll,
> Ergötzen magst du dich Tag und Nacht!
> Feiere täglich ein Freudenfest!
> Tanz und spiel bei Tag und Nacht!
> Deine Kleidung sei rein, gewaschen dein Haupt,
> Mit Wasser sollst du gebadet sein!
> Schau den Kleinen an deiner Hand,
> Die Gattin freu' sich auf deinem Schoß!
> Solcher Art ist das Werk der Menschen!"

Nach Ansicht eines der Übersetzer des Gilgameš-Epos[18] sind diese Worte durch den Verfasser dieser altbabylonischen Version aus dem Gilgameš-Zyklus der Schenkin, deren Gewerbe zu jener Zeit nicht immer im besten Ruf gestanden habe, in humoriger Absicht in den Mund gelegt worden.

Tatsächlich spricht nichts dafür, daß die Lebensregeln der Siduri Allgemeingut der Bewohner des Alten Zweistromlandes gewesen wären, sondern aus Literaturzeugnissen, wie Hymnen, Gebeten oder zur Weisheitsliteratur zählenden Texten, aus Ausgrabungsbefunden, wie den zahlreichen Beterstatuetten in Tempeln oder den auf Siegelzylindern dargestellten Szenen, und schließlich allein schon aus der persönlichen Namengebung wissen wir, daß die Bindung der Menschen an göttliche Mächte und deren Ordnungen überaus stark war. Durch Verehrung der Götter, durch ein Leben, das im Einklang mit dem göttlichen Willen stand, der irdischen Existenz einen höheren Sinn zu geben, entsprach also durchaus dem Verlangen des Menschen.

Die Verehrung konnte durch Opfer, Gebete und hymnischen Lobpreis oder durch Teilnahme an kultischen Feierlichkeiten erfolgen, und für bürgerliche Häuser ist die Existenz von Hauskapellen bzw. Kultnischen bezeugt. Für Fürsten und höhergestellte Personen ergab sich die Aufgabe des Baues von Tempeln und gemeinnützigen Anlagen, wie Bewässerungskanälen oder Stadtumwallungen, oder zur Anfertigung von Bildwerken sowohl von Göttern wie auch der eigenen Person, die dann gleichsam in ständiger Anbetung im Tempel standen. Erinnert sei hier an den Bau der Mauer der Stadt Uruk, durch den, wie im Gilgameš-Epos angedeutet wird, sich König Gilgameš Unsterblichkeit – anders allerdings als in dem von ihm ursprünglich erstrebten Sinne – erworben habe.

Die Götterwelt des Alten Zweistromlandes war eine vielfältige. Daraus ergab sich die Notwendigkeit, einen persönlichen Gott als spezielle Schutzmacht zu erwählen[19]. Diese Wahl konnte wohl zuweilen durch den Menschen selbst vorgenommen werden, gewöhnlich scheint aber durch die Familie, den Beruf oder einfach durch die Namenswahl der Eltern der Schutzgott bestimmt gewesen zu sein[20].

Wie hoch der Kult des Schutzgottes und der daraus erwachsende Segen eingeschätzt wurden, zeigt ein akkadischer Weisheitsspruch, dessen Abfassung in das letzte Viertel des 2. oder in das erste Viertel des 1. Jahrtausends zu setzen ist:

> „Jeden Tag verehre deinen Gott!
> Opfer und Gebet sind das zum Weihrauch Gehörige.
> Habe für deinen Gott ein freiwilliges Opfer bereit;
> denn dies ist angemessen gegenüber der Göttlichkeit.

Gebet, Bitte und Niederwerfung
bringe ihm täglich dar; dann vergilt er dir (mit reichem) Ertrag,
und du wirst mit dem Gott in bester Beziehung stehen." [21]

Durch die rechte Verehrung sowohl des persönlichen Gottes, aber auch der ferner stehenden Gottheiten, sowie die Vermeidung von kultischen Sünden wie auch von Verfehlungen gegenüber den Mitmenschen, die ihn durch die Abwesenheit der göttlichen Hilfe dem Zugriff böser Mächte ausgesetzt hätten, stärkte der Mensch seine Lebenskraft. Zur positiven, in Übereinstimmung mit dem göttlichen Willen stehenden Lebensweise gehörte auch die ordnungsgemäße Versorgung der verstorbenen Angehörigen. Der Segen, der diesem Leben dann innewohnte, zeigte sich außer in der eigenen Gesundheit und der Erreichung eines hohen Alters durch eine zahlreiche Nachkommenschaft, die ihrerseits wieder für die Betreuung der in die Unterwelt Vorangegangenen zu sorgen hatte.
Der wohl höchste Wunsch, den ein Mensch des Alten Zweistromlandes vor einer Gottheit äußern konnte, waren die Worte, die in Gebetsbeschwörungen zuweilen wiederkehren:

„Vor dir (d.h. in deiner Gnade) möge ich wandeln,
des Lebens satt werden!"

Des Lebens satt geworden zu sein, d.h. das Ende eines langen und erfüllten Lebens erreicht zu haben, war somit die wertvollste Beigabe, die einem Menschen des Alten Mesopotamien bei seinem Begräbnis und Gang in die Unterwelt mitgegeben werden konnte.

Anmerkungen

1 E. Strommenger: Art. Grab, Grabbeigabe, Grabgefäß/-behälter. In: Reallexikon der Assyriologie. 3. Bd. (1957–71), 581–93, 605–9, wo weiterführende Literatur angegeben ist. Auch in den folgenden Anmerkungen kann aus praktischen Gründen nur eine Auswahl der benutzten Literatur angeführt werden.
2 B. Meissner: Babylonien und Assyrien. 2 Bde. Heidelberg 1920–25, 2, 107–12.
3 B. Meissner: Babylonien und Assyrien. 2, 144. D. O. Edzard: Art. Unterweltsfluß. In: Götter und Mythen im Vorderen Orient (Wörterbuch der Mythologie. Erste Abt., Bd. I). Stuttgart 1965, 132. W. Röllig, W. G. Lambert: Art. Ḫubur bzw. Ḫumuṭ-tabal. In: Reallexikon der Assyriologie. 4. Bd. (1972–75), 478 f., 494.
4 D. O. Edzard: Art. Unterwelt. In: Götter und Mythen im Vorderen Orient, 130–32.

5 F. M. Th. de Liagre Böhl: Art. Babylonische und assyrische Religion. In: Religion in Geschichte und Gegenwart. 3. Aufl., Bd. 1 (1957), 816 f. D. O. Edzard: Art. Nergal. In: Götter und Mythen im Vorderen Orient, 109 f.

6 W. von Soden: Die Unterweltsvision eines assyrischen Kronprinzen. In: Zschr. für Assyriologie 43 (1936), 16 f., 22 f. A. Heidel: The Gilgameṣh Epic and Old Testament Parallels. 2nd ed., Chicago & London 1970, 132–36.

7 E. Ebeling: Die Höllenfahrt der Ištar. In: Altorientalische Texte zum Alten Testament. Hrg. von H. Gressmann. 2. Aufl., Berlin und Leipzig 1926, 206. E. A. Speiser: Descent of Ishtar to the Nether World. In: Ancient Near Eastern Texts. Ed. by J. B. Pritchard. 2nd ed., Princeton 1955, 107. A. Heidel: The Gilgamesh Epic, 121.

8 A. Schott: Das Gilgamesch-Epos. Ergänzt und teilweise neu gestaltet von W. von Soden. Stuttgart 1970, 62 f. A. Heidel: The Gilgamesh Epic, 60 f. H. Schmökel: Das Gilgamesch-Epos. 2. Aufl., Stuttgart u. a. 1971, 74 f. K. Oberhuber: Die Kultur des Alten Orients (Handbuch der Kulturgeschichte, 2. Abt.). Frankfurt/M. 1972, 154.

9 A. Schott/W. v. Soden: Gilgamesch-Epos, 99, 103–5. A. Heidel: The Gilgamesh Epic, 94, 100 f. H. Schmökel: Das Gilgamesch-Epos, 112 f., 119 f. V. Schneider: Gilgamesch. Zürich 1967, 175–79.

10 B. Meissner: Babylonien und Assyrien. 1, 428 f. A. Heidel: The Gilgamesh Epic, 151 f. K. Oberhuber: Kultur des Alten Orients, 155–58.

11 Vgl. A. Heidel: The Gilgamesh Epic, 192 f.

12 W. von Soden: Religion und Sittlichkeit nach den Anschauungen der Babylonier. In: Zschr. d. Deutschen Morgenländischen Gesellschaft 89 (1935), 158–69. F. M. Th. de Liagre Böhl: Art. Babylonische und assyrische Religion. In: Religion in Geschichte und Gegenwart. 3. Aufl., Bd. 1 (1957), 820–22. H. Vorländer: Mein Gott, Die Vorstellungen vom persönlichen Gott im Alten Orient und im Alten Testament. Kevelaer 1975, 85 f., 91, 93–95, 99 f.

13 G. Meier: Die assyrische Beschwörungssammlung Maqlû. Archiv für Orientforschung, Beiheft 2, Berlin 1937, Neudruck Osnabrück 1967, 29.

14 E. Ebeling: Keilschrifttexte aus Assur religiösen Inhalts. 2. Bd., 151 (Nr. 227). Ders.: Tod und Leben nach den Vorstellungen der Babylonier, I. Teil: Texte. Berlin und Leipzig 1931, 122, 131 f. W. von Soden (Besprechung des Vorhergehenden) in: Zschr. für Assyriologie 43 (1936), 265 f. A. Heidel: The Gilgamesh Epic, 156 f.

15 B. Meissner: Babylonien und Assyrien. 2, 148. E. Ebeling: Tod und Leben, 122, 140 f. W. von Soden in: Zschr. für Assyriologie 43 (1936), 268 f. A. Heidel: The Gilgamesh Epic, 157.

16 E. Ebeling: Tod und Leben, 78–83, 122–24, 134 f., 149, 151 f. W. von Soden in: Zschr. für Assyriologie 43 (1936), 270–74.

17 Gilgamesch-Epos, 75.

18 H. Schmökel: Das Gilgamesch-Epos, 88.

19 K. Oberhuber: Kultur des Alten Orients, 69. H. Vorländer: Mein Gott, 68 ff.

20 H. Vorländer: Mein Gott, 54–57.

21 W. G. Lambert: Babylonian Wisdom Literature. Oxford 1975, 96–98, 104 f. H. Vorländer: Mein Gott, 60 f.

Hans-Joachim Klimkeit

Der iranische Auferstehungsglaube

1. Einführung

Es gibt im Kreise der altorientalischen Völker kaum eine andere Nation, die in wesentlichen Grundvorstellungen dem Judentum und damit dem alttestamentlichen Wurzelboden des Christentums so nahe kommt wie die Völkergemeinschaft iranischer Zunge. Neben der Idee eines erhabenen, bildlich nicht weiter darstellbaren, einzigen Gottes sind es vornehmlich zwei weitere, miteinander verflochtene Vorstellungen, die viele Iranier der Antike mit dem Hauptstrom des nachexilischen Judentums verbanden, nämlich die Hoffnung auf eine endzeitliche Verklärung und Erneuerung der Welt und die Hoffnung auf eine Auferstehung der Toten.

Sicherlich haben sich diese Glaubenshoffnungen erst im Laufe der iranischen wie auch der jüdischen Geschichte artikuliert, um allmählich zum Bestand des Glaubensgutes weiter Kreise zu werden. Noch zur Zeit Jesu distanzieren sich innerhalb des Judentums die Sadduzäer von der Auferstehungsidee.

Auch im Iran ist das Bild kein einheitliches. Die große kulturelle und religiöse Verschiedenheit der Völker iranischer Sprache und ihr riesiges geographisches Verbreitungsgebiet zwischen mesopotamischem Zweitstromland, indischem Fünfstromland und zentralasiatischem Siebenstromland lassen kaum einheitliche Vorstellungen, zudem über Jahrhunderte hinweg, erwarten. Dennoch stellen wir fest, daß in der iranischen Religionsgeschichte ein Ton aufklingt, der dem von der biblischen Welt Herkommenden vertraut erscheint. Es ist natürlich nur *ein* Ton im großen Konzert der Stimmen, die von einem Leben nach dem Tode handeln, und um dem Thema gerecht zu werden, müßte man gleichsam polyphon über den Sachverhalt sprechen, indem man alle Begleittöne voll mitberücksichtigt. Die Hintergründe müssen wir aber aus Zeitgründen weitgehend ausblenden, um unser Leitthema um so klarer zu vernehmen.

Wie im späten Israel haben wir es im Iran mit einer stark endzeitlich ausgerichteten Religion zu tun. Im Gegensatz zu den meisten Völkern des Alten

Orients, die in erster Linie urzeitlich orientiert sind, die also die Sicherung des Lebens im Sinne einer periodischen Erneuerung und Stärkung der Kräfte der Urzeit anstreben, ist das Denken und Handeln des religiösen Menschen im alten Iran mindestens auch bestimmt von einem zukünftigen Telos, einer erwarteten Neuordnung, einem kommenden Sein, auf das hin jetzt schon entschieden und gehandelt wird. Damit gewinnt auch die Geschichte ganz andere Farben als in einer Kultur, die von der ständigen zyklischen Erneuerung der Schöpfung, von der Wiederkehr des ewig Gleichen, ausgeht.
Das gilt sowohl für die Weltgeschichte als auch für das Schicksal des Einzelnen. Damit ist aber zugleich angedeutet, daß hier das zukünftige Leben, sei es individuell, sei es im kosmischen Rahmen gesehen, tatsächlich als ein neues und vollendetes Leben erscheinen kann. Es ist nicht nur zu vergleichen mit dem Leben, das ein periodisch sterbender und wiederauferstehender Vegetationsgott mit sich bringt. Es hebt sich auch ab von der bloßen Verlängerung der jetzigen Existenz, wie sie der Ägypter durch Mumifizierung anstrebte und spruchmagisch wie architektonisch abzusichern suchte.
Freilich müssen wir bei diesen einführenden Bemerkungen gleich hinzufügen, daß der altiranische Glaube, sofern er auf den Tod bezogen ist, alte Wege bewahrte und zugleich neue Wege suchte, um die Ewigkeit der Existenz zum Ausdruck zu bringen. Bei aller bewußten Überschärfung der Gegensätze zwischen urzeitlich und endzeitlich orientiertem Denken muß zugleich gesagt werden, daß sich beide Zeitausrichtungen nicht völlig ausschließen. Ebenso ist es mit den Vorstellungen vom Leben nach dem Tode. Die eine Konzeption löscht die andere nicht aus. Neben dem Bild von der Himmelsreise der Seele, also einer als ewig gedachten Anlage im Menschen, stehen die Aussagen über die Wiedererweckung der Toten am Ende der Tage, jedenfalls zu einem zukünftigen Zeitpunkt. Die iranischen Texte sprechen einerseits von *urvan*, „Seele", ferner von *daēnā*, der „geistigen Individualität", und anderen geistig-seelischen Größen, andererseits auch vom physisch-körperlichen Leib, *tanu* oder *kehrp*, der neu erschaffen wird und sich dann mit einer „Seele" verbindet[1]. Bei alledem läßt sich doch als eine auffallende Linie in der persischen Religionsgeschichte der Glaube an die Auferstehung fassen. Dieser einen Linie wollen wir hier im Liniengewirr der altiranischen Jenseitsvorstellungen nachgehen.
Es wäre nun eine Aufgabe für sich, jener umfangreichen und z. T. sehr leidenschaftlich geführten Diskussion nachzugehen, die sich von der Thematik her nahelegt und tatsächlich schon fast ein Jahrhundert die Gemüter bewegt. Ich meine die Diskussion um die historischen Beziehungen zwischen altiranischem und jüdisch-alttestamentlichem Auferstehungsglauben. In engem Zusammenhang damit steht die Frage nach einer eventuellen Verbindung

von jüdischer und iranischer Apokalyptik sowie nach der religionsgeschichtlichen Stellung Babylons, der Zwangsheimat der Exiljuden nach den Deportationen von 598 und 587 v. Chr. Wir müssen es uns versagen, diese Diskussion darzulegen. Erwähnt sei lediglich, daß die zeitliche Vorrangigkeit der iranischen Auferstehungsidee von Iranisten ebenso nachhaltig vertreten worden ist, wie sie von einigen Judaisten abgelehnt wurde. Umgekehrt hat man auf die Möglichkeit eines jüdischen und sogar christlichen Einflusses auf die iranische Geisteswelt hingewiesen, da entscheidende iranische Quellen zur Problematik später anzusetzen sind, als zunächst angenommen[2]. Dennoch wird grundsätzlich kaum noch in Frage gestellt, daß die zoroastrische Auferstehungshoffnung u. a. auf die geistige Welt des iranisierten Vorderen Orients gewirkt hat.
Wir wollen nun unabhängig von der belasteten Frage nach dem Verhältnis von jüdischem und iranischem Auferstehungsglauben dem letzteren in der Weise gerecht zu werden suchen, daß wir das Thema nach iranischen quellenhistorischen Perioden behandeln. Wir müssen also ausgehen von einer Erörterung der Quellenlage, wobei wir vor allem den Zarathustra-Glauben bis zu seiner späten zoroastrischen Ausprägung im Blick haben.

2. *Die Quellenlage*

Was die heiligen Bücher des Zoroastrismus anbelangt, so sind wir bei deren Betrachtung einerseits in einer glücklichen Lage, andererseits aber auch in einer außerordentlich mißlichen Situation. Als heiliges Buch im engeren Sinne kommt nämlich nur das Avesta in Frage[3]. Aber dieses Werk hat seiner philologischen Erschließung außerordentliche Schwierigkeiten in den Weg gelegt. Vor allem die ältesten Passagen, die *Gāthās*, die Gesänge des Zarathustra, die auch tatsächlich auf den Religionsstifter und seine Zeit zurückgehen, zeichnen sich durch sprachliches Alter und besondere Vieldeutigkeit aus. Sie enthalten aber das zarathustrische Gedankengut am unmittelbarsten und wurden als die ursprünglichen Texte Jahrhunderte hindurch mündlich tradiert.
Was die schriftliche Fixierung anbelangt, so ist es eine offene Frage, ob es bereits im persischen Weltreich der Achämeniden, das in der ersten Hälfte des 6. Jahrhunderts von Kyros dem Großen gegründet wurde und bis zum Einfall Alexanders 330 v. Chr. Bestand hatte, ein zarathustrisches Textgut gab. Wichtig ist aber für unser Thema, daß in dieser Zeit das Ursprungs- und Kerngebiet des Zarathustra-Glaubens im Osten der iranischen Hochebene durch die Eroberungen des Kyros dem achämenidischen Reich ein-

verleibt wurde. Derselbe Reichsgründer hat Babylon im Jahre 538 v. Chr. erobert; er wurde von den deportierten Juden als Heilbringer gefeiert, ja er erlaubte den Juden, den Jerusalemer Tempel wieder aufzubauen.
Kyros scheint noch nicht in eine innere Beziehung zum Zarathustra-Glauben getreten zu sein. Aber der Achämenide Darius I. kann um 520 v. Chr. in seiner Inschrift von Behistun bekennen, daß Ahura Mazdā, der Gott Zarathustras, ihm Beistand verliehen habe[4]. Derselbe Darius gibt in einem Edikt dem Statthalter von Abarnaharā den Befehl, die Juden bei der Errichtung ihres Gotteshauses zu unterstützen; er knüpft dabei bewußt an die Religionspolitik des Kyros an, was auch im Esra-Buch seinen Nachklang findet[5].
Die spätere islamische Tradition, gestützt auf eine einheimische persische Überlieferung, will wissen, daß es bereits in achämenidischer Zeit einen umfangreichen Kanon avestischer Schriften gab, der 1000 Kapitel umfaßt habe und mit goldenen Buchstaben auf 12000 Kuhhäuten geschrieben worden sei. Die iranistische Wissenschaft bezweifelt das und rechnet nur mit einer – allerdings sehr genauen – mündlichen Tradition in achämenidischer Zeit.
Der Prozeß der mündlichen Überlieferung setzte sich auch nach Alexander im seleukidischen Reich fort. Erst im darauf folgenden parthischen Reich der Arsakiden findet auf jeden Fall eine schriftliche Festlegung des Avesta statt. Das parthische Reich wird um 250 v. Chr. gegründet; die Vormacht der Parther in Vorderasien wird um 150 v. Chr. durch Mithridates I. abgesichert.
Die Avestaaufzeichnung aus parthischer Zeit (nach 150 v. Chr.) ist nun nicht unmittelbar auf uns gekommen, sondern nur in einer redigierten Form, die aus der nach-christlichen Sassanidenzeit stammt. Das sassanidische Imperium wurde unter Artaxšēr I. im Jahre 226 n. Chr. gegründet und währte bis zur Islamisierung des Landes um 650 n. Chr.
Vor allem unter dem Sassanidenherrscher Šāhpūhr II. (309–371), der sich kirchenpolitisch für die Sache eines erneuerten Zarathustra-Glaubens einsetzte und der drohenden Gefahr einer christlichen und manichäischen Mission Einhalt zu gebieten suchte, erfolgte eine Sammlung und Redaktion des Textgutes, ferner auch eine Kommentierung desselben, da die Sprache der parthischen Zeit und erst recht der frühen zarathustrischen Periode nicht mehr ohne weiteres verstanden wurde. Der Prozeß der Übersetzung und Kommentierung wurde erst zur Zeit Chosraus I. (531–578 n. Chr.) abgeschlossen. Grundtext und Kommentar bilden zusammen das, was *Zend-Avesta*, kommentiertes Avesta, genannt wird.
Eine weitere Kommentierung und Ausgestaltung des avestischen Glaubens-

gutes erfolgte schließlich in einer Vielzahl von Apokalypsen und theologisch-mythologischen Traktaten in der *Pehlevi*-Sprache; ihre schriftliche Gestaltung ist nicht vor dem 9. Jh. n. Chr. anzusetzen, auch wenn ihre Inhalte wesentlich ältere Vorstellungen in sich schließen.

Es ist wichtig, sich diesen literarischen Prozeß vor Augen zu halten, wenn man von dem iranischen Auferstehungsglauben spricht. Die Diskussion um seine Ausstrahlung hat bisher nicht wenig gelitten unter der undifferenzierten Verwendung von iranischen Quellen aus den verschiedensten Jahrhunderten. Da werden neben gathischen Passagen, die auf Zarathustra selbst zurückgehen und mit Sicherheit aus der Zeit vor dem 6. vorchristlichen Jahrhundert stammen, in einem Atemzug Pehlevi-Werke aus dem 9., 10. oder 11. nachchristlichen Jahrhundert genannt, deren älteste Handschriften sogar erst aus dem 13. Jahrhundert stammen. Sicherlich sind alte Traditionen in später geschriebenen Werken noch lebendig, aber es ist jeweils genau zu prüfen, in welcher Textschicht eine Glaubensvorstellung frühestens belegbar ist.

Wir haben also grundsätzlich zu unterscheiden:

1. Die ältesten Avesta-Schichten, *Älteres Avesta* genannt, nämlich die auf Zarathustra und z. T. auch seine Jünger zurückgehenden *Gāthās*. Sie fallen schon sprachlich als eine eigene Einheit aus dem überlieferten Textkorpus heraus.
2. Das *Jüngere Avesta*, das erst in parthischer Zeit aufgeschrieben wurde und in einer Redaktion aus sassanidischer Zeit überliefert ist. Der heute erhaltene Text stellt nur einen Bruchteil des ursprünglichen Werkes dar.
3. Die Menge der theologischen, mythologischen und eschatologischen *Pehlevi-Werke*, die sich dem Jüngeren Avesta textgeschichtlich anschließen und größtenteils erst nach dem 8. Jahrhundert n. Chr. niedergeschrieben wurden. Sie sind in Abschriften erhalten, die erst aus dem Mittelalter (ab 13. Jahrhundert) stammen.

Dieser dreifachen Gliederung des Quellenmaterials gemäß wollen wir nun nach der literarisch verfolgbaren Ausformung des iranischen Auferstehungsglaubens fragen.

3. Die Auferstehungsfrage in frühzarathustrischer Zeit

Wir haben hier auf die *Gāthās*[6] einzugehen, die die Glaubenswelt des altiranischen Propheten am unmittelbarsten spiegeln. Ausgangspunkt der Botschaft des aus dem späteren Baktrien stammenden Zarathustra[7], wie sie sich in diesem Liedgut ausdrückt, ist ein prophetisches Berufungserlebnis.

Es erinnert uns stark an die schamanistischen Berufungserlebnisse, wie wir sie aus der zentralasienkundlichen Ethnologie kennen. Nach einer Zeit des Grübelns in der Einsamkeit, des Fastens und Betens in Wäldern, auf Bergen und in Höhlen erscheint ihm in einer Vision der Engel *Vohu Manah*, d.h. „Guter Sinn". Dieser belehrt ihn über das gute Lichtreich eines Gottes, der *Ahura Mazdā*, der „Weise Herr", genannt wird. Der Engel gibt ihm den Auftrag, als Prophet den Anbruch dieses Reiches zu verkünden. Inwiefern die Farben dieses Reiches von einer verklärten Erinnerung an ein damals untergegangenes ostiranisches Großreich geprägt sind, möge dahingestellt sein.

Gestalt und Wirken des Berufungsengels sind typisch für die zarathustrische Denkweise. *Vohu Manah* bedeutet wörtlich „Gutes Sinnen". Die Verwendung des Wortes in den Gāthās zeigt, daß dies allerdings nicht nur ein Engelname ist, sondern auch eine Seinsweise Gottes, und darüber hinaus eine Aufforderung an den Menschen, gute Gesinnung zu verwirklichen. Der als Engel auftretende Verkündiger, seine Botschaft und sein Wesen gehen oft in typisch avestischer Weise ineinander über. Zuweilen kann „Gute Gesinnung" geradezu zu einer psychologischen Kategorie werden, ohne darin aufzugehen.

Ebenso ist es mit dem Reich *(Chshatra)*, das Zarathustra zu verkünden hat. Es soll konkret auf Erden verwirklicht werden, aber es kann nur dort etabliert werden, wo man sich innerlich zu ihm als dem Guten zuwendet, das der Sphäre des Bösen kämpferisch gegenübersteht. Aber *Chshatra* ist zugleich ein kommendes Reich, ein Reich der Zukunft, in dem alles erneut, verklärt wird. Die Errichtung des Künftigen Reiches wird jetzt schon eingeleitet durch die Beachtung der göttlichen Lebensordnung, *Asha*, für die sich Zarathustra einsetzt. Es ist dies ganz konkret eine friedliche agrarische Lebensordnung, die im Gegensatz zur räuberischen Lebensweise der umherziehenden, unbefriedeten Nomaden steht. „Wer Korn sät, sät die göttliche Lebensordnung *(Asha)*", sagt Zarathustra (Vendidad 3,31); so eng sind Irdisch-Konkretes und Geistig-Zukünftiges aufeinander bezogen.

Damit ist aber zugleich die eigentümliche Schwierigkeit einer genauen Interpretation der Jenseitshoffnung Zarathustras angedeutet. In seinem Aufruf, Position zu beziehen im Kampf der guten Lebensordnung und der sie verwirklichenden Gemeinschaft gegen das Böse, stichwortartig gekennzeichnet durch „Lüge" *(Drug)*, wird dem Frommen das Erbe des guten Reiches verheißen. Dabei kann Zarathustra seinen Aufruf und sein Wirken im 15. Gesang geradezu als das eines Heilbringers verstehen: „Verkünden will ich denn, was mir der Heiligste nannte als das Wort, das zu vernehmen den Sterblichen am meisten fromme: Wer ihm (Zarathustra) um meinetwillen

Gehorsam und Achtung bezeigt, gelangt zu Heil und Unsterblichkeit durch des Guten Geistes *(Vohu Manah)* Werk" (Yasna 48,9). Hier ist die Verheißung eines künftigen, unsterblichen Daseins klar ausgesprochen und mit dem Aufruf an den Menschen verbunden, dem Propheten die Gefolgschaft nicht zu versagen.

Wenn man nun fragt, wie sich dieses künftige Leben darstellt, so wird man in den Gāthās kein geschlossenes Bild vorfinden. Aber es sind doch diverse Hinweise da, die sich aus verschiedenen Gesängen zu einem Mosaikbild zusammenfügen lassen. Gehen wir aus vom 9. Gesang. Hier heißt es: „Dies frage ich Dich, recht tue es mir kund, Herr... Welchem Willkomm wird meine Seele entgegenschreiten?" (Yasna 44,8). Eine Antwort darauf finden wir im 8. Gesang, wo *Vohu Manah* als furchterregender Todesengel erscheint, um ihn abzuholen. Dichterisch vergleicht er sein Sterben mit der Einkehr eines müden Reisenden in der Herberge am Ende eines Tagesmarsches. *Sraosha*, dessen Name „Gehorsam" bedeutet, tritt als Herbergsvater auf, der dem Anklopfenden auftut. *Sraosha* ist ebenso wie *Vohu Manah* ein Engel aus dem Lichtkreis Gottes, dessen gehaltvoller Name die Szene der Heimkehr schlaglichtartig erleuchtet: „Der ich Deinen Gehorsam *(Sraosha)*, den Allergrößten, rufen will beim Ausspann, wenn ich einkehren werde zum bleibenden Leben, zum Reich des Guten Sinnes und zu den geraden Wegen hin zum göttlichen Recht *(Asha)*, auf denen der Allweise Herr weilt" (Yasna 33,5). Dieses Bild aus dem zentralasiatischen Karawanenleben mußte für die Zuhörer des Propheten ebenso lebensnahe wie verständlich sein.

Die Szene wird dann noch ergänzt durch die Ausführungen im 3. Gesang, wo der Kampf des Guten und des Bösen in Verbindung gebracht wird mit der Stiftung von Leben und Tod. Der Anhängerschaft des „Lügenknechtes", wie der Anführer des Bösen genannt wird, kann für das Ende nur in Aussicht gestellt werden, was Yasna 30,4 schlicht „bösestes Dasein" genannt wird. In Yasna 30,10 wird es als „Sphäre der Lüge" oder „Haus der Lüge" bezeichnet, wobei wieder an das Bild der Karawanserei angeknüpft wird: „Im Hause der Lüge sind jene die wahren Gäste." Sie befinden sich in einem unterirdischen Gewölbe, wo sie mit Hohn und Spott empfangen werden. Dort erwartet die „Glaubensfeinde" nach Yasna 31,20 „langes Schmachten in Finsternis, Sudelfraß und Jammergeschrei".

Wir können hier auf die verschiedenen Vorstellungen von einem jenseitigen, nachtödlichen Gericht, wie sie sich in den Gāthās finden und auch später immer weiter ausgemalt werden, nicht eingehen. Festgestellt sei nur, daß mit der Vorstellung vom Jenseitsgericht bald ein Doppelaspekt sichtbar wird, der die besondere Eigentümlichkeit der Jenseitsbotschaft Zarathustras erkennen läßt. Stand es für den altiranischen Propheten fest, daß jeder nach

seinem Tode einem Gericht entgegenschreitet, eine Kontinuität des Lebens über den Tod hinaus also anzunehmen ist, so stehen seine eschatologischen Vorstellungen von der Neuschaffung in gewisser Spannung dazu. Es ist da die Rede von einem Jüngsten Gericht am Ende der Tage, das nach einem gewaltigen Kampf stattfindet, bei dem „die beiden feindlichen Heerscharen aufeinanderprallen" (Yasna 44,5). Dann wird die „Sphäre der Lüge" zum Einsturz gebracht. Dem endzeitlichen Strafgericht schließt sich eine Verwandlung oder „Wunderbarmachung" *(frašōkereti)* der Welt an; es ist „des Daseins gute Verwandlung" (Yasna 48,2). Und wann findet dieses endzeitliche Ereignis statt? Zarathustra gibt darauf eine bezeichnende Antwort: „... am letzten Wendepunkt des Schöpfungslaufes" (Yasna 43,5). Der Prophet wählt hier das Bild von der Rennbahn. Wenn die letzte Kehre in der Geschichte der Welt durchmessen ist, erscheint der Weise Herr am Zielpunkt, begleitet von seinem „Heiligen Geist" *(Spenishta Mainyu)*, vom „Guten Sinn" *(Vohu Manah)*, vom „Göttlichen Recht" *(Asha)* und von dem nun konkrete Gestalt annehmenden „Reich" *(Chshatra)*[9].
Was nun die Auferstehung der Toten anbelangt, so scheint sie implizit mit der Erneuerung und Verklärung der Welt verbunden zu sein. Gibt es dafür konkrete Hinweise? Die Iranistik ist in ihrer Stellung zu dieser Frage geteilter Meinung. H. Lommel sieht den Auferstehungsglauben in den Gāthās klar an zwei Stellen ausgesprochen[10]. Zunächst verweist er auf Yasna 30,7, was er so ubersetzt: „Und zu uns wird mit der Herrschaft (im Reiche), dem Guten Denken *(Vohu Manah)* und dem Wahrsein *(Asha)* die immerwährende Fügsamkeit *(Armaiti)* kommen und uns Körper und Lebenshauch geben. Unter diesen wird sie bei den Vergeltungen durch das geschmolzene Erz die erste sein." Die Verleihung von Körper und Lebenshauch bezieht Lommel durch Übersetzung und Interpretation auf eine Wiedererschaffung der Toten. G. Widengren und F. König bestreiten, daß die gathische Eschatologie von der Auferstehung des Körpers redet[11]. Während Widengren glaubt, daß die Auferstehungsidee im Grunde unvereinbar sei mit der gathischen Vorstellung von der Himmelsreise der Seele, bezweifelt F. König die Sicherheit des Hinweises auf eine Auferstehung an dieser Stelle unter Hinweis auf grammatische Gründe; er möchte die Tätigkeit der *Armaiti* darauf beschränkt sehen, den Leibern der Rechtschaffenen Standfestigkeit im Gerichtsordal zu verleihen.
Die zweite von Lommel angeführte Stelle für eine Auferstehung in den Gāthās ist Yasna 34,14, welchen Passus er übersetzt: „Dieses Wünschenswerte gebt ihr, o Weiser, der körperlichen Lebenskraft durch das aus gutem Denken kommende Werk ..."[12] Hier glaubt König, aus dem Kontext eine Beziehung auf die Auferstehung ausschließen zu können[13].

Zusammenfassend stellt König apodiktisch fest: „In den Gāthās selbst ist keine einzige Stelle enthalten, die in greifbarer Form den Auferstehungsglauben enthält."[14] Dennoch gibt er zu, daß es auch keine Gāthā-Stelle gibt, die im Gegensatz zum Auferstehungsglauben steht, wie er sich expressis verbis im Jüngeren Avesta findet. Er hebt hervor, daß die Idee der Wunderbarmachung der Welt und der Umgestaltung des irdischen Daseins im Zuge der Weiterentwicklung sogar eine Auferstehung im Gefolge haben mußte. „Dort, wo die in den Gāthās nur flüchtig angedeutete frašōkereti, die ‚Wunderbarmachung' der Welt, ausführlicher beschrieben wird, dort muß auch das andere Wunder von der Auferstehung der Toten hinzukommen, um die frašōkereti vollkommen zu machen. So ist die Auferstehung der Toten zwar in den Gāthās vorhanden, aber durch die nähere Beschreibung der in den Gāthās angedeuteten frašōkereti als notwendige Ergänzung später hinzugefügt worden."[15]
In der Tat ist die Idee der Auferstehung des Körpers eine Konsequenz aus der Eschatologie Zarathustras, die an dem Punkte gezogen werden mußte, wo der Einzelne in seiner Individualität stärker ins religiöse Blickfeld trat. In dem Maße, in dem der Hörer als persönlich Angesprochener und nicht nur als ein in der Gemeinschaft der Frommen Stehender erschien, mußte sein persönliches leibliches Schicksal wichtig werden. Auch wenn logisch eine Inkonsequenz gegenüber der Vorstellung einer „Seele" oder einer als ewig gedachten Anlage im Menschen vorzuliegen scheint, so vermag das die glaubensdenkerische Entwicklung der Eschatologie auf verschiedenen Bildebenen nicht zu behindern.
Haben wir damit in wohlwollender wie auch in kritischer Perspektive die ältesten textlichen Grundlagen des zarathustrischen Glaubens bezüglich einer Neuschöpfung des Menschen beleuchtet und dabei auch die Differenzen in den Gāthā-Interpretationen anklingen lassen, die in der Vieldeutigkeit der altiranischen Quellen selbst begründet sind, so bleibt uns, die Konsequenzen des frühesten Ansatzes im Jüngeren Avesta zu verfolgen.

4. *Der Auferstehungsglaube im Jüngeren Avesta*

In den jüngeren Avesta-Quellen ist die Auferstehung der Toten zwar spärlich, aber doch eindeutig bezeugt. Wir vergegenwärtigen uns, daß diese Texte nicht vor 150 v. Chr. niedergeschrieben wurden, daß sie aber auf eine längere mündliche Tradition zurückgehen, die sich in der Zeit bewährt haben muß, ehe sie ihren schriftlichen Niederschlag fand. Zu nennen sind zunächst zwei fast gleichlautende Stellen, nämlich Yasht 19,11 und Yasht

19,89. Hier ist die Rede von dem „Strahlenglanz" *(Xvarnah)*, der den Herrscher umgibt. *Xvarnah* wird auch übersetzt: „Licht, Ruhmesglanz, Majestät". Ein solcher Ruhmesglanz kommt auch dem Ahura Mazdā zu. Mit Hilfe dieses Glanzes hat er die Schöpfung bewerkstelligt, und er nimmt diese Kraft und deren Auswirkungen bei der Vollendung seiner Schöpfung, bei der großen Welterneuerung, wieder zu Hilfe. In diesem Zusammenhang ist dann auch von der Auferstehung die Rede. Yasht 19,10f. heißt es: „Der Ruhmesglanz ist es, der dem Weisen Herren eigen ist, damit der Weise Herr die Geschöpfe erschaffe, die vielen und schönen, die vielen und vortrefflichen, die vielen und wundervollen, die vielen und strahlenden; damit sie das Leben wundervoll machen, nicht alternd, nicht sterbend, nicht verwesend, nicht faulend, ewig lebend, ewig gedeihend, so daß freies Belieben herrscht. Wenn die Toten wieder auferstehen werden, für die Lebenden Vernichtungslosigkeit kommen wird, dann wird er die Existenz nach seinem Willen erneuern."

Hier ist die Auferstehung der Toten eindeutig mit der Welterneuerung verbunden. Die verwendeten Verben erinnern an das Aufgehen der Gestirne. In demselben Sinne ist sicherlich auch Yasna 21 (das sog. Fragment 4 der Avesta-Ausgabe von Westergaard) zu verstehen: „Die Toten werden wieder auferstehen. In ihren leblosen Körpern wird das körperliche Leben wieder erneuert werden ..." Der Urtext macht deutlich, daß es sich um den physischen Leib *(tanu)* und um die körperliche Form *(kehrp)* handelt, die eine Erneuerung erfahren.

In der Parallelstelle Yasht 19,89 wird das Auferstehungsgeschehen im Zusammenhang mit dem Wirken des künftigen Messias, des göttlichen Helfers, des Saoshyant, gesehen: „Wenn die Toten auferstehen, dann wird kommen der Lebendige ohne Verderben, nach Wunsch wird das Leben ‚verklärt' gemacht werden." [16] Das Wirken dieses göttlichen Helfers oder Erlösers wird später im gnostischen Rahmen als ein „Aufrütteln" der Schlafenden beschrieben. Inwiefern das bereits auf zoroastrisches Glaubensgut zurückgeht, muß dahingestellt bleiben.

Als „flankierende Maßnahme", um eine frühe, zumindest in der mündlichen Tradition gegebene Ausprägung des iranischen Auferstehungsglaubens wahrscheinlich zu machen, seien griechische Quellen zur persischen Religion in unsere Betrachtung miteinbezogen. Vor allem Theopompos (geb. 370 v.Chr.) ist hier zu nennen. Seine Schrift über die Religion der Perser ist uns zwar nicht erhalten, er wird aber von diversen Schriftstellern wie Diogenes Laertius, Plutarch und Äneas von Gaza als Gewährsmann für ihre Aussagen zum Glauben der persischen „Magier" angeführt. Es genüge hier, Diogenes zu zitieren, der den Auferstehungsglauben des großen Nachbar-

volkes mit folgenden Worten unter Bezugnahme auf Theopompos erwähnt: „Er (nämlich Theopompos) berichtet, daß nach den Anschauungen der Magier die Menschen wieder lebendig und unsterblich sein werden und daß das All durch deren Fürsprache Bestand haben werde.“ [17]
Diogenes und die anderen genannten griechischen Autoren, die sich auf Theopompos berufen, bringen die Auferstehung also auch mit der Erneuerung und Verklärung der Welt in Verbindung. Damit haben wir eine zusätzliche Stütze für die Annahme, daß der iranische Glaube an eine individuelle Wiederbelebung schon früh Verbreitung gefunden haben muß [18].
Daß eine solcherart begründete todüberlegene Existenz Theologen und Dichter gleichermaßen beschäftigt haben muß, davon legt der breite Strom der nach-sassanidischen Pehlevi-Literatur beredtes Zeugnis ab. Was die sassanidische Periode anbelangt, so können wir die auf diese Zeit zurückgehende mittelpersische Literatur der Manichäer, die uns aus der zentralasiatischen Turfanoase erhalten ist, kaum für einen Beleg zu unserer Thematik heranziehen. Zwar handelt es sich bei den mittelpersischen Manichaica um die frühesten bedeutsamen Texte dieser Sprachstufe, doch ist bei dem ausgesprochen gnostischen Anliegen der Religion des Mani kaum mit positiven Ausführungen zu einer leiblichen Auferstehung zu rechnen.

5. Die Auferstehung in den Pehlevi-Werken

In den späten Pehlevi-Werken, die nicht vor dem 9. Jahrhundert n. Chr. niedergeschrieben wurden, auch wenn sie z. T. uraltes Traditionsgut enthalten, erfahren wir literarisch zum ersten Male Genaueres über die Art und Weise der Auferstehung. Die Schilderungen sind plastisch, konkret und detailliert, häufig von poetischer Schönheit. Aber die Vielzahl der verwirrenden Details, die sich ständig überlagernden und überlappenden Bilder, die Fülle und z. T. recht krause Anordnung des Stoffes, der sich nicht nur mit dem Geschehen am Ende der Tage, sondern auch mit der individuellen Auferstehung im Anschluß an den Tod beschäftigt, all das wird geradezu apokalyptisch überwältigend. Wenn wir bei diesem Liniengewirr die gebotene Vereinfachung als besonders schwierig, ja bedenklich empfinden, so wollen wir uns doch der Aufgabe nicht entziehen, dieses Kapitel wenigstens anzusprechen. Versuchen wir also, eine dominante Linie aufzufinden und ihr nachzuspüren. Eine solche findet sich verhältnismäßig klar gezeichnet im 30. Kapitel des sogenannten „Großen Bundahishn“ [19], das die Anschauungen der ausgehenden vorislamischen Sassanidenzeit spiegeln dürfte.
Der fragliche Abschnitt, der die Überschrift trägt „Über die Auferstehung

und den künftigen Leib", schildert zunächst einleitend die Ereignisse, die der Auferstehung der Toten vorangehen. Dabei erweist sich der Prozeß, der in der Wiederbelebung gipfelt, als Gegengeschehen zur Schöpfung. In umgekehrter Reihenfolge durchlaufen die Menschen die Stadien, die für die Erschaffung des ersten Menschenpaares kennzeichnend waren. Der göttliche Helfer, hier Sōshans genannt, nimmt die Totenerweckung, unterstützt von 15 jungen Männern und 15 jungen Mädchen, vor. Er zerstört zunächst die Zweifel über die Möglichkeit einer Wiederbelebung, und zwar unter Hinweis auf die Schöpfergewalt des Weisen Herren. Dann erst erfolgt die eigentliche Belebung. Entsprechend der ersten Schöpfung wird nun auch der erste Mensch, Gayōmart, auferstehen, dann das erste Menschenpaar, Mashī und Mashānī, und dann erst die übrigen Menschen. Sie werden von den Toten „aufgerüttelt". Die als Erwachsene gestorben sind, werden als 40jährige auferstehen; die jünger Verstorbenen erscheinen im Idealalter von 15jährigen. In 57 Jahren wird der Heilbringer alle Menschen, die guten und die schlechten, auferweckt haben. Dann folgt eine Reinigung, eine Scheidung der Guten von den Bösen, schließlich die freudige gegenseitige Begrüßung aller guten Menschenseelen, die sich jetzt auch wieder mit ihrem Leibe vereinigen können. Sie gehen ins Lichtreich des Weisen Herren zu einem unsterblichen und ewigen Leben ein [20].

Indem, wie wir feststellten, die Auferstehung als Gegengeschehen zur ersten Schöpfung erscheint, sind hier bei aller eschatologischen Ausrichtung des Denkens Urzeit und Endzeit aufeinander bezogen. Der Begriff der Auferweckung erscheint als Korrelat zur Schöpfung. Heißt es doch im Bundahishn: „Bedenke: wenn ich damals das, was noch nicht war, erschaffen habe, warum sollte es nicht möglich sein, das, was gewesen ist, noch einmal hervorzubringen? Denn in jener Zeit werde ich vom Geiste der Erde die Gebeine, vom Wasser das Blut, von den Pflanzen die Haare, vom Winde das Sein nehmen, so wie sie es bei der ersten Schöpfung erhielten." [21]

6. *Abschließende Betrachtung*

Die Auferstehung gehört nach iranischen Vorstellungen, so stellen wir fest, grundsätzlich zur Erneuerung und Verklärung der Welt am Ende der Tage, auch wenn sie immer mehr als Sonderereignis aus dem endzeitlichen kosmischen Geschehen herausragt. In jedem Fall macht sie deutlich, daß nicht ein die Lebenswelt konservierendes Sein bestenfalls des Verstorbenen harrt, sondern ein Sein, das begründet ist in einem völlig neuen schöpferischen Akt Ahura Mazdās. Die Heilserwartung besteht in nichts anderem und nichts Geringerem als in einer Erneuerung des Einzelnen in seiner einmaligen Prägung. Dabei gewinnt der Einzelne im Rahmen der Gemeinschaft der Erlösten zunehmend an Profil. Diese Erneuerung hat auch nichts zu tun mit der beständigen Wiederholung, die etwa die sterbenden und wiederauferstehenden Vegetationsgottheiten des Alten Orients auszeichnete, denn die Erneuerung und Auferstehung ist wesenhaft ein neuer und zugleich endgültiger Vorgang.

War dieser Ton im kosmologischen Rahmen bereits bei Zarathustra angeklungen, so bleibt die Überzeugung gerade auch in der Übertragung auf den Einzelnen als ein Grundbekenntnis iranischer Religion bestehen. Der einmal ausgesprochenen und dann historisch weitergewachsenen Vorstellung wohnt eine solche Prägekraft inne, daß die Überzeugung als eine Glaubensgrundlage über Jahrhunderte erhalten bleibt. Sie wird bildlich und mystisch ausgestaltet, philosophisch und theologisch ausflankiert und schließlich hymnisch und kultisch vergegenwärtigt.

Daß der Gott, der in der Lebenswelt handelt, auch zum Herrn über den Tod wird und diese Zuständigkeit nicht anderen Mächten überläßt, mag für den, der vom Christentum herkommt, selbstverständlich sein. Im Alten Orient hat sich diese religiöse Erkenntnis erst allmählich und an wenigen Orten durchsetzen können, ehe sie zum gemeinsamen Glaubensgut verschiedener Völker wurde.

Rückblickend und zusammenfassend stellen wir nochmals fest, daß in den iranischen Texten phänomenologisch zwei Linien verfolgt werden können. Die eine trennt Seele und Leichnam und läßt die erstere in den Himmel reisen. Die andere gibt ein Menschenbild zu erkennen, das ein volles Leben erst dort gegeben sieht, wo die Seele bzw. die seelischen Kräfte des Menschen mit einem Körper vereinigt sind. Der Iranier gibt aber durch seinen Glauben – und übrigens auch durch seine Totenriten – zu erkennen, daß er sich weder auf der einen noch auf der anderen glaubensdenkerischen Linie um die Bewahrung des Leibes als Voraussetzung des Weiterlebens sorgen muß. Ja er kann den Körper sogar bewußt der Vergänglichkeit ausliefern, weil er um Wiederbekleidung der Seele bzw. um Neuschöpfung und Auferstehung weiß. Die iranischen Totenbestattungsriten haben folglich die totale Vernichtung des Körpers zum Ziele, denn sie leben von der Gewißheit einer totalen Erneuerung des Menschen. Die sogenannten „Türme des Schweigens" der Parsen, in denen die Verstorbenen den Vögeln zum Fraß ausgesetzt werden, lassen diesen Jenseitsglauben geradezu erschreckend konkret werden.

So wird hier mit einem ganz anderen anthropologischen Bilde als in Ägypten und von einer ganz anderen glaubensmäßigen Fundierung her, nicht zuletzt von einem Brauchtum, das die radikale Gegenposition zur Mumifizierungspraxis darstellt, die todüberwindende menschliche Existenz auf eigene Weise begründet, nämlich durch Verweis auf die neuschaffende Macht Ahura Mazdās am Ende der Tage. Dieser Glaube ist zum lebendigen Besitz jener Jahrhunderte geworden, in denen der „Weise Herr" in den Feuertempeln innerhalb und außerhalb Irans verehrt wurde.

Anmerkungen

1 Vgl. G. Widengren: Die Religionen Irans (Die Religionen der Menschheit, Bd. 14). Stuttgart 1965, 20 ff., 84 ff., 103 ff. S. ferner: F. König: Zarathustras Jenseitsvorstellungen und das Alte Testament. Wien 1964, 46 ff., 121 ff.

2 Um die Positionen zu markieren, seien hier nur einige Namen genannt. Die angedeutete iranistische Position vertreten u. a.: J. Duchesne-Guillemin: La Religion de l'Iran ancien. Paris 1967. Ders.: The Religion of Ancient Iran. In: Historia Religionum: Handbook for the History of Religions. Vol. I. Leiden 1969, (323–376), 369 f. G. Widengren: Die Religionen Irans. Stuttgart 1965 (Widengren sieht den Auferstehungsglauben zwar noch nicht in den Gāthās ausgesprochen, wohl aber im Jüngeren Avesta belegt). R. C. Zaehner: The Dawn and Twilight of Zoroastrianism. London 1961.
Die weitgehende Unabhängigkeit des israelitischen Auferstehungsglaubens von der iranischen Ausprägung desselben vertreten u. a. F. König: Zarathustras Jenseitsvorstellungen und das Alte Testament. Wien 1964. J. Maier: Geschichte der jüdischen Religion. Berlin 1972, 42. R. Mayer: Die biblische Vorstellung vom Weltenbrand. Eine Untersuchung über die Beziehungen zwischen Parsismus und Judentum. Bonn 1956. J. Neusner: A History of the Jews in Babylonia. Vol. IV. Leiden 1969, 424 ff.

3 An Avestaausgaben wären mehrere zu nennen. Hingewiesen sei zunächst auf die erste englische Übersetzung des kommentierten Avesta, also des Zendavesta. N. L. Westergaard: Zendavesta I, The Zend Texts. Kopenhagen 1852–54. Eine grundlegende philologische Pionierarbeit ist das Werk von K. F. Geldner: Avesta, die heiligen Bücher der Parsen. 3 Bde. Stuttgart 1886–95. Hingewiesen sei auch auf die Gesamtausgabe des Avesta von F. Wolff: Avesta. Strassburg 1910. Die Teilübersetzung von H. Lommel (Die Yäšt's des Awesta. Göttingen/Leipzig 1927) wird z. T. von uns zitiert.
Die Gesänge des Zarathustra sind in sprachlich ansprechender Form von W. Hinz übersetzt im Anhang zu seinem Werk: Zarathustra. Stuttgart 1961. Eine neuere deutsche Gāthā-Übersetzung ist vorgelegt worden von H. Humbach: Die Gathas des Zarathustra. 2 Bde. Heidelberg 1960.

4 Behistuninschrift I, 48–61. Text bei Widengren: Die Religionen Irans, 139. Vgl. auch die erste Inschrift Darius' I. bei Naqš i Rustam, Text bei Widengren, 117.

5 S. dazu Esra 6, 1–12. Für das persische Quellenmaterial vgl. Widengren, 135 f.

6 Wir zitieren die Gāthās, wenn nicht anders vermerkt, in der Übersetzung von W. Hinz. Vgl. Anm. 3.

7 Was die Lebenszeit Zarathustras anbelangt, so konzentrieren sich heute iranistische Datierungen auf die Zeit zwischen dem 8. und 6. vorchristlichen Jahrhundert.

Dem entspricht die Datierung Colpes, der Zarathustra ins 7. Jahrhundert verweist. C. Colpe: Zarathustra und der frühe Zoroastrismus. In: Handbuch der Religionsgeschichte. Bd. 2. Göttingen 1972, (319–357), 320.

8 Zu den weiteren eschatologischen Vorstellungen Zarathustras und insbesondere zur Diskussion um den Begriff der „Verklärung" der Welt vgl. Widengren: Die Religionen Irans, 86 ff.

9 Diese Geschichtskonzeption ist herausgearbeitet bei Hinz: Zarathustra, 107 ff.

10 H. Lommel: Die Religion Zarathustras. Tübingen 1930, 232 f.

11 Vgl. Widengren: Die Religionen Irans, 105. König: Zarathustras Jenseitsvorstellungen, 121 ff.

12 Lommel, a. a. O., 233.

13 König, a. a. O., 123.

14 König, a. a. O., 124.

15 König, a. a. O., 125.

16 Vgl. Widengren, a. a. O., 105.

17 Diogenes Laertius: De clarorum philosophorum vitis, Ausgabe von Cobet. Paris 1929. Prooemium 9.

18 Vgl. dazu König, a. a. O., 128 ff.

19 Das entscheidende Kapitel 30 des Bundahishn ist kritisch bearbeitet von G. Messina in:. Orientalia IV (Rom 1935), 269–290. Wir legen hier die Ausgabe von E. T. D. Anklesaria (Bombay 1908) zugrunde. Eine leicht zugängliche englische Übersetzung von E. W. West findet sich in der Reihe „Sacred Books of the East", ed. F. M. Müller, Vol. V (Pahlavi Texts, Part I), Neudr. Delhi 1965 (Kap. 30: 120–130).

20 Bundahishn. Ed. Anklesaria, 228, 1 ff.

21 Ebd. 221.

Otto Plöger

Tod und Jenseits im Alten Testament

Aus den bisher gehaltenen Vorträgen dieser Ringvorlesung ist gewiß deutlich geworden, daß das Leben der Menschen in vorgeschichtlicher Zeit und in der Frühzeit ihrer Geschichte vielfachen und tiefgreifenden Wandlungen und Veränderungen unterworfen gewesen ist, daß aber über alle Wandlungen und Veränderungen hinweg ein Phänomen konstant geblieben zu sein scheint: Niemals, soweit wir es übersehen können, hat sich der Mensch mit der Endgültigkeit des Todes abfinden können. Und wenn je und dann in literarischen Zeugnissen ein solches Sich-Abfinden auch einmal laut werden kann, dann ist es doch immer wieder geprägt von einer Resignation gegenüber einem irreparabile fatum. Geburt, Heirat im Sinne einer Weitergabe des Lebens und Tod sind und bleiben die entscheidenden Stationen des menschlichen Lebens, aber die Hinnahme der letzten Station ist nie mit der gleichen Selbstverständlichkeit akzeptiert worden; denn auch in der Resignation und in der Skepsis ist die Sehnsucht lebendig. Diese Einstellung ist das Band, das die Menschheit räumlich und zeitlich umschließt. Es besteht kein erheblicher Unterschied zwischen einem modernen Zeitgenossen, der seinen Leichnam zur Einfrierung bestimmt, um dann aus gegebenem Anlaß wieder aufgetaut zu werden, und jenen bis vor kurzem unbekannten Menschen einer steinzeitlichen Siedlung in Čatal-Hüyük im südlichen Kleinasien, deren Ausgrabung vor einem Jahrzehnt Aufsehen erregte, weil es sich um eine bedeutende Ortschaft handelte, die um mehrere Jahrtausende älter ist als die uns bekannten Namen im Nahen Osten, vielleicht sogar älter als das steinzeitliche Jericho im Jordangraben, das bislang unter seinesgleichen den Altersrekord behaupten konnte. Die sorgfältige Pflege, die man dort den Toten angedeihen ließ, setzt wohl den Glauben an ein Weiterleben nach dem Tode voraus, und in dieser auch wirtschaftlich bedeutsamen Ortschaft, die weder Metall noch Schrift kannte, erfahren wir *nur* über ihre Beisetzungs- und Bestattungsriten etwas über die religiösen Vorstellungen der dort lebenden Menschen im 7. oder 6. Jahrtausend vor Christus. Nun, die beiden genannten Ortsbezeichnungen Čatal-Hüyük bei Konya im Norden und Jericho in der Nähe des Toten Meeres im Süden umgreifen in der Nord-Südrichtung in etwa den territorialen Bereich, in den – weitaus jünger – die Welt des Alten Testamentes hineingehört, mit der wir uns in dieser heutigen Vorlesung unter dem Aspekt von Tod und Jenseits beschäftigen wollen.

Es wäre erstaunlich, wenn – gewiß um mehrere Jahrtausende jünger – die Menschen, von denen das Alte Testament redet, an ähnlichen Vorstellungen über Tod und Jenseits nicht partizipieren würden. Nur sind hier, abgesehen von der zeitlichen Differenz, noch einige Unterschiede von Belang, die wir beachten sollten. Wir haben es in diesem Bereich weniger mit archäologischen Funden zu tun, deren Deutung stets mit gewissen Unsicherheiten behaftet ist, als vielmehr mit literarischen Zeugnissen, deren älteste an das Ende des zweiten Jahrtausends vor Christus hinaufreichen mögen, deren jüngste aber in der persisch-hellenistischen Zeit beheimatet sind, alle aber zusammengefaßt in *einem* Buch, eben in dem Alten Testament. Das nötigt uns, die Einzelaussagen aus etwa einem Jahrtausend zeitlich zu differenzieren. Hinzu kommt eine weitere Beobachtung. Die älteren dieser Zeugnisse sind schriftlich niedergelegt worden in einer Zeit, in der eine Seßhaftwerdung dieses Menschenkreises in etwa abgeschlossen gewesen sein dürfte. Die tiefgreifende Wandlung zwischen einer nomadischen und einer seßhaften Lebensform – durchaus vergleichbar mit der modernen Wandlung einer primär agrarischen zur industriellen Lebensweise – kann dabei zu einer Vermischung geführt haben, dergestalt, daß Lebensanschauungen einer vergangenen Existenzweise Eingang gefunden haben in Ansichten und Anschauungen einer völlig veränderten Existenzform. Und es darf schließlich nicht übersehen werden, daß alle diesbezüglichen Aussagen stets die Affinität zu einer religiösen Thematik erkennen lassen, die bei allen Unterschiedlichkeiten doch so etwas wie ein einigendes Band darstellt und es uns nun wieder erlaubt, gewisse Differenzierungen zu neutralisieren.

Unter diesen genannten Voraussetzungen läßt sich in der Beurteilung des Todes durchaus von einer alttestamentlichen Generallinie reden, die sich bis in späte Texte erhalten hat: Der Tod ist als das Ende des Lebens Merkmal der menschlichen, ja überhaupt der gesamten geschöpflichen Existenz; er stellt eine unüberschreitbare Grenze dar und ist deshalb geeignet als ein Kriterium für die menschliche und kreatürliche Existenz, die in ihrem Ziel der Vergänglichkeit und Todesverfallenheit auch mit „Fleisch" umschrieben werden kann. Das späte Hiobbuch formuliert die gängige Auffassung in Form einer Frage: Wird je ein toter Mensch wieder lebendig? (Hi. 14,14). Eine Antwort wird nicht gegeben, weil sie eindeutig ist. Dieser Gegebenheit des Todes gegenüber kann der Mensch natürlich verschiedenartig reagieren.

Es kann gesagt werden: Der Mensch stirbt alt und lebenssatt (1. Mos. 25,8), oder er wird zu seinen Vätern versammelt (5. Mos. 31,16). Eine freudige Zustimmung drückt sich darin nicht aus; eher könnte bei der Wendung „im Schlaf des Todes vereinigt werden mit den Vätern" an die Vorstellung eines Schattenreiches gedacht sein. Das hebräische Wort Sch^{e}ol, das Luther leider, weil belastend, mit „Hölle" übersetzt, heute durchweg mit „Unterwelt" oder „Schattenreich" wiedergegeben wird, könnte in eine solche Richtung verweisen und jene merkwürdige Totenbefragung erklären, von der im 1. Samuelbuch durch eine Totenbeschwörerin erzählt wird (Kap. 28); das wurde als unerlaubt angesehen und z. B. von einem Propheten (Jes. 8, 19) deutlich abgelehnt: Man soll nicht für die Lebenden die Toten befragen! Nicht von ungefähr wird diese Totenbefragung von jenem König Saul gefordert, der am nächsten Tag nach seiner Niederlage gegen die Philister sich selbst das Leben nehmen wird, dessen Name daraufhin von der gesamten späteren Tradition mit Schweigen übergangen wird; der Selbstmord war und blieb im Alten Testament verpönt. Die Vorstellung von einem Schattenreich, von einer schemenhaften Existenz, totaliter aliter als das, was wir Leben nennen, scheint mir jedoch eher eine partielle Randvorstellung gewesen zu sein, und es läßt sich fast immer das vorhin erwähnte Wort Sch^{e}ol als synonym, als gleichbedeutend mit Tod verstehen im Gegenüber zum jetzt gelebten Leben. – Durchweg aber ist die Reaktion des Menschen auf die Gegebenheit des Todes von der Furcht bestimmt: Bitterkeit fällt auf das Leben angesichts des Todes (1. Sam. 15,32); die Furcht vor dem Tod ist die schlimmste Form der Furcht (Ps. 55,5), und in die Grube hinabfahren (Ps. 28, 1; 40,3 u. ö.) bedeutet, zum Verschwinden, zur Vergessenheit gebracht zu werden: „Man hat mich im Herzen vergessen, wie man einen Toten vergißt" (Ps. 31,13). Nun wäre diese knappe Zeichnung einer gängigen Auffassung gewiß unvollständig, wenn nicht der bisher ausgeklammerte religiöse Aspekt berücksichtigt wird. Die Gegebenheit des Todes wird, weil kreatürlich verstanden, mit *dem* Gott in Verbindung gebracht, der als Schöpfergott mit dem Leben zugleich auch das Ende dieses Lebens verknüpft hat. Unter diesem allgemein formulierten religiösen Gesichtspunkt, den der späte Weisheitslehrer Jesus Sirach mit dem lapidaren Satz umschreiben kann: „Es kommt alles von Gott, Leben und Tod" (11,14), wobei er sich der älteren Gottesermahnung (5. Mos. 30,19) erinnert: „Ich habe dir heute vorgelegt den Tod und das Böse, das Leben und das Gute; ergreife nun mit dem Guten das Leben" – unter diesem religiösen Gesichtspunkt kommt es nun in der Tat zu Auflockerungserscheinungen gegenüber der bisher gezeichneten gängigen Auffassung. Wenn Gott als der Ursächer des Lebens *und* des Todes dazu auffordert, mit dem Guten das Leben zu ergreifen, dann proklamiert er sich selbst in erster Linie als der Gott des Lebens und nicht des Todes, als der Gott der Lebenden und nicht der Toten, da für ihn das menschliche Merkmal der Todesverfallenheit nicht zutrifft. Je inniger die Verbindung mit diesem Gott des Lebens vom Menschen empfunden wird, von dem Menschen, der in den Psalmen gern als Gerechter und als Heiliger bezeichnet wird, um so drängender kann in einem solchen Menschen die Frage laut werden, die in psalmenähnlichen Gebeten oft geäußert wird: Warum überlässest du uns dem Tod? Wenn es unser menschliches Amt ist, dich zu rühmen, im Tode kann man deiner nicht mehr gedenken, und da du unter den Toten keine Wunder tust, wie kann dich ein Toter rühmen? Aber es sind dies an Gott gerichtete *Fragen*, die ich in den letzten Sätzen aus mehreren Psalmenzitaten zusammengezogen habe (6,6; 88,11; 115,17. Jes. 38,18); es sind aber keineswegs von Zuversicht getragene *Aussagen*. Und wenn uns je und dann auch solche von einer Gewißheit getragene Aussagen entgegentreten können, wofür wiederum einige Beispiele aus den Psalmen genannt werden können – wir haben einen Gott, der vom Tode errettet; du wirst mein Leben nicht dem Tod überlassen o.ä. (so 16,10; 33,19; 56,14; 68,2; 116,8) –, so sind es Aussagen, die in einer besonderen Situation gesprochen worden sind, in einer Lebensgefahr, in einer schweren Erkrankung, angesichts eines unerwarteten und vorzeitigen Todes, durch den ein erfülltes Leben behindert wird. Der von Cäsar so gerühmte und ersehnte „unerwartete" Tod würde dem alttestamentlichen Beter ein Anlaß zum Erschrecken sein. Dabei geht es weniger um die Länge des Lebens als vielmehr um ein sinnerfülltes, um ein im Vollsinn gelebtes Leben, erkennbar etwa an einem guten Namen oder an einer zahlreichen Nachkommenschaft, was offenkundig als bedeutsam angesehen werden kann für das rechte Verständnis des Todes. Zwar duldet der Tod keine Unterschiede, da er ja alle menschlichen Unterschiede aufhebt; aber das durch den Tod abgeschlossene, zur Erfüllung gebrachte Leben qualifiziert auch das Sterben und den Tod. Von hier aus verstehen wir einige alttestamentliche Aussagen über den Tod, die uns zunächst paradox erscheinen mögen, wenn etwa in dem alten Seherspruch der Wunsch geäußert wird, den Tod der Gerechten sterben zu dürfen (4. Mos. 23,10), so daß der Psalmenbeter sagen kann, der Tod seiner Heiligen sei kostbar in den Augen Gottes (Ps. 116,16), und der Weisheitslehrer hinzufügt, ein Gerechter könne auch im Tode getrost sein (Spr. 14,32). Qualifiziert allerdings das Leben den Tod, dann wird auch für gegenteilige Stimmen Raum sein müssen, die auf ein unerfülltes Leben zurückblicken. So kann der Prophet im Blick auf sein bisheriges Leben den Tag seiner Geburt verfluchen (Jer. 20,14), und der skeptische Prediger Salomo muß nüchtern feststellen, daß in nicht wenigen Fällen der Tag des Todes besser sein

kann als der Tag der Geburt (Pred. 7, 1), ja der bereits genannte Weisheitslehrer Jesus Sirach aus der Spätzeit des Alten Testamentes stellt beide Stimmen, die positive und die negative, in *einer* Betrachtung nebeneinander (41, 1–3): „O Tod, wie bitter bist du für den Menschen, der gute Tage hat, ohne Sorge lebt, dem es gut geht in allen Dingen und der immer reichlich zu essen hat – o Tod, wie wohl tust du dem, der in Dürftigkeit lebt, der schwach und alt ist, voller Sorgen ist und keine Besserung zu erwarten hat."
In einer Zeit, in der die ersten Regungen einer Auferstehungshoffnung am Rande des Alten Testamentes zu spüren sind, von denen gleich gesprochen werden muß, verharrt dieser Weisheitslehrer bei der gängigen Auffassung, die auch nicht dadurch geändert wird, daß von einigen Propheten Totenerweckungen berichtet werden, die den Tod definitiv nicht auszuschalten vermögen; es sind Ausnahmen wie auch die kurz vermerkten Entrückungen von Henoch und Elia, die ebenfalls keine grundsätzlichen Änderungen herbeiführen. Es bleibt bei der von Gott gesetzten Grenze für das von ihm gegebene Leben, die hingenommen werden soll. In der bekannten Erzählung vom Sündenfall (1. Mos. 3) wird eine Erklärung für diese von Gott bestimmte Todesgrenze gegeben, die auffallenderweise im Alten Testament kein ausgeprägtes Echo gefunden hat. Diese von Gott gesetzte Grenze kann beklagt, ihre Überwindung kann leidenschaftlich erbeten und ersehnt werden; sie bleibt aber das Merkmal menschlich-kreatürlicher Existenz, das deshalb für den monotheistischen Glauben des Alten Testamentes eine schwere Belastung bedeutet, weil ihm die Erklärungsmöglichkeiten polytheistischer Religionen versagt sind; er kann gegenüber dem Gott des Lebens nicht ausweichen auf einen Gott des Todes oder auf eine Totengöttin.
Und doch ist, keineswegs umfassend, gegen Ende der alttestamentlichen Zeit zunächst vereinzelt ein Wandel in dieser gängigen Auffassung feststellbar. Aber wie es dazu gekommen ist, das ist angesichts der Kürze der zur Verfügung stehenden Zeit nicht leicht darzulegen, weil hier übergreifende Zusammenhänge zu beachten sind und weil die Deutung der wenigen dafür in Frage kommenden Textbelege keineswegs einheitlich ist. Ich will es gleichwohl mit gebotener Behutsamkeit versuchen, und ich muß mich dabei eines geschichtlichen Exkurses bedienen. Die Propheten des Alten Testamentes, die mit Schwergewicht dem ungehorsamen und abgefallenen Gottesvolk das Gericht anzukündigen beauftragt waren, haben je und dann über die kommende Gerichtskatastrophe hinaus einen Blick in die Zukunft ihres Volkes und der Welt getan. Diese Ausblicke gewannen begreiflicherweise ein deutlicheres Profil, nachdem das Gericht eingetreten, das alte Israel politisch entmachtet und zum Teil deportiert Bestandteil eines umfassenden Weltreiches geworden war. Aber diese prophetischen Ausblicke verbleiben

in der dem Alten Testament eigentümlichen religiös-monistischen Weltanschauung, die man etwa so umschreiben könnte: Zu dem *einen* Gott gehört die *eine* durch den Tod gekennzeichnete Welt als Schöpfung dieses Gottes – nur daß diese durch menschliche Schuld in Leid, Krieg und gegenseitiges Töten geratene Welt inskünftig in den Zustand eines dauerhaften Friedens hineingeführt werden wird, wenn die Waffen des Krieges zu Werkzeugen des Friedens und des Lebens umgeschmiedet werden (Jes. 2,4/ Mi. 4,3). In solchen Zukunftsausblicken kann auch der Tod erwähnt werden als Merkmal einer durch Kriege und Katastrophen gekennzeichneten Welt, und demgemäß kann von einer Ausschaltung des Todes gesprochen werden, um die in einen dauerhaften Frieden geführte Welt zu kennzeichnen. So wird man eine in Form eines Gottesspruches getroffene Aussage in Hos. 13, 14 verstehen dürfen: „Ich [Gott] will dir [Tod] ein Gift sein!" oder ähnlich eine Stelle in einer größeren Zukunftsbetrachtung des Jesajabuches in 25,8: „Er [Gott] wird den Tod verschlingen für immer", wenn der textlich unsichere Vers so wiedergegeben werden darf. In analoger Weise ist auch die große Totenvision in Hesekiel oder Ezechiel 37 zu deuten, allerdings in eindeutiger Begrenzung auf Israel, wenn dort die Lebendigmachung der in den Gerichtskatastrophen Erschlagenen vorgeführt wird. Das ist nicht gemeint im Sinne einer individuellen Auferstehung, sondern eines Neuwerdens der Gesamtgröße Israel, wie etwa, wenn dieser Vergleich erlaubt sein mag, in der Zeit der napoleonischen Herrschaft und der Befreiungskriege gesagt werden konnte: „Du sollst an Deutschlands Zukunft glauben, an deines Volkes Aufersteh'n! Laß diesen Glauben dir nicht rauben trotz allem, allem, was gescheh'n!" Bei einer solchen damals gesprochenen Aufforderung ist gewiß nicht an die bei Jena und Auerstedt, bei Austerlitz und Leipzig Gefallenen gedacht, sondern an ein Neuwerden der Gesamtgröße, der die Gefallenen angehörten. Dem gleichen Verständnis wird eine Aussage zuzuweisen sein, die von einigen Auslegern schon näher an eine individuelle Auferstehung herangerückt wird, wenn in der vorhin erwähnten Zukunftsbetrachtung des Jesajabuches die menschliche, wiederum auf Israel bezogene Feststellung „Die Toten werden nicht lebendig" (26,14) aufgenommen wird von einem Gottesspruch in V. 19: „Deine Toten werden leben, meine Leichname werden auferstehen!" Diesen Israelbezug verrät auch eine als letzte zu nennende Stelle im 12. Kap. des Danielbuches (V. 1–3), die nun allerdings zweifelsfrei von einer Auferstehung redet und außerdem den Vorzug hat, daß sie sich zeitlich genauer datieren läßt: „Und es wird eine Notzeit sein [damals als zwischen 170 und 160 v. Christus der hellenistisch-seleuzidische König den Bestand der jüdischen Gemeinde in Jerusalem antastete], wie sie nicht gewesen ist, seitdem es Menschen gibt. In jener

Zeit wird dein Volk gerettet werden, jeder, der sich im Buch aufgezeichnet findet." Diese Aussage bezieht sich auf die in der Notzeit Lebenden; der nächste Satz wendet sich an die bereits Gestorbenen oder Umgekommenen: „Und viele [aus dem genannten Volk, im includierenden Verständnis: und alle] von denen, die im Land, das aus Staub besteht, schlafen, werden erwachen, die einen zum ewigen Leben, die anderen zur ewigen Schande!" Erst von dieser auf Israel bezogenen eindeutigen Auferstehungsaussage fällt ein Licht auf die eben genannten Stellen, so daß auch sie bereits in einem ähnlichen Sinn verstanden werden könnten. Zugleich öffnet sich mit diesem Daniel-Text der Blick auf die umfangreiche spätere jüdische Literatur, die nicht mehr in das Alte Testament aufgenommen worden ist, aber eine Auferstehungshoffnung in verschiedenen Fassungen bekundet und für die Welt des Neuen Testaments m. E. von erheblicher Bedeutung ist. Diesen anschließenden Literaturbereich, der umfangmäßig eine Bibel für sich darstellt, müssen wir aus Zeitgründen aus unserer Betrachtung ausklammern und uns jetzt auf die Stelle in Dan. 12 beschränken. Wie ist es zu dieser einzigartigen Aussage einer Auferstehungshoffnung gekommen, die alles Bisherige, was in diese Richtung weisen könnte, weit hinter sich läßt? Ist sie wie die Spitze eines Eisberges zu verstehen, die auf einer breiteren, uns aber verborgenen Basis beruht? Oder ist sie Zeugnis einer tiefgreifenden Wandlung, die in diesem Punkt, in der Frage nach dem Tod, als Bruch mit der Vergangenheit angesehen werden kann? Auch wenn eine Antwort auf diese Fragen nur hypothetisch sein kann, müssen wir sie doch zu geben versuchen, indem wir zur Erklärung den angekündigten historischen Exkurs einschalten.

Nach der sogenannten Babylonischen Gefangenschaft wurde im Zuge von Wiedergutmachungen von seiten der toleranten Perserherrschaft den in Palästina verbliebenen Judäern ein Neuanfang ermöglicht, der ohne politische Selbständigkeit nach Wiedererrichtung des Tempels auf kultisch-religiösem Gebiet eine gewisse Eigenständigkeit erlaubte. Zwar war es nicht leicht, eine notwendige Umerziehung mit Verzicht auf politische Souveränität in die Wege zu leiten. So schwelten anfänglich immer noch politische Restaurationshoffnungen in Erinnerung an das alte Davidreich, die aber – das sahen die Einsichtigen sehr deutlich – zu einer Konfrontation mit der Weltmacht führen würden mit dem sicheren Ende des Existenzverlustes. Diese einsichtigen Kreise saßen als ehemalige Deportierte der Babylonier in Mesopotamien, hatten es dort allmählich zu Wohlstand und Ansehen gebracht und im Herzen des Perserreiches gewiß einen besseren Überblick über die Machtverhältnisse als in der Randsituation Jerusalems. Sie bemühten sich darum, in Anknüpfung an die Mosezeit, die ja ebenfalls keine politische Lebensweise in Form eines Staates gekannt hatte, für das labile

Gemeinwesen in Jerusalem mit Genehmigung der Perser eine als mosaisch deklarierte Verfassung durchzusetzen, die zweierlei erreichen sollte: *einmal* eine Abgrenzung der Jerusalemer Gemeinde von der Nachbarbevölkerung, vor allem von den verhaßten Samariern im Norden, die glaubensmäßig eine Gleichstellung mit Jerusalem erstrebten, zum *anderen* eine Bewahrung und Erhaltung der besten Traditionen des früheren Volkes, nun freilich im Rahmen einer unpolitischen Tempelgemeinde kirchenähnlichen Gepräges. Sie konnten dabei auf das Wohlwollen der Perser hoffen, weil ihr Bekenntnis zu dem *einen* Himmels- und Schöpfergott in einem konvergierenden Verhältnis zum Ahura-Mazda-Glauben der Perser stand, das gewisse Angleichungen, ja sogar partielle Übernahmen religiöser Vorstellungen erlaubte. Dieses Programm, das den Schöpfer der Welt zugleich als Stifter der Kultgemeinde in Jerusalem betrachtete, so daß zwischen der Schöpfung der Welt und der Stiftung der Tempelgemeinde durch den *einen* Gott ein gewisses Korrespondenzverhältnis bestand, hat offenkundig sein Ziel erreicht. Wir wissen von keinem existenzbedrohenden Konflikt zwischen dem Perserreich und der nun durch einen Hohenpriester repräsentierten Tempelgemeinde in Jerusalem. Durchzuhalten war ein solches Programm freilich nur in einem von Toleranz geprägten Verhältnis zwischen Persien und Jerusalem. – Das wurde anders, als nach der Eroberung des Perserreiches durch Alexander die Nachfolgestaaten der kurzlebigen Alexanderherrschaft ihre Machtbereiche abgrenzen und sichern mußten und eine zentralistischere Verwaltung mit einer Durchdringung hellenistischer Geistigkeit verbanden; dies berührte auch die Tempelgemeinde. Es geschah allerdings im Jahrhundert der ägyptisch-ptolemäischen Vorherrschaft noch mit wohlwollender Konzilianz; militanter wurde diese Vereinheitlichung nach einem friedlichen Beginn gehandhabt von den syrisch-seleuzidischen Herrschern, den Nachfolgern der Ptolemäer, die zugleich unter dem Druck der vom Westen her übergreifenden Macht Roms standen. Wir können den nicht viel später einsetzenden Konflikt, der schließlich zum Verbot der jüdischen Religion und zur Umwandlung des Tempels in ein hellenistisches Heiligtum des olympischen Zeus führte, nicht in den in Etappen sich vollziehenden Einzelmaßnahmen verfolgen. Entscheidend aber war gewiß, daß es in der Jerusalemer Gemeinde selbst einflußreiche Kreise gab, die, dem hellenischen Zeitgeist verfallen, heraus wollten aus dem selbst errichteten Ghetto, das sie von den anderen Völkern absonderte, die als Menschen unter Menschen – und das hieß damals: als Griechen unter Griechen – leben wollten. Beides wird man zusammen sehen müssen: Das Antasten der kultisch-religiösen Ordnung, die ja als Bestandteil der gesamten Weltordnung geglaubt wurde, bedeutete ein Antasten der gesamten Weltordnung, bedeutete nach dem Danielbuch eben jene Notzeit, wie sie es nicht gegeben hat, seitdem es Menschen in dieser Welt gibt; in der Preisgabe des Glaubens der Väter durch Glieder der eigenen Gemeinde begann aber zugleich der Prozeß der Selbstauflösung dieser Gemeinde, die als Stiftung des Weltgottes verstanden wurde. Die Antwort, die von Gott erwartet wurde gegenüber diesem Angriff auf seine Schöpfungsordnung, formuliert die vorhin genannte Stelle aus Daniel 12. Sie wird bestehen in einer Auflösung der bisherigen Schöpfungsordnung und in einer Ablösung durch eine neue Ordnung, an der nur Israel partizipieren wird; jedenfalls kommt die Menschheit außerhalb Israels nicht in das Blickfeld dieser Danielstelle. Gilt aber für die bisherige Schöpfungsordnung als entscheidendes Merkmal die menschliche Todesverfallenheit, so wird für die neue Ordnung dieses Merkmal beseitigt werden. Da aber Israel dieser Glaubenserwartung gespalten gegenübersteht, so formuliert das Danielbuch eine Auferstehungserwartung in dualistischer Fassung: für die Verächter des Glaubens der Väter die Auferstehung zur ewigen Schande, für die Bekenner dieses Glaubens die Auferstehung zum ewigen Leben. In dieser Bekenntnissituation innerhalb und außerhalb der Gemeinde, und zwar bis hin zum Martyrium, trägt also das Danielbuch eine Erwartung vor, die vom Alten Testament in dieser Deutlichkeit bis dahin nicht formuliert worden ist. Dabei mögen Beeinflussungen von außerhalb, besonders vom Iranischen her, insofern eine gewisse Rolle gespielt haben, als sie Anschauungen und Vorstellungen lieferten, die ein besseres Verständnis der damals schweren Entscheidungssituation ermöglichten; aber die Bewahrung des Glaubens in einem Augenblick höchster Entscheidungsbereitschaft wird der entscheidende Anstoß gewesen sein, einer solchen Auferstehungserwartung zum Durchbruch zu verhelfen. Wie schnell sich diese nicht gerade auf der Hand liegende Vorstellung dann durchgesetzt hat, zeigt z.B. das 7. Kap. des zweiten Makkabäerbuches, das 70–100 Jahre später entstanden sein dürfte als das Danielbuch. Hier wird wiederum in einer Märtyrersituation das Auferstehungs*ereignis* in somatischer Zuspitzung geradezu registriert, was erkennen läßt, daß dieses Glaubenspostulat bereits eine weitere Verbreitung gefunden hat. Es folgen dann eine Reihe von Belegen in der bereits erwähnten außerbiblisch-jüdischen Literatur, die aber den Bereich des Alten Testamentes überschreitet und eher in die neutestamentliche Umwelt und Zeitgeschichte hineingehört, worüber die nächsten Referate zu handeln haben. Damit darf ich meine auf das Alte Testament begrenzte Vorlesung beschließen, Ihnen für Ihre liebenswürdige Aufmerksamkeit danken und zugleich um Nachsicht bitten, wenn durch ungebührliche Kürzungen oder Abschweifungen die Darstellung beeinträchtigt worden ist.

Heinrich Zimmermann

Tod und Auferstehung im neutestamentlichen Frühchristentum

Richtet man die Frage nach Tod und Auferstehung an den Apostel Paulus – und er ist ja vor allem gemeint, wenn man an das neutestamentliche Frühchristentum denkt –, so muß man zuvor nach der Mitte des paulinischen Evangeliums fragen[1]. Die Antwort auf diese Frage lautet: Jesus Christus, der auferstandene Herr, der doch zugleich der Gekreuzigte ist, bildet diese Mitte. Paulus weiß sich durch den auferstandenen Herrn zum Apostel berufen. Er kann sich in die Reihe derer einordnen, denen der Auferstandene erschienen ist (1.Kor. 15,5.7), und in diesem Zusammenhang von sich sagen: „Zuletzt aber von allen gleichsam als der Fehlgeburt erschien er auch mir" (1.Kor. 15,8). Er kann deshalb die rhetorische Frage stellen: „Bin ich nicht Apostel? Habe ich nicht unseren Herrn Jesus gesehen?" (1.Kor. 9,1). In seiner Verkündigung übernimmt und übergibt er als das „Hauptstück" die Paradosis, die den Tod und die Auferweckung Christi zum Inhalt hat (1.Kor. 15,3–5). Er will in seiner Verkündigung nichts wissen „als nur Jesus Christus und diesen als den Gekreuzigten" (1.Kor. 2,2). Ja, er kann seine Verkündigung geradezu als „das Wort vom Kreuz" bezeichnen (1.Kor. 1, 18). So ist Paulus der Theologe des Kreuzes. Wenn man seine Theologie deshalb „Theologie des Kreuzes" nennt, dann muß man erklärend hinzufügen, daß die Aussagen des Apostels über den Gekreuzigten – so paradox das auch für uns sein mag – Aussagen über den auferstandenen Kyrios sind. Das „Wort vom Kreuz" (1.Kor. 1,18) schließt also das Wort von der Auferstehung Christi in sich ein: Weil das Evangelium des Apostels die Verkündigung des auferstandenen und erhöhten Kyrios ist, darum kann es „das Wort vom Kreuz" genannt werden.

Von dieser Mitte des paulinischen Evangeliums werden die Aussagen des Apostels über Tod und Auferstehung geprägt. Sie sollen hier in zwei Sätzen prägnant zusammengefaßt und dann im einzelnen erläutert werden:

1. Ebenso wie Tod und Auferstehung Jesu bei Paulus unlösbar verbunden sind, so auch Tod und Auferstehung des Christen.

2. Wie Paulus den Tod Jesu von seiner Auferstehung her versteht, so versteht er den Tod des Christen von der Auferstehung Christi her und der darin vorweggenommenen Auferstehung der Toten.

Für Paulus bedeuten Kreuz und Auferstehung Jesu Christi die „Fülle der Zeit" (Gal. 4,4), die Äonenwende: „Das Alte ist vergangen, siehe, es ist Neues geworden" (2. Kor. 5,17). „Wenn einer in Christus ist, so ist er ein neues Geschöpf" (ebd.). „Das Gesetz des Lebens in Christus Jesus hat dich befreit von dem Gesetz der Sünde und des Todes" (Röm. 8,2); denn wir stehen nicht mehr „unter dem Gesetz", sondern „unter der Gnade" (Röm. 6,4). Das von Paulus verkündigte Evangelium ist deshalb „Gottes Macht zum Heil für jeden, der glaubt" (Röm. 1,16). In diesem Glauben an die Gegenwärtigkeit des in Jesus Christus von Gott geschenkten Heils, der in solchen Sätzen zum Ausdruck kommt, lebt der Apostel.

Sein Glaube an die Gegenwärtigkeit des Heils ist der feste Grund für seine Hoffnung auf die Vollendung; denn „auf Hoffnung hin sind wir gerettet" (Röm. 8,24). Die Hoffnung auf die Heilsvollendung findet schon darin ihren Ausdruck, daß alle Sätze, in denen Paulus vom Leben und von der Auferstehung spricht, im Futur gehalten sind. Charakteristisch dafür ist der Abschnitt Röm. 6,3–8. Vom Sterben mit Christus in der Taufe spricht der Apostel in der Vergangenheitsform, vom Leben und Auferstehen mit Christus redet er im Futur: „Denn wenn wir zusammengepflanzt wurden mit dem Bilde seines Todes, werden wir es auch mit seiner Auferstehung sein" (6,5). „Wenn wir aber mit Christus gestorben sind, so glauben wir, daß wir auch mit ihm leben werden" (6,8). Ähnlich verhält es sich auch im 8. Kap. des Römerbriefes: „Wenn aber der Geist dessen, der Jesus von den Toten auferweckt hat, in euch wohnt, wird der, der Christus Jesus von den Toten auferweckt hat, auch eure sterblichen Leiber durch den in euch wohnenden Geist lebendig machen" (8,11). „Auch wir selbst, die wir die Erstlingsgabe des Geistes schon haben, auch wir selbst seufzen in uns, die Sohnschaft erwartend, die Erlösung unseres Leibes" (8,23). Die Hoffnung des Apostels auf die Heilsvollendung ist so intensiv, daß er davon überzeugt zu sein scheint, die Parusie des Herrn und damit die Auferstehung der Toten noch zu erleben (vgl. 1. Thess. 4,15–17; 1. Kor. 15,51).

Diese scheinbare Paradoxie des „Schon jetzt" und „Noch nicht" des durch Jesus Christus geschenkten Heils hat dem Apostel mancherlei Mißverständnisse eingetragen. Bereits in seinem ältesten Brief, dem Brief an die Thessalonicher, muß Paulus ein solches Mißverständnis klären. Die Christen in Thessalonich waren nämlich in Sorge um die Verstorbenen, weil sie meinten, nur die noch Lebenden hätten teil an der mit dem hereinbrechenden Weltende erwarteten Vollendung. „Der Gedanke an eine Auferstehung aller von den Toten muß also dieser paulinischen Gemeinde zunächst noch fremd gewesen sein."[2] Paulus will darüber sprechen, damit die Christen in Thessalonich nicht trauern „wie die übrigen, die keine Hoffnung haben" (4,13). Die christliche Hoffnung gründet auf dem Glauben: „Wenn wir glauben, daß Jesus gestorben und auferstanden ist, so wird Gott auch die Entschlafenen durch Jesus mit ihm zusammenführen" (4,14). Bei der Parusie des Herrn werden die noch Lebenden den Verstorbenen also nichts voraushaben (4,15). Im Gegenteil: „Zuerst werden die Toten in Christus auferstehen. Dann werden wir, die Lebenden, die Zurückbleibenden, zugleich mit ihnen auf Wolken dem Herrn entgegen in die Luft entrückt werden. Und so werden wir allezeit mit dem Herrn sein" (4,16f.). Mag Paulus hier auch apokalyptische Vorstellungen aufnehmen, so kommt es ihm doch entscheidend auf das „Allezeit mit dem Herrn sein" an. Im folgenden lehnt er die für die Apokalyptik charakteristische Auffassung von der Berechnung des Endes ab und weist darauf hin, daß „der Tag des Herrn kommt wie ein Dieb in der Nacht" (5,2). Sein plötzliches und unerwartetes Kommen verlangt von den Christen Wachsamkeit und Nüchternheit (5,6ff.).

„Ein knappes halbes Jahrzehnt später muß Paulus im ersten Korintherbrief in anderer Front die Auferstehung der Toten verteidigen."[3] Dieser Verteidigung ist das 15. Kap. des 1. Kor. gewidmet[4]. Sie war deshalb notwendig geworden, weil „einige" in der korinthischen Gemeinde die Auffassung vertraten: „Es gibt keine Auferstehung der Toten" (V. 12). Wie ist diese Auffassung zu verstehen, und wie argumentiert Paulus, um sie abzuwehren? Die These dieser bestimmten Gruppe in der Gemeinde von Korinth, die der Apostel in V. 12 zitiert und in den Versen 13.15.16.29 und 32 unwesentlich modifiziert wiederholt, gibt für sich allein genommen keine genaue Auskunft über die hinter ihr stehende Auffassung, sondern läßt verschiedene Deutungen zu[5].

Die wohl bekannteste Deutung geht davon aus, daß es sich um Vertreter einer popular-philosophischen Unsterblichkeitslehre handelt, welche die Unsterblichkeit der Seele mit der Auferstehung der Toten nicht in Einklang zu bringen vermochten. Der Mensch der hellenistischen Welt, zu der natürlich auch die Christen in Korinth gehörten, sah den Leib als Kerker der Seele an und erwartete die Erlösung der Seele aus dem Kerker des Leibes. Doch paßt zu einer solchen Auffassung nicht die Argumentation des Apostels. Diese setzt voraus, daß die Leugner der Auferstehung der Toten an die Auferstehung Christi glauben. Nur so wird die Anführung des Bekenntnissatzes, der den Tod und das Begräbnis, die Auferstehung und die Erscheinungen des Auferstandenen zum Inhalt hat (V. 3b–5), als Ausdruck des gemeinsamen Glaubens verständlich und wird die Verknüpfung der Auferstehung

der Toten mit der Auferstehung Christi in der paulinischen Argumentation sinnvoll (vgl. V. 13–17).
Eine andere Deutung nimmt an, Paulus habe es hier mit der gleichen Auffassung zu tun, gegen die er sich im ersten Thessalonicherbrief wendet: An dem endgültigen Heil hätten nur diejenigen Anteil, die bei der Parusie des Herrn noch lebten, nicht aber die Verstorbenen. Damit stimmt überein, daß Paulus in seiner Argumentation alles auf die Auferstehung der Toten ausrichtet. Dazu aber paßt weder die stellvertretende Taufe für Verstorbene, die der Apostel in V. 29 erwähnt, noch das Jesaja-Zitat, das er seinen Gegnern in V. 32 vorhält: „Laßt uns essen und trinken; denn morgen sind wir tot" (Jes. 22,13).
Wieder eine andere Deutung versteht die Auffassung dieser bestimmten Gruppe innerhalb der korinthischen Gemeinde vom gnostischen Denken her. „Für solches spiritualistisch-gnostisches Denken sind eine dualistische Anthropologie, Entwertung der leibhaft verfaßten menschlichen Existenz, Entweltlichung und spiritualistisch-radikales Pneumatikertum charakteristische Tendenzen." [6] Man rückt die These dieser bestimmten Christen in Korinth „Es gibt keine Auferstehung der Toten" (V. 12) in die Nähe jener anderen, gegen die der zweite Timotheusbrief sich wendet: „Die Auferstehung ist schon geschehen" (2.Tim. 2,18), und sieht demgemäß dahinter die Begründung: „Sie ist ja schon geschehen in der sakramentalen Weihe und ereignet sich an mir und für mich jeweils im pneumatischen Erleben, das ja der Ausweis der Erfüllung ist." [7] Daran ist richtig, daß die Auffassung der gemeinten Gruppe in Korinth entscheidend von der Gegenwärtigkeit des Heils bestimmt wird. Fraglich aber bleibt, ob man diese Auffassung bereits als gnostisch bezeichnen kann, wie dies in dem späteren zweiten Timotheusbrief tatsächlich der Fall zu sein scheint. Paulus wendet sich im ersten Korintherbrief und besonders in dessen 15. Kapitel nicht gegen ein gnostisches Welt- und Menschenverständnis, sondern gegen ein falsches Verständnis der Eschatologie.
Die von Paulus gemeinten Christen dürften wohl von einer einseitig verstandenen präsentischen Eschatologie bestimmt sein. Sie waren so sehr von der Gegenwärtigkeit des Heils erfüllt, daß sie nicht mehr auf die Zukünftigkeit des noch zu Erwartenden schauten. Sie sahen so sehr das „Jetzt" der Gegenwart des Herrn in seinem Pneuma, daß für sie die Spannung zwischen dem „Schon jetzt" des gegenwärtigen Heils und dem „Noch nicht" der zukünftigen Vollendung keine Geltung hatte. Auch für Paulus kommt es entscheidend auf die Gegenwärtigkeit des Heils an, auf die neue Schöpfung, die durch das Sein „in Christus" geschenkt ist (vgl. 2.Kor. 5,17). Aber er weiß, daß das Evangelium, in dem wir stehen (vgl. 1.Kor. 15,1), erst der Anfang

ist und die endgültige Rettung noch aussteht (vgl. V. 2a); er weiß um die Spannung zwischen dem „Schon jetzt“ und dem „Noch nicht“, und er weiß sie durchzuhalten.
Zu dieser Gegenüberstellung der Auffassung des Apostels und der „einiger“ Christen in Korinth scheint am besten der Gesamttenor des Briefes zu passen, besonders der Abschnitt 1. Kor. 4, 8–13 und die Kap. 12 und 14. Auch die paulinische Argumentation in Kap. 15 paßt am besten dazu. So vor allem die Verknüpfung der Auferstehung der Toten mit der Auferstehung Christi: „Wenn aber Christus verkündet wird, daß er von den Toten auferstanden ist, wie können einige unter euch sagen: Es gibt keine Auferstehung der Toten? Wenn es keine Auferstehung der Toten gibt, dann ist auch Christus nicht auferstanden. Wenn aber Christus nicht auferstanden ist, dann ist leer unsere Verkündigung, leer auch euer Glaube. Dann werden wir als falsche Zeugen Gottes erfunden, weil wir wider Gott bezeugen, er habe Christus auferweckt, den er nicht auferweckt hat, wenn nämlich die Toten nicht auferstehen. Denn wenn die Toten nicht auferstehen, dann ist auch Christus nicht auferstanden. Wenn aber Christus nicht auferstanden ist, dann ist euer Glaube nichtig, dann seid ihr noch in euren Sünden. Dann sind auch die in Christus Entschlafenen verloren“ (V. 12–18). Auffällig an dieser Argumentation ist, daß der Apostel das für die Zukunft erwartete Geschehen, nämlich die Auferstehung der Toten, unlösbar an das als Gottestat verstandene Geschehen der Vergangenheit, die Auferstehung Christi, gebunden sieht: Wird das für die Zukunft Erwartete nicht eintreten, dann ist auch das von der Vergangenheit Ausgesagte nicht geschehen. Damit erhält das für die Zukunft Erwartete ein starkes Gewicht – auch für die Gegenwart des christlichen Glaubens. Man kann nicht an die Auferstehung Christi glauben und sich in Freiheit unter der Herrschaft des Kyrios wissen, zugleich aber die Auferstehung der Toten leugnen. Leugnet man diese, dann bestreitet man auch die Auferstehung Christi, dann gibt es keinen christlichen Glauben und keine Freiheit von der Macht der Sünde.
Wenn Paulus den Blick so sehr auf die Zukunft lenkt, dann dürfte deutlich werden, daß für die Christen in Korinth, die der Apostel meint, der Gegenwart als der Herrschaft des erhöhten Kyrios entscheidende Bedeutung zukommt. Das wird noch klarer in dem folgenden Abschnitt: „Nun aber ist Christus von den Toten auferstanden als Erstling der Entschlafenen. Denn wie durch einen Menschen der Tod (gekommen ist), (kommt) auch durch einen Menschen die Auferstehung der Toten. Denn wie in Adam alle sterben, so werden in Christus auch alle lebendig gemacht werden. Jeder aber in der ihm bestimmten Ordnung: als Erstling Christus, danach die, welche Christus angehören, bei seiner Ankunft, danach (kommt) das Ende, wenn er die

Herrschaft Gott dem Vater übergeben wird, wenn er jede Herrschaft und jede Gewalt zunichte gemacht haben wird. Denn er muß herrschen, bis er alle Feinde unter seine Füße gelegt hat. Als letzter Feind wird der Tod zunichte gemacht; denn ‚alles hat er ihm unter die Füße gelegt'. Wenn er aber sagt, daß alles unterworfen sei, so ist offenbar: mit Ausnahme dessen, der ihm alles unterworfen hat. Wenn ihm aber alles unterworfen sein wird, dann wird auch der Sohn selbst sich dem unterwerfen, der ihm alles unterworfen hat, damit Gott alles in allem sei" (V. 20–28).

Auch hier wird der Blick entschieden auf die Zukunft gelenkt. Das läßt vornehmlich die von Paulus festgestellte Ordnung erkennen: „Als Erstling Christus, danach die, welche Christus angehören, bei seiner Ankunft" (V. 23). Hier hat man den Eindruck, daß die durch die Herrschaft Christi bestimmte Gegenwart geradezu übersprungen wird. Im Gegensatz zu 1.Thess. 4,16f. macht der Apostel nicht einmal einen Unterschied zwischen den Verstorbenen und den bei der Parusie des Herrn noch Lebenden. Zwar wird von der gegenwärtigen Herrschaft Christi gesprochen (V. 25); aber das geschieht nur, um deren zeitliche Grenze aufzuweisen, die durch das Ende bestimmt wird, „wenn er die Herrschaft Gott dem Vater übergeben wird" (V. 24). Warum lenkt Paulus, was bei ihm sonst nirgendwo zu beobachten ist, den Blick so entschieden von der gegenwärtigen Herrschaft des erhöhten Kyrios auf das Ende? Die Antwort auf diese Frage muß lauten: Weil der Blick der angesprochenen Gruppe in Korinth ebenso entschieden auf die Gegenwart der Herrschaft Christi gerichtet ist, wie dies in der These „Es gibt keine Auferstehung der Toten" (V. 12) seinen Ausdruck gefunden hat.

Damit ist dann auch die Feststellung des Apostels in Einklang zu bringen: „Wenn wir nur in diesem Leben Hoffnung auf Christus haben, dann sind wir beklagenswerter als alle Menschen" (V. 19).

Von daher wird ebenso der Hinweis auf die beständige Todesgefahr seines apostolischen Wirkens verständlich (V. 30–32a). Wie aber verhält sich dazu die Aussage in V. 32b: „Wenn die Toten nicht auferstehen, dann ‚laßt uns essen und trinken; denn morgen sind wir tot'" (Jes. 22,13)? Läßt die Anführung des Jesaja-Zitates nicht doch darauf schließen, die angesprochenen Christen in Korinth hätten das Weiterleben nach dem Tod überhaupt geleugnet? Tatsächlich vertreten manche Exegeten diese Meinung. Versteht man den Satz aber als die Konsequenz aus der einseitigen Betonung des gegenwärtigen Lebens, dann wird er in der paulinischen Argumentation sinnvoll, wenn man sich auch denken kann, daß die Christen in Korinth sich gegen eine solche Konsequenz verwahrt haben dürften.

Wieder anders nuanciert ist die Front, die Paulus im zweiten Korintherbrief einnehmen muß. Hier hat er es mit Gegnern zu tun, die von außen her mit Empfehlungsschreiben versehen in die Gemeinde eingedrungen sind und gegen den Apostel ankämpfen. Die Vorwürfe, die sie gegen ihn vorbringen, setzen ein Verständnis des apostolischen Amtes voraus, das das Amt nicht durch die Niedrigkeit, die Schwachheit und die Leiden seiner Träger ausweist, sondern durch Macht, durch Zeichen und Überlegenheit. Für Paulus läßt gerade die Schwachheit und Armseligkeit seiner Träger die Herrlichkeit des apostolischen Amtes aufleuchten und in dem Apostel die Sehnsucht wachsen, für immer beim Herrn zu sein. Davon spricht er in dem Abschnitt 2.Kor. 5,1–10: „Denn wir wissen, daß wir, wenn unsere irdische Zeltwohnung abgebrochen sein wird, eine Wohnung von Gott haben, ein nicht von Händen gemachtes, ewiges Haus im Himmel. Darum auch seufzen wir, weil wir uns danach sehnen, mit unserer Behausung aus dem Himmel überkleidet zu werden, da wir ja, wenn wir sie angezogen haben, nicht werden als nackt erfunden werden. Denn wir, die wir noch in dem Zelte sind, seufzen bedrückt, weil wir nicht entkleidet, sondern überkleidet werden wollen, damit das Sterbliche vom Leben verschlungen werde. Der uns aber dazu bereitet hat, ist Gott, der uns das Angeld des Geistes gegeben hat. So haben wir allezeit guten Mut, obgleich wir wissen, daß wir, solange wir im Leibe weilen, fern vom Herrn in der Fremde leben. Denn im Glauben wandeln wir, nicht im Schauen. Dennoch haben wir guten Mut und möchten lieber dem Leib entfremdet unsere Heimat beim Herrn haben. Darum bemühen wir uns auch eifrig darum, ob in der Heimat, ob in der Fremde, ihm wohlgefällig zu sein. Denn wir alle müssen vor dem Richterstuhl Christi offenbar werden, damit ein jeder (den Lohn) empfange für das, was er in seinem Leibesleben getan hat, sei es gut oder böse.“ [8]

In dem vorhergehenden Abschnitt (4,16–18) war die Frage offengeblieben: Was geschieht, wenn der „äußere Mensch“ ganz zerstört wird? Auf diese Frage will 5,1–5 die Antwort geben, während 5,6–10 die Folgerung daraus zieht.

Der „äußere Mensch“ wird mit einem Zelt verglichen, das nur vorübergehend zur Wohnung dient, um dann abgebrochen zu werden. Wenn diese irdische Zeltwohnung abgebrochen wird, dann haben wir ein „Haus von Gott“, das „nicht von Händen gemacht“, also „ewig“ ist und „im Himmel“ bereitliegt. Mit diesem sowohl im Alten Testament als auch in der griechischen Antike gebrauchten Bildwort spricht Paulus seinen festen Glauben und seine sichere Hoffnung aus, daß die Vollendung der Erlösung erst dann erreicht ist, wenn wir das „ewige Haus“ von Gott empfangen. Wie 1.Kor. 15,35ff. wird mit der Enderwartung die Hoffnung auf den neuen Leib verbunden; wie 1.Kor. 15,52ff. wird die Hoffnung zum Ausdruck gebracht,

daß Gott als der Schöpfer das Vergängliche in das Unvergängliche verwandeln wird.
Aus diesem Wissen, das der Glaube und die Hoffnung vermitteln, ergibt sich die Sehnsucht des Christen, den neuen Leib zu empfangen. Wie so oft bei Paulus wird auch hier das Bild nicht durchgehalten. Das Bild vom „Haus" wechselt in das vom „Kleid" über; denn jetzt ist von dem Überkleidetwerden die Rede. Damit will der Apostel das Verwandeltwerden bei der Parusie aussagen, von dem er auch 1. Kor. 15,51–54 gesprochen hatte. Seine Sehnsucht richtet sich deshalb auf das „Überkleidetwerden", weil er nicht als „nackt" erfunden werden möchte. Wie ist das zu verstehen? Was möchte Paulus vermieden wissen: die zeitweilige Leiblosigkeit der vor der Parusie verstorbenen Gläubigen[9] oder das endgültige Schicksal der Ungläubigen, für die kein Himmelsleib bereit ist[10]? Gegen die erste Auffassung spricht, daß über die Möglichkeit des Sterbens vor der Parusie nicht reflektiert wird und Paulus zudem den Zwischenzustand nicht als „Nacktheit" bezeichnen würde. Gegen das zweite Verständnis der Stelle ist einzuwenden, daß hier, da Paulus in der „Wir"-Form spricht, von Ungläubigen, die des „Himmelsleibes" nicht teilhaftig würden, nicht die Rede sein kann. Es liegt daher näher, daß die Aussage polemisch gemeint, also im Zusammenhang mit der Verteidigung des Apostels seinen Gegnern gegenüber zu sehen ist. Jetzt, da Paulus von seiner Hoffnung auf die Endvollendung spricht, will er ihnen sagen: Wenn der „äußere Mensch" (4,16) zerstört, also die irdische Zeltwohnung abgebrochen sein wird (V. 1), dann ist der himmlische Leib bereitet. Seine Sehnsucht richtet sich darauf, ihn zu empfangen, nicht darauf, des irdischen Leibes entkleidet zu werden. Solange wir in der irdischen Zeltwohnung weilen, will Paulus sagen, sind wir belastet und werden niedergedrückt von all dem, was der „äußere Mensch" ertragen muß. Doch er will nicht, was in seiner Lage nur zu verständlich wäre, von seinem Todesleib befreit werden, weil er die Verwandlung des sterblichen Leibes in den himmlischen Leib ersehnt. Dazu hat Gott bereits den Grund gelegt, indem er uns als „Angeld" für die noch ausstehende Vollendung den Geist gegeben hat.
Wie schon bemerkt, wollen die Verse 6–10 aus dem bisher Gesagten die Folgerung ziehen. Der Glaube, in dem – durch den Geist gewirkt – schon jetzt die Gemeinschaft mit dem Kyrios gegenwärtige Wirklichkeit ist, drängt zum Schauen: Der Christ, der in dieser Welt wie in der Fremde lebt, möchte in der Heimat sein, das heißt in der Gemeinschaft mit Christus dort sein, wo Er ist. Der Mut, in der Fremde fern vom Herrn zu leben, der dem Christen durch den Glauben zukommt, wird bestärkt durch die Forderung, die er an sich gerichtet weiß: dem Herrn wohlgefällig zu sein. Seine Sehnsucht

nach der Vollendung, sein Verlangen, aus der Fremde in die Heimat zu kommen, darf also nicht dahingehend mißverstanden werden, als sei sein Leben in der Fremde ohne Bedeutung für das erwartete Leben in der Heimat. Im Gegenteil: Gerade die Zeit des irdischen Lebens ist, wie Paulus mit dem Hinweis auf das Endgericht zeigen will, entscheidend für die ewige Zukunft des Christen. Denn das Gericht erfolgt nach den Werken, nach dem, was ein jeder in seinem irdischen Leben getan hat, sei es gut, sei es böse.

Im Anschluß an diesen Überblick über wesentliche Aussagen des Apostels Paulus im 1. Thessalonicherbrief, im 1. und im 2. Korintherbrief, die als repräsentativ für das neutestamentliche Frühchristentum gelten können, soll die Frage nach Tod und Auferstehung grundsätzlich beantwortet werden. Die Antwort lautet zunächst negativ so: Paulus (und mit ihm das ganze Neue Testament) kennt keine Lehre von der Unsterblichkeit der Seele. Paulus kommt ganz aus der Welt des Alten Testamentes; er wird jedoch in seinem apostolischen Wirken mit griechisch-hellenistischen Gedanken konfrontiert. Um zu einer positiven Antwort zu gelangen, muß man sehen, wie sein christlicher Glaube sich von der jüdischen Anschauung einerseits und von der griechisch-hellenistischen Auffassung andererseits abhebt. Mit dem jüdischen Glauben hat Paulus das Ausgerichtetsein auf das kommende Ende dieser Weltzeit, die Hoffnung auf die Auferstehung der Toten und die Gewißheit eines leiblichen Daseins in der zukünftigen Welt gemeinsam. Aber dieser Glaube hat bei ihm durch seinen Christusglauben eine entscheidende Wandlung erfahren. Und zwar deshalb, weil mit Jesus als dem Christus der neue Äon, die kommende Weltzeit, schon angebrochen und Jesus von den Toten auferstanden ist, also die Macht des Todes überwunden hat. Deshalb kann er in 1. Kor. 15 die Auferstehung der Toten unlösbar an die Auferstehung Christi binden, das heißt – um es mit 2. Kor. 5,1–5 zu sagen – in Christus ist die Hoffnung auf den himmlischen Leib begründet. Der Glaube des Apostels unterscheidet sich vom jüdischen Glauben zudem dadurch, daß er die Verwandlung des irdischen Leibes in den himmlischen Leib als eine Neuschöpfung Gottes ansieht.

Vom griechisch-hellenistischen Denken hebt der Glaube des Apostels sich in drei wichtigen Punkten ab: 1. dadurch, daß er einen Leib-Seele-Dualismus nicht kennt. Für Paulus ist der Leib nicht der Kerker der Seele. Erlösung bedeutet für ihn nicht, daß die Seele mit dem Tod aus dem Leib als ihrem Kerker befreit wird und zu Gott als ihrem Ursprung zurückkehrt. Erlösung erstreckt sich vielmehr auf den ganzen Menschen, der ohne Christus als ganzer der Macht der Sünde und des Todes verfallen ist (vgl. Röm. 3,23). Demzufolge ist der Endzustand der Erlösung erst dann erreicht, wenn bei der Auferstehung von den Toten der ganze Mensch erneuert und der irdische

Leib in den himmlischen Leib verwandelt wird. 2. Das geschieht durch Gottes schöpferisches Handeln in Jesus Christus: Gott hat den Herrn Jesus Christus auferweckt, er wird auch uns mit Jesus auferwecken (2. Kor. 4, 13). Das bedeutet: Wie das Weiterleben des Christen nach dem Tode nicht einfachhin als Verlängerung oder Fortsetzung seiner irdischen Existenzweise anzusehen ist, so meint auch Auferstehung der Toten nicht einfachhin, daß der Christ seinen früheren irdischen Leib zurückerhält. 1. Kor. 15, 35 ff. sucht Paulus dies einerseits durch den Vergleich Samenkorn–Pflanze, andererseits durch die heilsgeschichtliche Gegenüberstellung Adam–Christus zu erklären. 3. Die Vollendung der Erlösung liegt für Paulus in der Zukunft. Er wird dabei nicht von der räumlichen Vorstellung bestimmt, die das Diesseits dem Jenseits gegenüberstellt, wie es griechisch-hellenistischem Denken gemäß ist, sondern von der zeitlichen Vorstellung, die Gegenwart und Zukunft gegenübersieht, wie es alttestamentlich-jüdischem Denken entspricht. Die Endvollendung tritt ein mit der Parusie des Herrn (vgl. 1. Kor. 15, 23 ff.). Darum wehrt Paulus sich gegen die Auffassung in Korinth, welche die Vollendung schon in der Gegenwart verwirklicht sieht. Darum auch wird er ganz von der Sehnsucht nach der Vollendung bestimmt, von der 2. Kor. 5, 1–10 spricht.

Wenn Paulus auf der einen Seite einen Leib-Seele-Dualismus nicht kennt, weil er den ganzen Menschen sieht, wenn er auf der anderen Seite sagt, die Vollendung sei erst dann erreicht, wenn Gott den ganzen Menschen neu schafft, was erst mit der Parusie Christi eintritt, darf man ihn dann so verstehen, wie es in der heutigen Theologie fast zu einem sensus communis geworden zu sein scheint, daß der Mensch mit dem Tod als ganzer stirbt, daß also von einem Weiterleben nach dem Tode nicht die Rede sein, ja nicht einmal von einem „Zwischenzustand" gesprochen werden kann, weil der ganze Mensch gänzlich vernichtet wird, um erst bei der Auferstehung der Toten zu einem neuen Leben erweckt zu werden? Das wäre ein grobes Mißverständnis, dem man das Wort des Apostels entgegenhalten kann: „Wenn wir nur in diesem Leben unsere Hoffnung auf Christus gesetzt haben, dann sind wir beklagenswerter als alle Menschen" (1. Kor. 15, 19). Es ist deshalb ein Mißverständnis, weil nach Paulus nicht die Erlösung des Menschen, sondern die Vollendung noch aussteht, bei der auch der Leib des Menschen umgestaltet wird. Das Eigentliche und Neue, die Neuschöpfung, ist bereits geschehen, und zwar durch den Tod und die Auferstehung Jesu Christi und dadurch, daß Tod und Auferstehung Jesu Christi durch das Sakrament der Taufe an dem an Christus Glaubenden nachvollzogen werden. Gott hat durch Jesus Christus den neuen Menschen geschaffen. Mit der von ihm geprägten Wendung „in Christus sein" bezeichnet Paulus die neue Existenzweise des Christen. „In Christus sein", das heißt: nicht mehr unter den Mächten des alten Äon, unter der Macht der Sünde, des Todes und des Gesetzes, stehen (vgl. Röm. 8,2); das heißt auch: so mit Christus verbunden sein, daß der Glaubende sagen kann: „Nicht mehr ich lebe, Christus lebt in mir" (Gal. 2,20). „In Christus sein", das heißt: in der neuen Seinsweise Christi leben, weil Gott den Geist seines Sohnes in unsere Herzen gesandt hat (Gal. 4,6). Der Geist ist es, der das „In-Christus-Sein" bewirkt und fortdauernd realisiert. Paulus kann deshalb „in Christus" und „im Geiste" synonym gebrauchen (Röm. 8,10 u.ö.). Wie das Pneuma die Existenzweise des erhöhten Herrn ist, so ist es auch die neue Existenzweise des Christen. Das Pneuma ist zugleich auch das Unterpfand und die Vorweggabe der künftigen Vollendung. In ihm ist das „Schon jetzt" und das „Noch nicht" des neuen Lebens aufgehoben. Dieses neue, durch Christus geschenkte und durch den Geist verwirklichte Leben sollte durch den Tod vernichtet werden, dessen Macht Christus durch sein Sterben und seine Auferstehung überwunden hat? Paulus gibt Antwort auf diese Frage, wenn er sagt: „Ich bin überzeugt; daß weder Tod noch Leben, weder Engel noch Mächte, weder Gegenwärtiges noch Zukünftiges, weder Höhe noch Tiefe noch irgendein anderes Geschöpf uns trennen kann von der Liebe Gottes, die ist in Christus Jesus, unserem Herrn" (Röm. 8,38f.). „Die durch den Glauben gewonnene Christusgemeinschaft, die das irdische Leben des Gläubigen gestaltete und in der Endzeit ihre Erfüllung finden soll, kann durch den Tod nicht zerschnitten werden." [11]

Anmerkungen

1 Vgl. H. Zimmermann: Jesus Christus – Geschichte und Verkündigung. Stuttgart, 2. Aufl. 1975, 58–61.
2 G. Bornkamm: Paulus (Urban Bücher 119). Stuttgart 1969, 228.
3 G. Bornkamm, a. a. O.
4 Vgl. H. Zimmermann, a. a. O. 185–190.
5 Vgl. B. Spörlein: Die Leugnung der Auferstehung. Eine historisch-kritische Untersuchung zu 1 Kor 15 (Bibl. Unters. 7). Regensburg 1971.
6 J. Blank: Paulus und Jesus. Eine theologische Grundlegung (Stud. zum Alten und Neuen Testament 18). München 1968, 134.
7 H. Schlier: Über das Hauptanliegen des 1. Briefes an die Korinther. In: Die Zeit der Kirche. Exegetische Aufsätze und Vorträge. Freiburg i. Br., 5. Aufl. 1972, 147 bis 159, hier 149.
8 Vgl. F. G. Lang: 2. Korinther 5,1–10 in der neueren Forschung (Beitr. zur Gesch. der bibl. Exegese 16). Tübingen 1973.
9 So die meisten Exegeten.
10 So etwa Windisch, Mundle, Oepke.
11 J. Gnilka: Der Philipperbrief (Herd. Theol. Komm. zum NT 10,3). Freiburg i. Br. 1968, 93.

Karl Hoheisel

Tod und Jenseits im außerbiblischen Judentum des Orients

Jüdische Vorstellungen von Tod und Jenseits sind im Verlaufe dieser Vorlesungsreihe bereits mehrfach angeklungen und werden beim Islam wahrscheinlich ein weiteres Mal anklingen. Heute aber sollen sie uns thematisch beschäftigen. Allerdings sind auch da, wie bei einer so langen, in sich breit gefächerten Tradition wie dem Judentum kaum anders zu erwarten, mancherlei Beschränkungen angezeigt.

Für die moderne Forschung beginnt das Judentum mit der Rückkehr der Exulanten nach Jerusalem unter dem persischen König Cyrus. Unsere Betrachtung setzt aber erst später, mit dem Abschluß des Buches Daniel, des letzten der hebräischen Bibel, ungefähr 167 v. d. Z., ein. Unangemessen weit schiene uns der Begriff „außerbiblisch" gefaßt, wollte man ihn um weitere ca. 250 Jahre bis zur Schließung des hebräischen Bibelkanons in Jabne[1] ausdehnen.

Auch „Orient" ist Orts- und Zeitbestimmung zugleich. Damit soll angedeutet werden, daß wir uns in erster Linie mit dem Abschnitt jüdischer Religionsgeschichte beschäftigen, der sich schwerpunktmäßig in Palästina und Mesopotamien abgespielt hat[2]. Praktisch war das bis zur Fertigstellung der mit besonderer Autorität ausgestatteten rabbinischen Schriften, des Talmud und der kursorischen Auslegungsliteratur, den Midraschim, d.h. etwa bis zum Siegeszug der Muslime oder spätestens bis zum Beginn des 10. Jahrhunderts, der Fall. Spätere Wandlungen, die mit der Verlagerung der Hauptzentren des Judentums zunächst nach West- und Mittel-, später nach Osteuropa und schließlich in die Vereinigten Staaten eingetreten sind, können nur in besonders markanten Varianten gestreift werden. Die Komplexität der Phänomene und die Kürze der mir zur Verfügung stehenden Zeit verbieten es fast vollständig, selbst auf neuartige Aspekte des Todesproblems im heutigen Judentum des Orients, im Staate Israel, einzugehen.

I. Das jüdische Grundanliegen: Vergeltung auch nach dem Tode

Am besten veranschaulicht Midrasch Vayyikra Rabba[3], eine homiletische Auslegung verschiedener Levitikusparaschen, die jüdische Grundeinstellung zu Tod und Jenseits. Die Rabbinen, so heißt es da, dachten daran, den Kohelet, das Buch des Predigers (Ecclesiasticus), aus dem Kanon der heiligen Schriften auszuschließen, weil sich darin häretische Gedanken fänden. Und in der Tat heißt es[4]: „Wahrlich, das Los der Menschen und das Los des Viehes – ein und dasselbe Los haben sie! Wie jenes stirbt, so sterben diese. Denselben Odem haben sie alle, und einen Vorrang des Menschen vor dem Vieh gibt es nicht, denn alles ist Dunst." Und Pred. 9,2f. lesen wir: „... das ist das Schlimmste, was unter der Sonne geschieht: alle trifft das gleiche Los, den Gerechten und den Frevler, den Reinen und den Unreinen, den, der opfert, und den, der nicht opfert. Dem Guten geht es wie dem Sünder, dem, der schwört, wie dem, der den Eid scheut." Da aber Salomon, nach rabbinischer Auffassung der Autor des Buches Kohelet, gegen Schluß lehre: „Doch das sollst du wissen: Gott wird dich über alles zur Rechenschaft ziehen" (Pred. 11,9), dürfe, so argumentiert unsere Midraschstelle weiter, dem Buche des Predigers die kanonische Würde nicht bestritten werden.

Mit diesem Gedankengang sprechen die rabbinischen Levitikuserklärer das Prinzip aus, an dem die Juden, von kleineren Gruppen der jüngsten Vergangenheit abgesehen, bis zum heutigen Tage unerschütterlich festhalten: Gott vergilt, was der Mensch tut und läßt[5]! Da aber, wie das Buch Hiob besonders eindringlich zeigt, diese Rechnung von Lohn und Strafe in diesem Leben offenbar nicht immer aufgeht, ist mit einer Vergeltung nach dem Tode zu rechnen.

Nur wer das leugnet, ist ein Ausgestoßener, ein Häretiker. Dagegen darf über Umstände und Formen dieser Vergeltung weitgehend frei diskutiert werden. Die Folge davon ist, daß in der jüdischen Überlieferung miteinander nicht zu vereinbarende Vorstellungen über Tod und Jenseits unausgeglichen nebeneinanderstehen[6].

II. Bewertung von Leben und Sterben

Diese Vielfalt tritt noch kaum in Erscheinung, wenn es um die Bewertung von Leben und Sterben geht. Das außerbiblische Judentum der uns hier beschäftigenden ca. eintausend Jahre sieht trotz beträchtlicher Unterschiede im Detail[7] sowohl im Leben hier auf Erden als auch im individuellen Sterben Teile eines von Gott in der Schöpfung verwirklichten Planes. Weiter geht man wie selbstverständlich davon aus, daß das menschliche Leben hier auf Erden das höchste Gut nach, vielleicht darf man sogar sagen, neben Gott ist. Hat dieser aber den Menschen zur Krone der gesamten Schöpfung eingesetzt, dann verhält sich der Mensch nur richtig, wenn er dieses Gut dem göttlichen Schöpferwillen entsprechend nach Kräften schützt, pflegt und erhält. Deshalb obliegt Juden wie Nicht-Juden die strenge Pflicht, dieses Leben in der Ehe fortzupflanzen. Kleinere Randgruppen, die, wie ein Teil der Qumran-Essener gegen Ende des Zweiten Tempels, nicht heirateten[8], betrachteten das zölibatäre Leben in der Regel ausdrücklich als vorübergehende Ausnahmeregelung, um das Ende der Zeiten zu beschleunigen. Viel häufiger wurde aber der umgekehrte Weg beschritten und gerade die Zeugung von Nachkommen als das wirksamste Mittel aufgefaßt, um das messianische Zeitalter heraufzuführen. Nimmt man nämlich an, daß sämtliche noch zu inkarnierenden Seelen in einer Art Behältnis, dem sog. *Guf*[9], aufbewahrt sind, genügt es, diesen Kasten zu entleeren, um das Ende zu beschleunigen. Am konsequentesten beschritt diesen Weg wohl der vermeintliche Messias Schabbetaj Zwi (1626–1676) mit der Aufforderung an seine Anhänger, schon ihre Kinder zur Zeugung von Nachkommen zu bewegen.

Der Jude soll aber nicht nur Nachkommen zeugen, sondern auch auf seine eigene Gesundheit sorgfältig achten. Zahllose hygienische Vorschriften des Talmud, die erklärte oder gedankenlose Judenfeinde aus Unkenntnis der Zusammenhänge oft zur Zielscheibe ihres Spottes gemacht haben, dienen diesem Zweck, etwa das Verbot, sich an einem Ort niederzulassen, wo eine qualifizierte ärztliche Versorgung nicht gewährleistet ist (Sanh. 17b). Rabbi Akiba, einer der Baumeister des rabbinischen Judentums unmittelbar nach der Zerstörung des Zweiten Tempels, sah in dem Gebot, den Nächsten zu lieben wie sich selbst, das vornehmste überhaupt (Sifra 19, 18), und für spätere Rabbinen setzt die Pflicht zur Erhaltung des Lebens alle anderen Pflichten (außer dem Verbot von Unkeuschheit, Mord und Götzendienst) außer Kraft (Yoma 82a). Und Rabbi Eleasar, Asarias Sohn, brandmarkte ein Gericht, das in 70 Jahren auch nur ein einziges Todesurteil fälle, als ein Tribunal von Mördern (Mak. 1, 10). Dieselbe Stelle nennt noch weitere angesehene Rabbinen, die Vergehen, für die die Bibel die Todesstrafe vorsieht, offenbar nicht mehr mit dem Tode geahndet sehen wollten.

Vor diesem Hintergrund grenzenloser Hochachtung vor dem menschlichen Leben wurde der Tod stets als verwirrendes, schwer verständliches Phänomen empfunden. Dem Rabbinat kam es deshalb ganz besonders darauf an, das Sterben in der wissenschaftlichen Diskussion in ihren Lehrhäusern wie in der seelsorgerlichen Alltagspraxis plausibel zu machen. Man entledigte sich dieser schweren Aufgabe hauptsächlich auf zwei Wegen.

Eine große Gruppe, die aber keineswegs allgemein uneingeschränkte Zustimmung fand, sah mit Gen. 3,22–24 im Tode die Strafe, die Adam und dessen Nachkommen für die Sünde im Garten Eden trifft. „Tod gibt es nicht ohne Sünde" (Shab. 55 a). Die Menschen müssen nur sterben, weil niemand ohne Sünde ist. Nur die wenigen Gerechten wie z. B. Elias seien nicht gestorben (Lev. R. 27,4), sie hätten den Tod nur aufgrund einer in den Texten nicht näher erläuterten Erbschuld, einer Art Kollektivhaftung, erlitten (Deut. R. 9, 8, vgl. Shab. 55 a) oder weil sie, die Gerechten, es selbst so gewollt hätten.
Daneben steht die große Gruppe derer, die den Tod für das in der Schöpfung grundgelegte und deswegen angemessene und unvermeidliche Ende des Geschöpfes halten (Gen. R. 30,8; Ex. R. 2,4 u. ö.): „Die Geborenen (eigentlich: die Geschaffenen) sind bestimmt zu sterben" (Ab. 4,22). Auch die ältere Auffassung, die sich lückenlos bis in die frühtannaitische Zeit zurückverfolgen läßt, kann sich auf die Tora berufen: „Denn Staub bist du, und zum Staube sollst du heimkehren" (Gen. 3,19) – ein Gedanke, zu dem es seinerseits wieder zahllose Parallelen im gesamten Vorderen Orient gibt. Ich erinnere hier nur an Siduris bekanntes Wort aus der 10. Tafel des Gilgamesch-Epos: „Als die Götter das Menschengeschlecht erschufen, teilten den Tod sie der Menschheit zu, nahmen das Leben sie für sich in die Hand."
Wahrscheinlich bildet diese Sicht eine rabbinische Antwort auf die christliche, speziell paulinische Erbsündenlehre (vgl. Röm. 5,12–21). Auf jeden Fall wird damit nachdrücklich jeder ursächliche Zusammenhang zwischen Tod und Sünde bestritten werden. Sündenlosigkeit befreit nach dieser Auffassung deshalb nicht mehr vom Tode, sie verhindert höchstens, daß ein Mensch vorzeitig dahingerafft wird (Shab. 156 b).
Wird so das Sterben als integraler Bestandteil der Naturordnung hingestellt, dann gewinnt es zweifellos positivere Züge als in der anderen Auffassung des Todes als Sold der Sünde. Deshalb kann der Akiba-Schüler Rabbi Meir die bekannte Genesisstelle: „Und Gott sah, daß es sehr gut war" (Gen. 1,31) mit dem von der Forschung noch nicht ganz aufgehellten Satz: „Das heißt: der Tod" (Gen. R. 9,5) kommentieren. Und der bekannte Halachist und jüdische Religionsphilosoph des 12. Jahrhunderts, Moses ben Maimonides, feiert den Tod als den selbstverständlichen Preis, den jeder einzelne dafür entrichten muß, daß immer neue Generationen auf Erden Platz finden können [10].
Gleichwohl ist es auch dieser eher gelassenen Einstellung nicht gelungen, dem Tod seinen ganzen Schrecken zu nehmen. Zwar hat es unter frommen Juden, das muß etwa im Unterschied zum nachaugustinischen Christentum unbedingt betont werden, nie eine intensive Beschäftigung mit dem individuellen Jenseits gegeben. Beispiele wie Rabbi Jochanan ben Zakkai, der auf

dem Krankenbett vor seinen Schülern zu weinen anfing und ihre erstaunte Frage mit dem Hinweis auf den unbestechlichen Richter und die Unerforschlichkeit seiner Urteile beantwortete (Ber. 28 b), bilden die seltene Ausnahme und werden wiederum in denkbar scharfem Gegensatz zum vor- wie nachreformatorischen Christentum nie als Zeichen besonderer Frömmigkeit angesehen. Dennoch hat auch die Deutung des Todes als eine Art Naturphänomen das bis an die geschichtlich greifbaren Anfänge der jüdischen Tradition zurückreichende Nachdenken über eine Fortexistenz nach dem Tode nicht zur Ruhe kommen lassen, sondern eher neu belebt.

III. Der Auferstehungsglaube

Der biblische Befund ist hier nicht noch einmal zu referieren. Bekanntlich gipfelt er darin, daß das Buch Daniel, das letzte der hebräischen Bibel, zum ersten Male klar den Glauben an die Rückkehr einiger Verstorbener, Guter wie Böser, zum Leben ausspricht: „Viele von denen, die im Dunstland schlafen, erwachen, zum ewigen Leben die einen, zu Schmach und ewigem Abscheu die anderen" (Dan. 12,2).

In der Bibel findet sich der Auferstehungsglaube bereits früher angedeutet (vgl. Ez. 37; Ps. 16,16; Hiob 19,25). An der besonders klaren Stelle Is. 26,19 steht aber noch ganz unverkennbar der Kollektivgedanke im Vordergrund. Relativ spärliche Zeugnisse aus der nachexilischen Gemeinde in Judäa ebenso wie aus der bedeutenden in Mesopotamien verbliebenen Judenkolonie und schwer lösbare Datierungsprobleme, auf die hier nicht einzugehen ist, verwehren uns, die Entwicklung des Glaubens an die leibliche Auferstehung in allen Einzelheiten einwandfrei nachzuzeichnen. Soviel allerdings steht fest: der Auferstehungsglaube wurde in den Stürmen der Religionsverfolgung unter den Makkabäern im Rahmen der Theodizee entwickelt.

Das gesamte jüdische Glaubensleben drehte sich nämlich seit dem Ende der sog. Babylonischen Gefangenschaft um die Deutung und Erfüllung des Gotteswillens. Toragehorsam bildete die bewegende Kraft der Geschichte der frühjüdischen Volks- und Glaubensgemeinschaft. Deshalb mußte die Diskrepanz zwischen dem Auserwählungsbewußtsein mit seinen hohen Erwartungen und der äußerlich eher demütigenden Lage, unter politischer Fremdherrschaft mit zahllosen Formen religiös-kultureller Verfremdung im Gefolge, spätestens in dem Augenblick den Gedanken an eine Wiederkehr Abgeschiedener aufbrechen lassen, als, wie während des Makkabäeraufstandes, Gerechte und Märtyrer in größerer Zahl dahingerafft wurden, ohne auch nur entfernt der Segnungen der Erwählten in diesem Leben teilhaftig geworden zu sein. Das Problem verschärfte sich noch, je mehr die Tora, der verbindliche Gotteswille, als Weltgesetz ontologisiert wurde, die Erfüllung oder Mißachtung ihrer Bestimmungen deshalb automatisch, ohne Intervention einer richtenden Instanz, Lohn oder Strafe im Gefolge haben mußte.

Indes wurde der Glaube an eine leibliche Auferstehung keineswegs in der Makkabäerzeit schlagartig, geschweige denn unwidersprochen Allgemeingut. Begegnet auch in dem nicht mehr zum hebräischen Bibelkanon gehörigen 2. Makkabäerbuch [11] bereits die Hoffnung, daß Gerechte, die verstümmelt gestorben sind, mit unversehrtem Leibe auferweckt werden (2. Makk. 7,10f.), so lesen wir in anderen pseudepigraphischen bzw. apokryphen Schriften, in denen sich bis gegen Ende des 1. Jahrhunderts unserer Zeitrechnung nicht immer eindeutig bestimmbare innerjüdische Gruppen zu Wort melden, z.B. im Jubiläenbuch [12] 23,31: „Und ihre (der Gerechten) Gebeine werden in der Erde ruhen, und ihr Geist wird viel Freude haben." In Henochs Mahnreden [13] begegnet nur die Auferstehung der Gerechten (äth. Hen. 104, 4–6), und der sog. slavische Henoch [14] scheint zwei Phasen der Auferstehung zu unterscheiden, eine nur für die Gerechten zu Beginn der messianischen Endzeit und eine zweite am Tage des Herrn, dem definitiven Anbruch der Neuen oder, wie man sich langsam zu sagen gewöhnt, der „kommenden Welt" (II Hen. 66ff.). Nach der 3. Bilderrede des äthiopischen Henoch ist dann kein Mensch mehr von der Auferstehung ausgeschlossen (61,5). Dennoch tritt in Gruppen, die – wie Teile der Qumran-Essener – in ausgeprägter Naherwartung des Weltendes lebten, der Auferstehungsglaube auffallend zurück [15], offenbar deswegen, weil man hier wie in vor- und frühnachexilischen Zeiten unter dem auserwählten Volk, das erlöst werden sollte, primär jene Israeliten verstand, die im Augenblick der Ankunft des Messias gerade lebten. Bekanntlich hegten in neutestamentlichen Zeiten auch außerhalb Qumrans fromme Juden den brennenden Wunsch, doch ja nicht vor Ankunft des Messias zu sterben (vgl. Lk. 2,26). Allgemein jedoch war im Judentum seit dem Exil das kollektive Gottesverhältnis geradezu systematisch um die individuelle Dimension erweitert worden, so daß nun auch die bereits Verstorbenen ausdrücklich in den endzeitlichen Heilsakt mit einbezogen gedacht werden mußten.

Deshalb ist der Gedanke in den späteren außerbiblischen Schriften weit verbreitet. Und als nach der Katastrophe von Jerusalem im Jahre 70 d.Z. die Sadduzäer, die Traditionalisten unter den damaligen jüdischen Religionsparteien und deswegen entschiedene Gegner des „neuen" Auferstehungsglaubens (vgl. Mk. 12,28; Lk. 21,17; Mt. 22,23), fast vollständig von der Bildfläche verschwanden und Nachfolger und Gesinnungsgenossen der Pharisäer, eben die Rabbinen, das rabbinische Judentum schufen, aus dem neben den sog. Judenchristen nach gewissen Schwankungen bald auch alle anderen naheschatologischen Gruppen systematisch ausgeschlossen wurden, da rückte die Auferstehung am Ende der Welt zum fundamentalen Glaubenssatz der jüdischen Eschatologie auf. Wenn auch im Detail noch manche Unterschiede bestanden haben müssen, fand er Eingang in die Liturgie [16], und die rabbinischen Schrifterklärer scheuten bald keine Mühe mehr, um schon den ersten fünf Büchern Mose, eben der Tora, Bekenntnisse an *teḥiyyat ham-metim* zu entlocken [17]. Trotz erbitterter Kontroversen im Mittelalter, die aber nur die unterschiedlichen Standpunkte des Talmud widerspiegeln, ging, von kleineren Randgruppen abgesehen, das einhellige jüdische Ja zur Auferstehung der Toten erst in neuester Zeit verloren. Meines Wissens distanzierte sich in der Pittsburgh Platform erstmals ausdrücklich eine größere Gruppe des amerikanischen Reformjudentums von Auferstehung und *Gehinnom*, weil beide Vorstellungen nicht im Judentum verwurzelt seien [18].

Die schwerwiegendste Frage aber, die der Auferstehungsglaube stellte, war die nach dem Zwischenzustand: wo halten sich die Verstorbenen zwischen individuellem Tod und Eschaton auf?

IV. Der Zwischenzustand

Die Antworten sind Legion, denn die Vorstellungen vom Zwischenzustand waren und sind weitgehend bis zum heutigen Tage mehr oder weniger der freien gelehrten Diskussion und dem Nachdenken des einzelnen Frommen überlassen. Deshalb kann man aus der Literatur der sog. zwischentestamentlichen Zeit, vor allem aber aus dem autoritativen Schrifttum der Tannaiten, Amoräer usw. eine kleine Enzyklopädie so ziemlich aller aus der Religionsgeschichte bekannten Formen der Fortexistenz des Individuums nach dem Tode zusammentragen.

In der formativen Phase des Judentums bis etwa zum Jahre 200 d.Z. wird noch häufig die alte Vorstellung vom gottgegebenen Lebensodem (*nefäsh* od. *ruaḥ*) und dem Schattendasein, das Gute und Böse in der noch weitgehend undifferenzierten *sheol* führen, wiederholt. Unmerklich ist inzwischen aus diesem Lebensodem die den körperlichen Tod überdauernde Seele geworden, die nach verbreiteter Auffassung im *Gan Eden*, dem Garten Eden, oder in seinem Gegenstück, dem *Gehinnom*, dem Strafort, fortlebt [19].

Während „*Gehinnom*“ ursprünglich nur den definitiven Strafort bezeichnet haben dürfte und erst im frühen Rabbinentum auch als vorübergehender Aufenthaltsort der Sünder angesprochen wurde, bezeichnet „Garten Eden“

von Anfang an das Paradies als vorübergehenden wie als endgültigen Zustand.

Über Natur und Lage beider Örtlichkeiten herrschte im damaligen Judentum keine einheitliche Meinung[20]. Während der Garten Eden vorwiegend auf Erden, in seiner endgültigen Gestalt in der Nähe von Jerusalem gesucht und, wenn auch im Vergleich etwa zum koranischen Paradies eher zurückhaltend, in paradiesischen Farben geschildert wird (vgl. Ber. 17a, 34), wird der *Gehinnom* in erster Linie unter der Erde, und zwar in dem südlich von Jerusalem gelegenen Tal Hinnom, gesucht. Der Straf- und Reinigungsort konnte aber auch oberhalb des *Rakia*, des Firmamentes, oder hinter den wahrscheinlich in Afrika lokalisierten Bergen der Dunkelheit, also von Jerusalem aus im äußersten Westen, liegen (Tamid 32b).

Nach einer anderen Auffassung harren die Seelen der Gerechten in einem Behältnis im oberen Himmel unter dem Thron der Herrlichkeit oder kurz an dem Ort, von wo sie bei der Geburt ausgegangen sind, der Auferweckung entgegen, während die Seelen der Bösen in eine Art Gefängnis kommen, ruhelos auf Erden umherschweifen und von Todesengeln in einem fort von einem Ende der Welt zum anderen hin- und hergewirbelt werden, so daß man sie die „Surrenden" oder „Pfeifenden" nennt[21]. Nach verschiedenen Textstellen können sich aber auch die Seelen der Gerechten in der Welt frei bewegen, sie wissen, was auf Erden vorgeht, interessieren sich dafür und greifen gelegentlich sogar helfend ein, kehren aber zwischendurch anscheinend immer an die Stätte ihrer Ruhe zurück. Gelegentlich können Seelen zur Strafe für begangene Sünden auch in Tiere verbannt werden. Anscheinend war der Gedanke einer Seelenwanderung, der später in der Kabbalah schwerwiegende Folgen haben sollte, bereits in diesen frühen Zeiten geläufig[22].

Im Gegensatz zu den eben genannten setzen andere Lehrer bei einer zweiten menschheitsgeschichtlichen Urerfahrung, der Unvergänglichkeit der Knochen, ein. Diese Auffassung steht hinter der Anschauung beider Talmude, daß das Rückgrat von Menschen, die sich beim Gebet nicht verneigt haben, nach dem Tode zu einer Schlange wird, die wegkriecht, so daß die betreffenden Menschen nicht mehr auferstehen können. Allgemeiner kann es dann heißen, nur die Gerechten würden vor der Zersetzung eines bestimmten Rückgratknochens, gleichsam des Kristallisationskernes des neuen Leibes, bewahrt, während sich bei Sündern aus dem zerfallenden Rückgrat ein Wurm bilde, der die sterblichen Überreste oder auch die Seele ewig oder bis zur restlosen Vernichtung grausam peinige.

Häufig wird die Seelenvorstellung ausdrücklich mit dem Gedanken der Unvergänglichkeit der Knochen gekoppelt. So soll die Seele etwa ein Jahr nach dem Hinscheiden eine enge Beziehung zum Leichnam behalten, aber auch nach der Verwesung des Fleisches bildeten die Knochen für sich allein oder in Verbindung mit der Seele eine Art Same des Auferstehungsleibes. Deshalb betete man, die Knochen von Glaubensfeinden oder Häretikern sollten „Luft werden". Auch lehnte man es in der Regel entschieden ab, den Toten mit Speise und Trank zu versorgen, legte ihm aber bei der Bestattung persönliches Eigentum und das beste Kleid mit ins Grab, weil der Tote ja in dem Zustand und an dem Orte, an dem er beigesetzt worden war, wieder erstehen würde. Deshalb gibt es auch für den damaligen frommen Juden eigentlich keine schlimmere Strafe, als nicht beerdigt zu werden. Jeder Mensch gleich welchen Standes oder Glaubens hatte ein elementares Recht darauf. Und hinter der gelegentlich panischen Angst vor dem Meer bzw. dem Tode durch Ertrinken steht wiederum in erster Linie die Sorge, kein Begräbnis zu bekommen, eine Sorge gleichbedeutend mit dem Bewußtsein, am Jüngsten Tage nicht auferweckt zu werden.

Der mittelalterlichen Theologie blieb es vorbehalten, Ordnung in dieses Durcheinander häufig widersprüchlicher Vorstellungen vom Zwischenzustand zu bringen. Dabei konzentrierte sich das Interesse aber unter dem Einfluß der griechischen Geistphilosophie auf die Seele und deren naturhafte Unsterblichkeit, obschon es die Talmudlehrer letztlich offengelassen hatten, ob die Seele unabhängig vom Körper überhaupt ein bewußtes, vollmenschliches Leben führen könne. Saadja ben Josef al-Fajjumi, mit dem bekannteren Namen Saadja Gaon (882–942), gelang es wohl zum ersten und praktisch auch letzten Male, Unsterblichkeit der Seele und körperliche Auferweckung wirkungsvoll miteinander zu verbinden, indem er erst den Zustand der nach der Auferweckung mit dem Leib wiedervereinigten Seele als geistige Glückseligkeit faßte. Spätere Lehrer mit Maimonides an der Spitze erhoben dann den Glauben an die Unsterblichkeit der vom Körper unabhängigen Seele zum neuen Glaubenssatz des Judentums und sprachen aus Treue zur Überlieferung nur noch halbherzig, unklar oder beiläufig von einer Auferweckung des Leibes. Obgleich das orthodoxe Judentum ungeachtet aller mittelalterlichen Dispute um die aristotelische Geistauffassung an Unsterblichkeit und leiblicher Auferstehung festgehalten hat, war es nur ein folgerichtiger Schritt, als Reformjuden jeden Glauben an eine wörtlich zu verstehende körperliche Auferstehung zugunsten eines rein geistigen Lebens nach dem Tode aufgaben und die altehrwürdige Liturgie entsprechend abänderten.

Praktisch läuft bereits die Wendung der mittelalterlichen jüdischen Religionsphilosophie darauf hinaus, daß Zwischen- und Endzustand identisch werden. Dadurch ist die Struktur des jüdischen Glaubens stark enteschatologisiert worden, denn für das frühe Judentum und die Lehrer des Talmud hatte die Unsterblichkeit der Seele eindeutig dienende, die Wiederherstellung des ganzen Menschen am Ende der Zeiten spekulativ ermöglichende Funktion, und selbst wenn namentlich die Seelen der Gerechten gleich nach dem Tode im Prinzip schon ihres endgültigen Geschickes im Garten Eden teilhaftig werden, wird doch in der Regel hinlänglich deutlich zwischen End- und Durchgangsstadium unterschieden.

V. *Das endgültige Geschick der Auferweckten*

Der Unterschied zwischen Durchgangs- und Endzustand ist unverkennbar, wenn Verstorbenen im *Gehinnom* begrenzte Strafen in Aussicht gestellt werden. Sie dauern nach den verschiedenen Auffassungen zwischen zwölf Monaten und sieben Wochen oder werden allgemein von Art und Schwere der Sünden abhängig gemacht und bestehen in einem eigenartigen, wohl nur entwicklungsgeschichtlich verständlich zu machenden Widerspruch, in einer Kombination aus Dunkelheit und Feuer. Da aus den Verstorbenen nach Ablauf der Leiden offenbar Gerechte werden, ist der *Gehinnom* Straf- und Reinigungsort zugleich.
Doch auch die Gruppe der Verstorbenen, die, wie Abtrünnige, zeitlich nicht begrenzte Strafen treffen, gibt es nach einer vorherrschenden Sicht der rabbinischen Literatur nur bis zum Jüngsten, Allgemeinen Gericht. Die verstreuten Stellen scheinen vorauszusetzen, daß auch die Verdammten zum Endgericht auferweckt, dann aber zur Freude der Gerechten sofort nach der Urteilsverkündigung von Feuer dahingerafft werden. Ihre Asche wird von den Gerechten am Boden zertreten. Daneben steht die andere Auffassung von einer ewigen Bestrafung der Frevler in einem Feuerpfuhl, in dem der Wurm nicht stirbt, gleichsam in Sichtweite des ewigen Paradieses, damit sich die Geretteten an den Qualen erfreuen können. Allerdings findet sich in diesem Zusammenhang immer wieder die offensichtlich bewußt vage Beschwichtigung: „Künftig wird es ein *Gehinnom* nicht geben" (vgl. RH. 17a; Tos.RH. 16b; BM. 58b; Ned. 8b u.ö.). Vielleicht ist damit der spätere Gedanke in Zusammenhang zu sehen, daß Verdammte durch Fürsprache der Geretteten offenbar auch aus dem End*gehinnom* befreit werden können. Insgesamt zeigt dieser Befund nicht nur, daß man im Judentum, wie in anderen Religionen, mit der Ewigkeit der Verdammnis gerungen hat, sondern unterstreicht einmal mehr, daß es bei den Jenseitshoffnungen und -befürchtungen letztlich nur um die Vergeltung der Taten geht.
Auch die Gerechten werden von Gott auferweckt, nach einer älteren Auf-

fassung wahrscheinlich zum Auftakt der messianischen Zeit, des gewaltigen Endkampfes vor Umbruch „dieser“ und dem Beginn der „kommenden Welt“. Als man jedoch aus Gründen, auf die hier nicht einzugehen ist, die „Tage des Messias“ immer länger dauern ließ und scharf von der „kommenden Welt“, dem *Olam ha-ba*, unterschied, verlagerte sich die Auferweckung der Toten auf den Gerichtstag am Ende dieser messianischen Zeit, d.h. unmittelbar an die Schwelle der „kommenden Welt“.

Das Wesen des Gerichtes besteht für Gerechte wie Ungerechte in der Belohnung bzw. Bestrafung der Taten. Dabei wird über den Zusammenhang zwischen dem nach und nach allgemein angenommenen individuellen Gericht unmittelbar nach dem Tode und dem universellen Endgericht kaum ernsthaft nachgedacht; häufig stehen beide Ereignisse einfach nebeneinander. Auch worin der Lohn für die Gerechten, außer dem bereits besprochenen Triumph über die Verdammten, vor allem über den bereits seit dem Tode innegehabten Zustand hinaus, besteht, bleibt relativ vage. Zwar malen Talmud und Midraschim das messianische Zwischenreich durchwegs mit allen Zügen der Utopie im gesellschaftlichen, politischen und Umweltbereich, äußern sich aber über die danach anbrechende „kommende Welt“ recht zurückhaltend. Verschiedentlich ist vom paradiesähnlichen Garten Eden, von vegetarischen Raubtieren, überdimensionalen Trauben und Ähren, von allgemeiner Friedfertigkeit der Menschen und Tiere, kurz von all jenen Zügen, die das Buch Isaias und die späteren Propheten für die „neue Welt“ in Aussicht gestellt hatten, die Rede. Allerdings läßt sich im Einzelfall nicht immer Klarheit gewinnen, ob vom Zwischenzustand, dem Endreich oder nur vom messianischen Reich die Rede ist.

Durchwegs scheinen die Rabbinen im Endreich keine Neuauflage des mythisch verbrämten Paradieses von Gen. 2ff. gesehen zu haben. Wahrscheinlich wurde die von den späteren Propheten geprägte Bezeichnung „neue Welt“ durch das in Talmud und Midrasch geläufige *„olam ha-ba“* (= kommende Welt) ersetzt, um jede Vergleichbarkeit des der Schöpfung vorbehaltenen Endzustandes mit dieser Welt wenn nicht auszuschließen, so doch bewußt in der Schwebe zu lassen.

Bedenkt man allerdings, daß die den Juden geschenkte Tora schon von der Apokalyptik wie von den frühen Rabbinen als kosmisches, Sein und Sollen regelndes Weltgesetz verstanden wurde, dann drängt sich die Vergleichbarkeit geradezu wieder auf, denn die Welt der Zukunft mit ihrer Tora kann dann nichts anderes sein als die umfassende Erfüllung des Gotteswillens, ohne die zahlreichen Abstriche, die die Menschen der Jetztzeit in ihrem Hang zum Bösen davon gemacht haben und weiter machen. Dabei gehen die Rabbinen selbst auf so naheliegende Aporien wie Überbevölkerung der Erde, etwa fehlende Resourcen usw. mit keinem Wort ein. Äußern sie sich konkreter zum endgültigen Los der Gerechten, dann heben sie stereotyp das Leben in der Gegenwart Gottes und den Genuß einer mit irdischen Maßstäben nicht mehr zu fassenden Glückseligkeit hervor. Weiter befragt, erwidern sie immer wieder, Is. 64,3 leicht abwandelnd: „Kein Auge hat es gesehen, oh Gott, außer dir!“ (Ber. 34b).

Für das Judentum der späteren Zeit bedeutete die endgültige Bestimmung des Menschen etwas rein Geistiges, das aus der Natur des Geistes abgeleitet wurde. Dabei wurde aber selbst in der kabbalistischen Mystik, die wie alle Mystik für die Einheitsschau besonders anfällig war, streng darauf geachtet, daß die Grenze zwischen Schöpfer und Geschöpf wenigstens verbal nicht verwischt wurde. Spekulativ freilich ist das Problem weder in früheren Zeiten noch in der Kabbalah je befriedigend gelöst worden.

Anmerkungen

1 Zur Kanonfrage vgl. H. L. Strack/P. Billerbeck: Kommentar zum Neuen Testament aus Talmud und Midrasch. Band 4, Exkurse. 2. Aufl. München 1956, Teil 1, 415–451 und G. Cornfeld/G. J. Botterweck: Die Bibel und ihre Welt. Bergisch Gladbach 1969, I, Sp. 292.

2 Auf diese Weise soll der von der älteren Forschung postulierte Gegensatz zwischen palästinensischem und hellenistischem Judentum überwunden werden. Abgesehen von der Tatsache, daß dem geographischen Begriff der völlig andersgeartete „hellenistisch“ gegenübergestellt wird, „muß auch das palästinensische Judentum als ‚hellenistisches‘ bezeichnet werden“ (M. Hengel: Judentum und Hellenismus [Wissenschaftl. Untersuchungen zum NT, Nr. 10]. Tübingen 1969, 459).

3 Ed. Margulies. 5 vols. Jerusalem 1953–60, XXVIII, 1. Engl. Midrasch Rabba Leviticus. Soncino Press London 1951, 358.

4 Pred. 3,19; zur Einordnung des Buches Kohelet vgl. Cornfeld–Botterweck, a. a. O. II, Sp. 1200–1204.

5 Zur Bedeutung der Vergeltungslehre in (hebr.) Bibel und Judentum: Encyclopaedia Judaica, vol. 14. Jerusalem 1971, 133–139 und G. F. Moore: Judaism in the first Centuries of the Christian Era, 3 vols. Cambridge/Mass. 1927–1930, II, 89–95 und Kl. Koch (Hrsg.): Um das Prinzip der Vergeltung in Religion und Recht des Alten Testaments (Wege der Forschung Bd. CXXV). Darmstadt 1972.

6 Moore schreibt a. a. O. II, 389: „Any attempt to systematize the Jewish notions of the hereafter imposes upon them an order and consistency which does not exist in them ... their religious significance lies in the definitive establishment of the doctrine of retribution after death, not in the variety of ways in which man imagined it.“

7 Mit Recht weist J. Neusner stellvertretend für viele andere darauf hin, daß Systematiken des (frühen) Judentums, wie sie etwa Moore versucht hat, heute nicht

mehr aufrecht zu erhalten sind. Ders.: The Demise of „Normative Judaism". In: Judaism 15 (1966), 230–240.

8 Zum Zölibat der Qumran-Essener: A. Marx: Les Racines du Célibat Essénien. In: Rev. de Qumran 7 (1970), 323–342 und A. Steiner: Warum lebten die Essener asketisch? In: Biblische Zeitschrift 15 (1971), 1–28.

9 Ausdrücklich erwähnt ist diese Vorstellung erstmals bei dem Amoräer der ersten Generation, R. Asi (Jeb. 62a/63b).

10 Führer und Lehrer der Verwirrten 3, 10.

11 Zu den historischen Problemen dieses Buches vgl. L. Rost: Einleitung in die alttestamentlichen Apokryphen und Pseudepigraphen einschließlich der großen Qumran-Handschriften. Heidelberg 1971, 58–61.

12 Wahrscheinlich stammt dieses Buch aus dem Einflußbereich der Qumran-Gruppe. Vgl. Rost, a. a. O. 98–101.

13 Zu Aufbau und Problematik des äthiopischen Henoch s. Rost, a. a. O. 101–106.

14 Dazu Rost, a. a. O. 82–84.

15 J. Buitenkamp: Die Auferstehungsvorstellungen in den Qumrantexten und ihr alttestamentlicher, apokryphischer, pseudepigraphischer und rabbinischer Hintergrund. Diss. Groningen 1965 und K. Schubert: Die Entwicklung der Auferstehungslehre von der nachexilischen bis zur frührabbinischen Zeit. In: Biblische Zeitschrift 6 (1962), bes. 202–204.

16 So heißt es in der zweiten Bitte des als Einheit wohl erst in der Jabnezeit geschaffenen *Amidah*-Gebetes: „Du bist ein Held auf ewig, ... der die Toten in großem Erbarmen wiederbelebt ..." Zu diesem dt. sog. Achtzehngebet vgl. J. Maier: Geschichte der jüdischen Religion. Berlin–New York 1972, 139–146 (Lit.).

17 Vgl. Shab. 90b–91b; zu den Problemen dieser rabbinischen Exegesen Encyclopaedia Judaica, vol. 14. Jerusalem 1971, 98–101.

18 Encyclopaedia Judaica, a. a. O. 102f.

19 Zu den Einzelheiten dieser Entwicklung vgl. die bei Maier, a. a. O. 40, Anm. 88 aufgeführte Literatur.

20 Vgl. auch für alle wesentlichen Belege der folgenden Darstellung Strack–Billerbeck, a. a. O. 2. Teil, 1016–1165 und die einschlägigen Artikel „Afterlife", „Eschatology", „Garden of Eden" und „Gehinnom" in der Encyclopaedia Judaica, Jerusalem 1970/71. Speziell für den frührabbinischen Bereich vgl. P. Liebermann: Some Aspects of Afterlife in Early Rabbinic Literature. In: Ders.: Texts and Studies. New York 1974, 495–532.

21 Liebermann, a. a. O. 499–501.

22 Zu *gilgul*, der Seelenwanderungslehre in der Kabbalah, vgl. die Spezialuntersuchungen von G. Scholem, verzeichnet bei Maier, a. a. O. 332, Anm. 57f. Für die frührabbinische Zeit cf. Flavius Joephus, ed. Niese. Berlin 1955, VI, 182.

Abb. 1: Alkestis-Sarkophag, Vatikan.

Hanns Gabelmann

Tod und Apotheose in der römischen Grabkunst

Im späteren 2. Jahrhundert n. Chr. kommt in Rom die Sitte auf, an mythologischen Sarkophagen den Hauptfiguren die Porträtköpfe von Verstorbenen aufzusetzen[1]. Eines der frühesten Beispiele hierfür ist der Sarkophag mit dem Mythos von Admet und Alkestis im Vatikan (Abb. 1), der nach den Porträts in die Jahre 160–170 n. Chr. datiert werden kann[2]. Admet war von den Schicksalsgöttinnen, den Moiren, der nahe Tod angekündigt worden. Er könne nur weiterleben, wenn er jemanden fände, der für ihn stürbe. Hierzu ist schließlich seine Frau, Alkestis, bereit. Der Sarkophag zeigt in der Mitte Alkestis mit dem Porträt der Verstorbenen auf dem Todeslager, beklagt von Admet, der gleichfalls einen Porträtkopf trägt. Die Rettung erfolgt durch Herakles (mit Keule, rechts), der Alkestis aus dem Hades zurückholt und ihrem Mann wieder zuführt. Indem sich die Sarkophaginhaber mit den mythischen Figuren gleichsetzen, nehmen sie teil an der tröstenden Kraft des Mythos, in dem der Tod überwunden wird.

Daß sich die Ehepaare, die sich in den Sarkophagen bestatten ließen, direkt mit Göttern oder Heroen gleichsetzen, ist erst das Ergebnis einer längeren Entwicklung der stadtrömischen Sarkophagkunst, die zu Beginn des 2. Jahrhunderts n. Chr. einsetzt[3]. Am sepulkralsymbolischen Sinn der Mythen kann vor allem in solchen Fällen nicht gezweifelt werden, in denen es sich um das Thema der Entrückung wie bei Ganymed oder der Liebe einer Göttin zu einem Sterblichen wie bei Endymion handelt[4]. Ein figurenreicher Endymion-Sarkophag, jetzt im Louvre (Abb. 2), wurde zusammen mit dem Dionysos-Ariadne-Sarkophag (Abb. 6) in einem Grabe in Bordeaux gefunden[5]. Beide Sarkophage entstammen derselben stadtrömischen Werkstatt und sind nach ihrem unruhigen, barocken Stil in die dreißiger Jahre des 3. Jahrhunderts n. Chr. zu datieren. An dem Endymion-Sarkophag sollten den Hauptfiguren, Selene und Endymion, Porträtköpfe aufgesetzt werden[6]. Diese sind allerdings – wie so häufig – nicht ausgeführt worden, sondern in der Bosse stehen geblieben. Der Grund dafür könnte in der religiösen Scheu liegen,

Abb. 2: Endymion-Sarkophag, Louvre.

Abb. 3: Hippolytos-Sarkophag, Arles.

Abb. 4: Hippolytos-Sarkophag, Rom, Thermenmuseum.

daß die Sarkophaginhaber, die die Sarkophage vielfach bereits zu Lebzeiten bestellt haben, nicht als noch Lebende auf einem Sarkophag erscheinen wollten [7].

Das Phänomen der Gleichsetzung mythischer Figuren mit Verstorbenen hat man treffend als ‚Privatapotheose' bezeichnet [8]. Die Angleichung der Verstorbenen an Götter und Heroen ist offensichtlich – das bestätigen auch die Grabinschriften – Ausdruck von Unsterblichkeitshoffnungen [9]. Es ist die Hoffnung auf ein Leben im Jenseits, das dem der Götter und Heroen entspricht.

Die direkte Gleichsetzung Verstorbener mit mythischen Figuren ist eine Erscheinung, die keineswegs im ganzen römischen Reich üblich war, sondern vor allem auf Rom und den Westen des Reiches beschränkt war. Dies lehrt z.B. der Vergleich zwischen einem attischen Sarkophag in Arles (Abb. 3) aus dem frühen und einem Sarkophag in Rom (Abb. 4) aus dem späten 3. Jahrhundert n. Chr. [10]. Beide zeigen den Mythos von Hippolytos und Phaidra. Phaidra, die Frau des Theseus, hatte sich in ihren Stiefsohn, Hippolytos, verliebt. Dieser nimmt ihre Liebe jedoch nicht an. Phaidra beklagt sich dafür bei Theseus, Hippolytos habe ihr Gewalt angetan. Zur Strafe schickt der Vater des Theseus einen Stier, der das Gespann des Hippolytos scheuen läßt, so daß dieser zu Tode geschleift wird. Auf attischen Sarkophagen sind den mythischen Figuren niemals Porträtköpfe aufgesetzt wie an den stadtrömischen Sarkophagen. Offensichtlich verhielt man sich dem Mythos gegenüber in Griechenland erheblich distanzierter. Die Frage, weshalb der Hippolytosmythos auf den Sarkophagen so beliebt war, ist schwer zu erklären. Es ist für unsere Begriffe, da der Mythos unglücklich endet, eigentlich kein Thema für einen Ehepaarsarkophag. Auch in vielen anderen Fällen ist der Sinn der Identifizierung offensichtlich nicht mit aller Konsequenz zu Ende gedacht worden [11]. In der Gleichsetzung mit einer mythischen Figur liegt offensichtlich auch ein starkes Streben nach Repräsentation, das auch den aufwendigen Grabbauten abzulesen ist, in deren Innerem die stadtrömischen Sarkophage standen [12].

Vielfach ist offensichtlich das *tertium comparationis*, daß sich das verstorbene Ehepaar in der Gestalt eines mythischen Liebespaares sehen möchte – so im Falle von Adonis und Aphrodite auf einem Sarkophag ehemals im Lateran, jetzt im Vatikan (Abb. 5) [13]. Nach den Porträts ist der Sarkophag um 220 n. Chr. zu datieren. Bei der Wahl des Adonis-Mythos hat offensichtlich eine Rolle gespielt, daß es Aphrodite gelang, ihren Liebling nach seinem Tode jeweils für einen Teil des Jahres für die Oberwelt zurückzugewinnen. Der Gedanke des mythischen Paares spielt auch bei der Wahl des Kostüms der Ariadne auf dem dionysischen Sarkophag aus Bordeaux im Louvre

Abb. 5: Adonis-Sarkophag, Rom, Vatikan (ehem. Lateran).

(Abb. 6) eine Rolle[14]. Ariadne liegt als Schläferin rechts am Boden, überrascht von Dionysos und seinem Gefolge.
Die Privatapotheose setzt die Verwendung mythologischer Themen in der Grabkunst voraus. So geläufig dies in der römischen Kunst auch ist, so fremd war es der klassisch-griechischen Sepulkralkunst. Im folgenden wollen wir uns daher nach der Entwicklung fragen, die zur Verwendung des Mythos in der Grabkunst geführt hat.
In der klassisch-griechischen Kunst ist der Mythos in der Skulptur allein sakralen Denkmälern vorbehalten: So finden wir ihn an Metopen und Friesen vor allem von Göttertempeln. An klassischen Grabreliefs des späten 5. und 4. Jahrhunderts v. Chr. fehlten dagegen mythische Darstellungen völlig: Der Tote wird zumeist mit Angehörigen zusammen gezeigt[15], jedoch an späteren Stücken durch sein Herausblicken wie an der bekannten Stele vom Ilissos als entrückt charakterisiert[16]. In seiner Rolle als Jäger und in der Nacktheit bahnt sich bereits eine zunehmende Heroisierung des Verstorbenen an.
Eine Angleichung der Verstorbenen an die mythischen Heroen spiegelt sich auch in der Übernahme des Typus des Heroenmahls auf die attischen Grabstelen seit dem frühen 4. Jahrhundert v. Chr.[17]. Ursprünglich kommt der

Abb. 6: Sarkophag mit Dionysos und Ariadne, Louvre.

Typ mit dem seligen Heros beim Mahle nur auf Votivreliefs vor, wie sie den Heroen gestiftet wurden. Die Votivreliefs sind an ihrem breiten Format zu erkennen, während die Grabreliefs stets die Form einer hohen schlanken Stele haben [18].
Erheblich weiter als in Attika ging man, was die Heroisierung anbetrifft, in den Randbereichen der griechischen Kultur. In der südkleinasiatischen Landschaft Lykien ließen sich unter persischer Oberhoheit stehende lokale Dynasten sogar erstmals – von griechischen Architekten und Bildhauern – Grabbauten in Form von Göttertempeln auf hohen Sockeln errichten. Das bekannteste Denkmal dieser Art ist das sog. Nereidenmonument aus Xanthos (um 400 v. Chr.), das im Britischen Museum in London vor kurzem wieder aufgebaut wurde [19]. Im Giebelfeld der Front des Nereidenmonuments erscheint der fürstliche Grabherr und seine Gattin wie im griechischen Raum nur Götterfiguren an Tempeln [20]. Die Grabinhaber bezeugen dadurch, daß sie nach ihrem Tode göttergleiche Verehrung beanspruchen. Diese wurde den Verstorbenen zweifellos in Form von Tieropfern auf einem Altar vor dem Grabtempel dargebracht, wie es uns der Cellafries im Relief vorführt [21].
Auch mythische Darstellungen auf Grabmälern finden wir zuerst an den Grabbauten lykischer Dynasten. Hierfür ist ein Grabbau von höchstem Interesse, der sich in Gjölbaschi-Trysa befindet [22]. Seine Reliefs wurden im vergangenen Jahrhundert nach Wien gebracht. Die Anlage in Gjölbaschi besteht aus einem von einer hohen Mauer umgebenen rechteckigen Platz, in dessen Mitte das Grabhaus stand. In Gjölbaschi wird erstmals die Form des durch eine Mauer eingefriedeten Bezirks, des Temenos, aus dem Götterkult für eine Grabanlage eines Fürsten übernommen [23]. Wir beobachten also, daß die Erscheinungen, nach denen wir uns fragen, zunächst nur von Personen der höchsten sozialen Rangstufe beansprucht wurden. Die Verwendung mythologischer Friese auf der Innenseite des Heroon von Trysa ist zweifellos vom Sakralbau übernommen [24]. Die Grabanlage in Trysa geht hierin anderen derartigen Übernahmen um Jahrzehnte voraus. Die Verwendung des Temenos-Typus findet sich in größerer Zahl erst in der Zeit des Hellenismus. Besonders wichtig für die Heroisierungstendenzen ist in diesem Zusammenhang das Aufkommen von Altären in diesem Bezirk. Einen originalen Aufstellungsbefund, der inzwischen leider zerstört ist, hat Texier in Knidos noch gesehen und gezeichnet [25]. Der Bezirk in Knidos lag am Hang und war nach der Bergseite auf drei Seiten durch hohe Mauern geschützt. In den seitlichen Mauern befanden sich Türen als Zugänge. Von der Talseite konnte man in den Bezirk hineinsehen. Durch eine hohe Frontmauer, auf der in der Mitte der Rundaltar stand, war die Anlage von hier jedoch unzugänglich.

Die Form des Rundaltares ist in archaischer Zeit – wie auch Rundformen in der Architektur – nur Unterweltsgottheiten und Heroen vorbehalten[26]. In der Zeit des Hellenismus dagegen wird der Rundaltar zum bevorzugten Grabmal auch bürgerlicher Verstorbener. Daraus ist zu schließen, daß der Gedanke der Heroisierung – sozial gesehen – immer größere Bevölkerungskreise erfaßt. In den Grabepigrammen finden diese Jenseitshoffnungen ihren Niederschlag. Immer wieder hören wir von der Vorstellung, daß sich die Seele der Verstorbenen bei den seligen Heroen befinde[27]. Als ihr Wohnsitz werden das Elysium oder die Inseln der Seligen betrachtet. Der Aufenthaltsort der Halbgötter und Heroen wird zumeist dem Hades oder Tartarus gegenübergestellt.

Daß der Verstorbene, ehe er zum Aufenthaltsort der Heroen gelangt, den Totenrichtern Minos und Rhadamantys vorgeführt wird, sehen wir auf der bemalten Grabfassade von Lefkadhia in Makedonien aus den Jahren um 300 v.Chr. Der Verstorbene wird hier, von Hermes geleitet, den rechts befindlichen Richtern vorgeführt, denen die Namen beigeschrieben sind[28]. Als Vorbild steht hinter dem Grab von Lefkadhia eine dorische Tempelfassade. Mit dieser ist der mythologische Schmuck übernommen: Kentaurenkämpfe sind in den Metopen, eine Amazonomachie in dem Fries darüber dargestellt. Beide Mythen können nicht direkt in Zusammenhang von Jenseits- und Unsterblichkeitshoffnungen gebracht werden, sondern bezeichnen vielmehr eine Sakralform, die nunmehr auch von fürstlichen Verstorbenen für sich beansprucht wird.

Besonders anfällig für Heroisierungstendenzen war Unteritalien, wie uns die Grabplastik von Tarent lehrt. Hier trägt bereits seit frühhellenistischer Zeit eine Fülle auch kleinerer Grabbauten mythische Darstellungen. So finden wir Amazonenkämpfe, aber auch Themen, die sich auf die Unterwelt beziehen. Die Danaiden erscheinen auf einem Friesrelief mit dem Faß, in das sie vergeblich Wasser zu schöpfen versuchen. Rechts von dieser Szene thronen die Unterweltsgötter, Hades und Persephone, während Hermes als Psychopompos nach rechts hin enteilt[29].

Für das Aufkommen des Mythos auf Sarkophagen sind vor allem hellenistische Holzsarkophage aus fürstlich ausgestatteten Grabanlagen in Südrußland wichtig[30]. Hier finden wir in Form von Ton- oder Gipsappliken bereits Themen, die sich auf Tod und Sterben beziehen, wie etwa den Mythos vom Tod der Niobiden[31]. Dieser Mythos ist vor allem geeignet, Grausamkeit und Unerbittlichkeit des Todes zu veranschaulichen. Das Niobidenthema findet sich auch noch häufig auf römischen Sarkophagen[32].

Die Form der Holzsarkophage wird dann an etruskischen Sarkophagen in Stein übersetzt. An einem Sarkophag in Tarquinia ist in die Füllung auf der

Vorderseite eine Amazonenschlacht gesetzt, die griechischen Kampfschemata folgt[33]. Bei der Frage nach der Rolle des Mythos am Grabe müssen wir freilich auch daran denken, daß den Toten seit alter Zeit Vasen mit mythologischen Darstellungen mitgegeben wurden. In zahlreichen Fällen läßt sich insbesondere in Unteritalien, wie K. Schauenburg gezeigt hat, ein sepulkralsymbolischer Sinn der Darstellungen nachweisen[34]. Dies gilt etwa für Vasen mit Entrückungsmythen, wie der Sage von Ganymed[35] – wahrscheinlich aber auch für Meerwesen[36].

Man mußte früher annehmen, daß die Sarkophagbestattung im italischen Raum nach den jüngeretruskischen Sarkophagen abreißt und erst im 2. Jahrhundert n. Chr. wieder aufgenommen wird[37]. Wie neue Forschungen gezeigt haben[38], ist die vornehme Form der Sarkophagbestattung nie abgerissen, sondern in Einzelfällen immer geübt worden[39], so z. B. von Angehörigen einer neupythagoräischen Sekte, denen es verwehrt war, die Reinheit des Elementes Feuer durch Leichenbrand zu entweihen[40]. Es ist jedoch unbestreitbar, daß im 1. Jahrhundert n. Chr. die Brandbestattung in Rom und den Provinzen überwiegt. Hiervon zeugt eine Vielzahl von Grabaltären, die oft in ihrem Inneren die Urnen der Verstorbenen aufgenommen haben[41]. Für größere mythologische Darstellungen ist die hochrechteckige Altarform recht ungeeignet, doch finden wir auf ihnen trotzdem zahlreiche mythologische Themen, wenn auch in starker Verkürzung. Ein Thema, das auf den Sarkophagen seine Fortsetzung findet, ist ein typischer Entrückungsmythos: der Raub der Persephone durch Hades, der sie auf einem Gespann in die Unterwelt entführt[42]. Da Persephone die Hälfte des Jahres in der Oberwelt bei ihrer Mutter Demeter verbringen darf, knüpft sich an den Mythos – ähnlich wie bei Adonis – die Hoffnung auf eine Auferstehung vom Tode.

Das Wort ‚Apotheose' fällt in Verbindung mit einem bürgerlichen Verstorbenen erstmalig in einem Brief Ciceros an seinen Freund Atticus. Der Brief ist nach dem Tode von Ciceros Tochter Tullia im Jahre 45 v. Chr. geschrieben (12, 36, 1). Cicero will seiner Tochter ein *fanum*, d. h. eigentlich ein Heiligtum, errichten. In der Tat wurden im Osten, wie wir gesehen haben, vereinzelt schon in der späten Klassik und im Hellenismus Grabbauten den Formen von Tempeln und anderen Sakralbauten angeglichen. Weiter heißt es bei Cicero:

> *sepulcri similitudinem effugere studeo ... ut maxime*
> *adsequar apotheosin.*

Hinter solchen Vorstellungen stehen, wie man gesehen hat, die Apotheosierungen hellenistischer Herrscher, die häufig bereits zu Lebzeiten in Bildwerken und auf Münzen als Götter erscheinen[43]. Im 1. Jahrhundert n. Chr.

ist der Bau eines Grabtempels für Verstorbene bereits ganz geläufig. Es sind nun nicht mehr allein fürstliche Personen wie im Hellenismus, die dieses Vorrecht haben, vielmehr kann sich auch ein Legionsveteran wie Lucius Poblicius ein derartiges tempelförmiges Mausoleum errichten[44]. Sein Grabmonument hat im Römisch-Germanischen Museum in Köln wiederaufgebaut werden können.

Das Vorbild für die Privatapotheose von Verstorbenen im 1. Jahrhundert n. Chr. muß vor allem in der Apotheose der römischen Kaiser gesucht werden. Bei der Verbrennung verstorbener Kaiser ließ man einen lebenden Adler in die Lüfte steigen, der die Seele des Kaisers in den Himmel tragen sollte[45]. Regelmäßig trat ein Zeuge auf, der die Himmelfahrt des Kaisers leibhaftig gesehen haben wollte. Auf Senatsbeschluß wurde daraufhin die Apotheose verfügt und der verstorbene Kaiser mit dem Titel ‚*Divus*' (d. h. Vergöttlichter) geehrt. Besondere Priester, die Augustales, versahen den Kult der vergöttlichten Kaiser.

Besonders aufschlußreich für die Übernahme des Apotheosegedankens von Privaten ist eine Grabanlage, ehemals an der Via Appia, die einer Claudia Semne gewidmet war[46]. Die Anlage wurde in trajanischer Zeit errichtet. Nach der Inschrift haben sich in den *aediculae* des Mausoleums Statuen der Verstorbenen in Form von Göttinnen befunden. Von den genannten Statuen war freilich bei der Aufdeckung des Grabes nichts mehr vorhanden. Wie solche Statuen ausgesehen haben, wissen wir durch zahlreiche andere Beispiele. Verwendet waren griechische statuarische Typen, denen römische Porträtköpfe aufgesetzt waren[47]. Innerhalb des Giebels einer erhaltenen *aedicula* erscheint Claudia Semne als Venus in Form einer Büste, die von zwei Eroten gehalten wird[48]. Die Porträtbüste oder der *clipeus* mit Porträt – gehalten von Eroten oder Viktorien – ist ursprünglich ein Motiv der Staatskunst, das alsbald auch von der Sepulkralkunst übernommen wurde[49]. Wie eine weitere erhaltene Inschrift auf einem Altar im Grabe der Claudia Semne mitteilt, wurde die Verstorbene dreifach in göttlicher Gestalt verehrt, und zwar zugleich als Venus, Fortuna und Spes[50]. Die *deificatio* darf allein schon der dreifachen Göttergestalt wegen nicht zu direkt verstanden werden. Die erhaltenen Epigramme dieser Zeit verwenden die Gleichsetzung mit göttlichen Gestalten eher gleichnishaft als identifizierend[51]. Es ist gewissermaßen eine *laudatio*, die jeweils besondere Vorzüge der Verstorbenen durch die Angleichung an die Götterfigur hervorhebt, etwa: sie war so schön wie Venus, so glückbringend wie Fortuna, so segensreich wie Spes. Aufschlußreich ist auch die Frage nach der sozialen Stellung der frühesten Träger der Privatapotheose. Der Mann der Claudia Semne war nämlich Freigelassener des Trajan. H. Wrede hat eindringlich gezeigt, daß die Privatapotheose zuerst von den reichen Freigelassenen des Kaiserhauses aufgenommen wurde[52]. Wie ich vor kurzem selbst nachweisen konnte, hat diese Schicht sich auch bereits im 1. Jahrhundert n.Chr. schon bevorzugt in Sarkophagen bestatten lassen[53]. Hier spiegelt sich das Repräsentationsbedürfnis einer Schicht, das umgekehrt proportional zu ihrer wirklichen sozialen Einschätzung steht.

Einige der mythologischen Themen auf Sarkophagen lassen sich nur schwer oder nur mit großen Umwegen sepulkralsymbolisch deuten. Wie soll man z.B. solche Themen wie den Muttermord des Orest, die Amazonenschlacht oder die Schindung des Marsyas verstehen? Offensichtlich spiegelt sich in der Wahl mythologischer Stoffe auch der Wunsch, seine große literarische Belesenheit und seine Bildung zu zeigen. Die Verwendung des Mythos auf Sarkophagen ist allein schon eine heroische Überhöhung. Man hat z.B. darauf hingewiesen, daß Medea bei Seneca als Inbild der Grausamkeit erscheint und ihr Mythos trotzdem sehr häufig auf Sarkophagen vorkommt[54]. Hier scheidet also ein direkter sepulkraler Bezug aus. Der Mythos bedeutet vielmehr schlechthin Teilhabe an einer höheren heroischen Welt.

Das hohe Bildungsbewußtsein des 2. und 3. Jahrhunderts n.Chr. spiegeln besonders die Musensarkophage[55]. Auf den frühen Exemplaren dieser Sarkophagklasse erscheinen die neun Musen noch unter sich – zu unterscheiden nach ihren Posen und Attributen. Als Beispiel hierfür sei ein qualitätvoller Sarkophag im Louvre aus antoninischer Zeit genannt[56]. Auch in die Musensarkophage tritt jedoch alsbald das Verstorbenenbildnis ein. So erscheint auf einem Musensarkophag in San Simeon in Kalifornien der Verstorbene in der Gestalt Apollons mit Kithara und Dreifuß, rechts von ihm Athena, im Zyklus der Musen[57]. Die Federn an den Köpfen der Musen weisen auf ihren siegreichen Kampf mit den Sirenen hin, in dem sie die Federn erbeuteten. Der Verstorbene nimmt auf diesem Sarkophag also die Rolle des Apoll als Musenführer, des *mousagetes*, an. Die ältere Forschung hat die Musensarkophage mit Verstorbenenporträts als Sarkophage von Dichtern und Dichterinnen angesehen. Im Einzelfall kann dies tatsächlich zutreffen. Eine solche Fülle von Dichtern, wie wir Musensarkophage mit Porträts besitzen, hat es jedoch nie gegeben. Auch sprechen die Inschriften da, wo wir über solche verfügen, dagegen. Der Kreis derjenigen, die sich in Musensarkophagen bestatten ließen, kann vielmehr als allgemein musisch interessiert angesehen werden. Die Bedeutung der Musen an Sepulkraldenkmälern liegt vor allem in der pythagoräischen Vorstellung, daß sie mit der Sphärenharmonie zu verbinden seien[58]. Apoll als *mousagetes* konnte in diesem Zusammenhang als der Logos verstanden werden, der die Sphärenharmonie lenkt. Der Kult der Musen spielte in den Philosophenschulen eine große Rolle, wie P. Boyancé aufgezeigt hat[59]. In der Akademie Platos befand sich

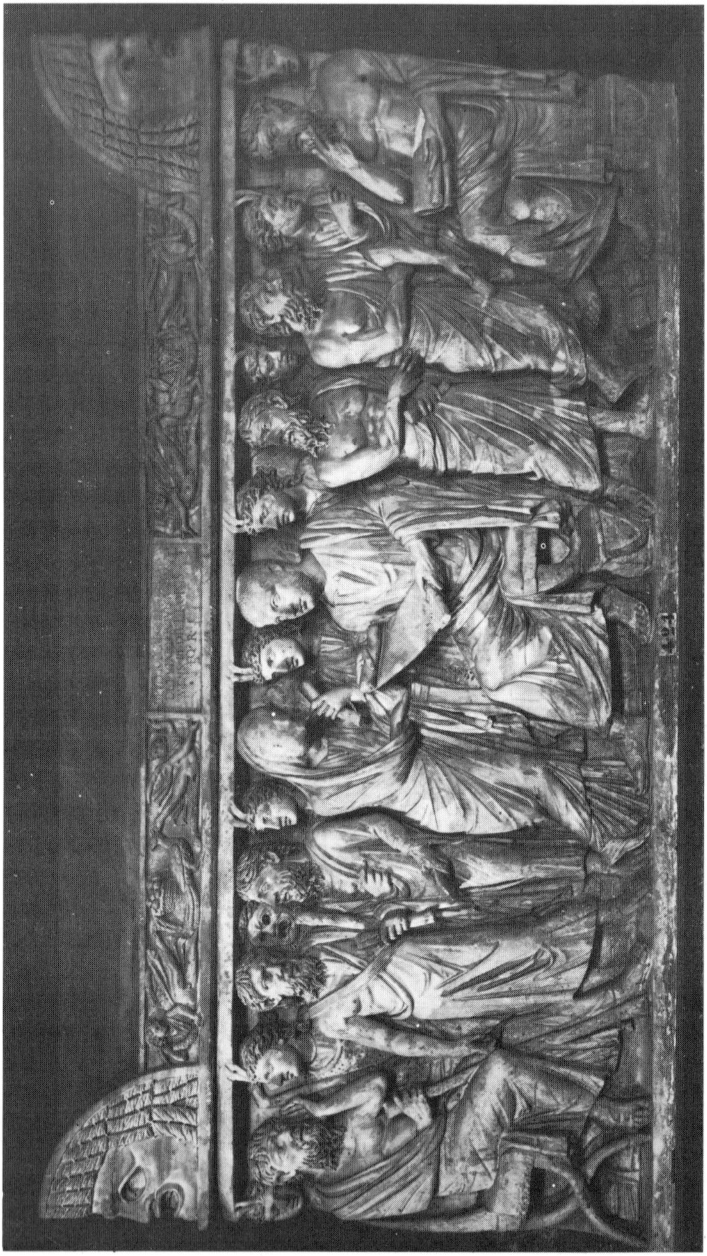

Abb. 7: Musen-Weisen-Sarkophag, Rom, Museo Torlonia.

ein Altar für die Musen. Wessen Seele sich zu Lebzeiten mit Philosophie, d.h. nach Plato mit den ewigen Ideen, beschäftigt, hat Teil an der Unsterblichkeit. Platos Akademie verstand sich regelrecht als ein Thiasos der Musen. Boyancé wies nach, daß sich in den Philosophenschulen der Kult heroisierter Toter mit dem Musenkult verbinden konnte[60]. Die Beschäftigung mit Literatur, Philosophie und anderen musischen Künsten war in römischer Zeit für weite Kreise die Garantie einer Unsterblichkeit, wie sie die großen Dichter und Philosophen durch ihre Werke erlangt hatten. So kommt für die Anhänger der Musen zu der Unsterblichkeit im Jenseits die Unsterblichkeit im Diesseits. Wer sich einen Musensarkophag als Grablege erwarb, bezeugte dadurch, daß er als *mousikos aner* (griech., „musischer Mann") gesehen werden wollte. Dies hat vor allem Marrou in seinem gleichnamigen Buch schlüssig gezeigt[61].
Auch ein Ehepaar kann durchaus auf einem Musensarkophag Platz finden. Ein besonders schönes Beispiel hierfür ist der Musensarkophag Torlonia aus gallienischer Zeit (Abb. 7)[62]. Hier ist wie üblich das Verstorbenenpaar in die Mitte der Komposition gesetzt. Der sitzende Mann mit Buchrolle erscheint hier in der Rolle eines der sieben Weisen, denn er vervollständigt die Zahl der auf dem Sarkophag anwesenden sechs Philosophen. Zählt man die Köpfe der Musen im Hintergrund durch, so kommt man auf ein ganz entsprechendes Ergebnis. Die Frau des Verstorbenen erscheint als neunte Muse, und zwar im statuarischen Typus, der sonst nur der Polyhymnia zukommt. Die Frau, die den Sarkophag offensichtlich für ihren verstorbenen Gemahl in Auftrag gegeben hat, ließ ihr eigenes Porträt zu ihren Lebzeiten offensichtlich nicht ausarbeiten. Nach ihrem Tode unterblieb die Ausarbeitung dann wie so oft. Der Verstorbene, L. Pullius Peregrinus mit Namen, war römischer Ritter. Er verstarb schon mit 29 Jahren.
Ein liebenswertes Zeugnis für die Bildungsbeflissenheit der Zeit ist der sog. Kindermusensarkophag im Vatikan, gleichfalls aus gallienischer Zeit[63]. Entsprechend dem jugendlichen Verstorbenen erscheinen hier die Musen als Kinder. Der kleine Verstorbene sitzt in der Mitte als Dichter oder Philosoph, der den Musen diktiert. Die „mitschreibende" Muse mit den Diptychen ist Klio, die Muse der Geschichtsschreibung. Rechts dagegen erscheint die älteste und vornehmste der neun Musen, Kalliope, die schon Homer mit Namen nennt. Sie ist die Muse der Philosophie und Rhetorik. Entsprechend trägt sie das *pallium* (griech.: *himation*), die Kleidung der griechischen Philosophen[64]. Auf die Weisheit, die dem kleinen Verstorbenen die Unsterblichkeit sichert, weisen auch die Attribute seiner Figur auf dem Deckel des Sarkophages hin: In der Rechten hält er eine geschlossene, in der Linken eine halb geöffnete Buchrolle, und vor ihm liegt ein Polyptychon. Die hohe,

geniale Begabung, die die Eltern des Knaben offensichtlich an ihm wahrnahmen, war für sie Garant seiner Unsterblichkeit im Kreise gleichaltriger Musen. Ein gewisser Einschlag von Salonmythologie ist an diesem Monument freilich unverkennbar. Wie weit man hier zu gehen bereit war, zeigt ein Sarkophag aus dem ausgehenden 3. Jahrhundert in Verona[65]. Zählt man nämlich hier die Anzahl der Musen durch, so sind auf den ersten Blick nur acht zu erkennen. Der Verstorbene hat sich hier selbst als neunte Muse darstellen lassen[66]. Dies hat der Herausgeber der Musensarkophage, M. Wegner, übersehen. Der Tote erscheint hier, wie der Vergleich zu den Musen an dem Sarkophag im Vatikan zeigt, im Kostüm der Muse der Philosophie, nämlich Kalliope. Möglich war diese Gleichsetzung deshalb, weil das *pallium* von Männern wie Frauen in der gleichen Drapierung getragen werden konnte[67]. Als *palliatus* ist der Verstorbene zugleich Kalliope im Kreis der Musen und *mousikos aner*. Die Gleichsetzung eines Mannes mit einer weiblichen mythischen Figur ist geeignet, beim modernen Betrachter Befremden hervorzurufen. Doch gibt es dafür gerade aus der Zeit unmittelbar vor der Entstehung des Sarkophages Parallelen aus der offiziellen Kaiserpropaganda: So hat sich etwa Gallien auf Münzen als Galliena Augusta im Kostüm der Demeter feiern lassen[68]. Die spöttische Reaktion seiner Mitwelt hat jedoch dazu geführt, daß diese Gleichsetzung nur eine Episode blieb.

Wie wir gesehen haben, ist der Mythos noch in der späten römischen Kaiserzeit Ausdruck eines religiösen, insbesondere auf das Jenseits gerichteten religiösen Anliegens. Die vor allem im 19. Jahrhundert vertretene Auffassung, die Mythen erschienen auf den Sarkophagen in rein illustrativer oder dekorativer Absicht, ist in der Forschung weitgehend überwunden. Das hat vor allem die Diskussion um die sog. Meerwesensarkophage, die in den vergangenen Jahren sehr heftig geführt wurde, gezeigt[69]. Seit den sechziger Jahren des 2. Jahrhunderts n. Chr. wird an die Stelle einer von Meerwesen (Tritonen, Seekentauren u. a.) in der Mitte eines Sarkophages gehaltenen Maske oder eines Inschriftclipeus ein Medaillon mit Porträts getragen[70]. Eine alte – auf F. Buonarotti (1698) zurückgehende – Meinung besagt, hier sei die Reise der Verstorbenen (d. h. ihrer Seelen) zu den Inseln der Seligen dargestellt. Der Herausgeber der Meerwesensarkophage, A. Rumpf, hatte dagegen (1939) die Möglichkeit einer eschatologischen Deutung grundsätzlich geleugnet und statt dessen das Thema für „rein dekorativ" gehalten[71]. Brandenburg versuchte diese Ansicht zu stützen, indem er behauptete, die Inseln der Seligen seien in der Kaiserzeit als Aufenthaltsort von Heroen und verdienten Verstorbenen literarisch als zeitgenössische Vorstellung nicht mehr zu belegen[72]. Engemann wies dagegen unlängst nach, daß die Vorstellung von den Inseln der Seligen in der Kaiserzeit doch stärker verbreitet war,

Abb. 8: Meerwesen-Sarkophag, Louvre.

als Brandenburg annahm[73]. Daß die Reise zu den Inseln der Seligen im vordergründigen Sinne auf den Meerwesensarkophagen nicht dargestellt ist, darüber sind sich heute die meisten Interpreten einig[74]. Einen neuen Weg zum Verständnis der Sarkophagklasse hat Matz aufgezeigt, indem er darauf hinwies, daß *clipei* außer von Meerwesen auch von Viktorien, Eroten, Kentauren, Satyrn und Jahreszeiten gehalten werden können[75]. Matz führte den Beweis, daß dieses Motiv aus der Staatskunst stammt, wo es der Verherrlichung und Apotheose des Kaisers dient[76]. Auch hier geht also die Staatskunst der Sepulkralkunst voran. Da an den Meerwesensarkophagen aus inhaltlichen Gründen keines der mythischen Wesen mit einem Verstorbenenporträt versehen werden konnte, lag die Einführung der Clipeus-Porträts an der Stelle nahe[77], wo schon vorher Masken oder Inschriftschilde gehalten wurden. Dies geschieht gerade in der Zeit, als die Mythen auch in anderen Sarkophagklassen durch die Einführung von Verstorbenenporträts der Privatapotheose dienstbar gemacht wurden. Der Porträtclipeus dient also auch auf den Meerwesensarkophagen der Apotheose und Epiphanie der Verstorbenen. Dabei scheint der maritime Thiasos – hierin dem dionysischen entsprechend – auf ein seliges, unbeschwertes Leben nach dem Tode hinzuweisen[78].

Die mythologischen Sarkophage mit Verstorbenenporträts, die im Zentrum unserer Betrachtung standen, zeigen, wie sehr in der fortgeschrittenen Kaiserzeit der Mythos individuell bezogen wird. Indem sich die Sarkophaginhaber als mythische Figuren darstellen lassen, wird der Mythos zum Träger persönlicher Jenseitshoffnung. Obwohl der Mythos an den kaiserzeitlichen Sarkophagen vor allem in grabsymbolischem Sinne interpretiert werden muß, hat er doch auch in der Kaiserzeit noch viel von seiner alten Vielschichtigkeit und Mehrdeutigkeit bewahrt. Dies läßt sich vor allem daran zeigen, daß oft dieselben mythischen Darstellungen wie auf den Sarkophagen in auf den Alltag bezogenen Kunstgattungen – wie der Wandmalerei, den Mosaiken oder dem Gerät – verwendet werden.

Abkürzungen

ASR.	Die antiken Sarkophagreliefs, herausgegeben vom Deutschen Archäologischen Institut, Berlin.
Engemann	J. Engemann: Untersuchungen zur Sepulkralsymbolik der späteren römischen Kaiserzeit. Münster 1973.
Matz: AA. 1971	F. Matz: Stufen der Sepulkralsymbolik in der Kaiserzeit. In: Archäologischer Anzeiger 1971, 102ff.
Matz: Meisterwerk	F. Matz: Ein römisches Meisterwerk – Der Jahreszeitensarkophag Badminton–New York. Berlin 1958.
Sichtermann–Koch	H. Sichtermann / G. Koch: Griechische Mythen auf römischen Sarkophagen. Tübingen 1975.
Wrede	H. Wrede: Lebenssymbole und Bildnisse zwischen Meereswesen. Zur Entwicklung der Sepulkralsymbolik vom 5. Jahrhundert v. Chr. bis zum 3. Jahrhundert n. Chr. In: Festschrift für G. Kleiner. Tübingen 1976, 147–178.

Anmerkungen

1 Matz: AA. 1971, 104. Engemann 28.
2 C. Robert: ASR. III 1, 26. Sichtermann–Koch 20 Nr. 8 Taf. 17.
3 Zum Beginn der stadtrömischen Sarkophage: A. D. Nock: Cremation and Burial in the Roman Empire. In: Harvard Theological Review 25 (1932), 231ff. F. Matz in: Gnomon 32 (1960), 549f. Ders.: ASR. IV 1, 89 Anm. 48. H. Gabelmann: Die Werkstattgruppen der oberitalischen Sarkophage. Bonn 1973, 5.9. Ders.: Zur Tektonik oberitalischer Sarkophage, Altäre und Stelen. In: Bonner Jahrbücher 177 (1977), 199ff.
C. Gasparri: Il sarcofago romano del Museo di Villa Giulia. In: Atti della Accademia Nazionale dei Lincei. Rendiconti 27 (1972), 33.
4 Engemann 28ff.
5 Matz: Meisterwerk 143ff.
6 C. Robert: ASR. III 1, 86 Nr. 73 Taf. 18. Matz: Meisterwerk Taf. 23.
7 H.-I. Marrou: Les portraits inachevés des sarcophages romains. In: Revue archéologique 14 (1939), 200ff. B. Andreae: Processus Consularis. In: Opus Nobile, Festschrift U. Jantzen. Wiesbaden 1969, 6. Engemann 76ff. A. von Gerkan: Bossierte Köpfe auf Reliefsarkophagen. In: A. von Gerkan: Von Architektur und Topographie. Stuttgart 1959, 106f.
8 Matz: Meisterwerk 130. Ders.: AA. 1971, 103f.
9 Engemann 40. 43.

10 Arles: C. Robert: ASR. III 2, 194 ff. Nr. 160 Taf. 50. Rom, Thermenmuseum: Sichtermann–Koch 36 Nr. 30 Taf. 65–67.

11 Hierzu Sichtermann–Koch 12. K. Schauenburg: Ganymed in der unteritalischen Vasenmalerei. In: Opus Nobile, Festschrift U. Jantzen. Wiesbaden 1969, 135.

12 J. M. C. Toynbee: Death and Burial in the Roman World. London 1971.

13 Matz: Meisterwerk 154 Taf. 29 a 30 a. Sichtermann–Koch 19 f. Nr. 7 Taf. 10, 2; 12–15.

14 Matz: Meisterwerk Taf. 17. Ders.: ASR. IV 3, 394 Nr. 222 Taf. 234.

15 Vgl. H. Diepolder: Die attischen Grabreliefs des 5. und 4. Jahrhunderts v. Chr. Berlin 1931.

16 N. Himmelmann-Wildschütz: Studien zum Ilissos-Relief. München 1956, 28 ff.

17 R. N. Thönges-Stringaris: Das griechische Totenmahl. In: Mitteilungen des Deutschen Archäologischen Instituts. Athenische Abteilung 80 (1965), 1 ff.

18 Thönges-Stringaris a. a. O. 58 ff.

19 G. Niemann: Das Nereidenmonument in Xanthos. Wien 1921. P. Coupel / P. Demargne: Le monument des Néréides (Fouilles de Xanthos III). Paris 1969.

20 Brunn-Bruckmann's Denkmäler griechischer und römischer Sculptur Taf. 219. J. Borchhardt: Die Bauskulptur des Heroons von Limyra. Berlin 1976, Taf. 53, 1.2.

21 Brunn-Bruckmann a. a. O. Taf. 218. Zum Totenopfer in Lykien s. J. Borchhardt: Ein Totengericht in Lykien. In: Istanbuler Mitteilungen 19/20 (1969/1970), 203 ff.

22 O. Benndorf / G. Niemann: Das Heroon von Gjölbaschi-Trysa. Wien 1889. F. Eichler: Die Reliefs des Heroon von Gjölbaschi-Trysa. Wien 1950.

23 B. Bergquist: The Archaic Greek Temenos (Skrifter Svenska Institutet i Athen XIII). Lund 1967.

24 Zuletzt F. Brommer: Zum Themenkreis der Reliefs von Gjölbaschi. In: Archäologischer Anzeiger 1974, 168 ff.

25 Ch. Texier: Description de l'Asie Mineure. Paris 1839, I Taf. 164. Vgl. auch eine hellenistische Grabanlage in der Nähe von Lindos auf Rhodos. H. Kähler: Lindos. Zürich 1971, 23 f. Abb. 9. 10 Taf. 15 a.

26 Zu Rundaltären s. H. Gabelmann: Oberitalische Rundaltäre. In: Mitteilungen des Deutschen Archäologischen Instituts. Römische Abteilung 75 (1968), 87 ff.

27 Engemann 43 ff. 46 ff. mit ausführlichen Belegen.

28 Ph. M. Petsas: O taphos ton Lefkadion (griech.). Athen 1966, Taf. A.

29 H. Klumbach: Tarentiner Grabkunst. Reutlingen 1937, Beil. A, 42 (Danaiden); Taf. 12 (Amazonen). J. C. Carter: The Sculpture of Taras. In: Transactions of the American Philosophical Society 65, Part 7 (1975), Taf. 10. 12.

30 C. Watzinger: Griechische Holzsarkophage aus der Zeit Alexanders des Großen. Leipzig 1905.

31 Compte-rendu de la Commission Impériale Archéologique 1868, Taf. 2.

32 C. Robert: ASR. III 3, 373 ff. Nr. 312 ff. Sichtermann–Koch 49 Nr. 47 ff.

33 R. Herbig: ASR. VII, 62 Nr. 120 Taf. 18.

34 K. Schauenburg: Zur Symbolik unteritalischer Rankenmotive. In: Mitteilungen des Deutschen Archäologischen Instituts. Römische Abteilung 64 (1957), 198 ff. Ders.: Gestirnbilder in Athen und Unteritalien. In: Antike Kunst 5 (1962), 51 ff. Ders.: Achilleus in der unteritalischen Vasenmalerei. In: Bonner Jahrbücher 161 (1961), 215 ff. Ders.: Zum Sarkophag der Avidia Agrippina. In: Jahrbuch des Deutschen Archäologischen Instituts 78 (1963), 294 ff.

35 K. Schauenburg: Ganymed in der unteritalischen Vasenmalerei. In: Opus Nobile, Festschrift U. Jantzen. Wiesbaden 1969, 131 ff. Ders.: Ganymed und Hahnenkämpfe auf römischen Sarkophagen. In: Archäologischer Anzeiger 1972, 501 ff. Engemann 15 ff.

36 Meerwesen in der Grabkunst vor den Sarkophagen hat jetzt Wrede 147 ff. zusammengestellt.

37 Vgl. Anm. 3.

38 K. P. Goethert in seiner noch unpublizierten Bonner Dissertation über die jüngeretruskischen Steinsarkophage. Diese Denkmälerklasse reicht – entgegen früheren Annahmen – bis in tiberische Zeit.

39 Die berühmte Gens Cornelia, der auch die Scipiones angehörten, hatte an der Inhumation festgehalten. Wir wissen dies aus der literarischen Überlieferung, aber auch dem archäologischen Befund, s. H. Blanck: Zwei Corneliersarkophage. In: Mitteilungen des Deutschen Archäologischen Instituts. Römische Abteilung 73/74 (1966/67), 72 ff. Vgl. auch die Nachricht des Tacitus, Annalen XVI 6, daß Neros Gemahlin Poppaea nicht – *„ut Romanus mos“* – verbrannt, sondern einbalsamiert worden ist.

40 Zu den literarischen Quellen: A. D. Nock: Cremation and Burial in the Roman Empire. In: Harvard Theological Review 25 (1932), 335 ff. R. Turcan: Origines et sens de l'inhumation à l'époque impériale. In: Revue des Études Anciennes 60 (1958), 336 ff. F. Matz: ASR. IV 1, 89 Anm. 48. Zu den archäologischen Belegen: C. Gasparri: Il sarcofago romano del Museo di Villa Giulia. In: Atti della Accademia Nazionale dei Lincei. Rendiconti 27 (1972), 1 ff. 32 f. Taf. 1 ff.

41 W. Altmann: Die römischen Grabaltäre der Kaiserzeit. Berlin 1905. M. Honroth: Stadtrömische Girlanden. Wien 1971, Taf. 3 ff.

42 Altmann a. a. O. 107 Nr. 96; 158 f. Nr. 195.

43 Matz: AA. 1971, 111.

44 G. Precht: Das Grabmal des Lucius Poblicius. Köln 1975.

45 U. Geyer: Der Adlerflug im römischen Konsekrationszeremoniell. Bonn 1967. Zur Kaiserapotheose und ihre bildlichen Niederschläge vgl. E. Strong: Apotheosis and After Life. London 1915, 30 ff.

46 H. Wrede: Das Mausoleum der Claudia Semne und die bürgerliche Plastik der Kaiserzeit. In: Mitteilungen des Deutschen Archäologischen Instituts. Römische Abteilung 78 (1971), 125 ff.

47 Vgl. Wrede a. a. O. Taf. 86 ff.

48 Wrede a. a. O. Taf. 77.

49 Matz: AA. 1971, 109.

50 Wrede a. a. O. Taf. 76, 3.

51 Wrede a. a. O. 147.

52 Wrede a. a. O. 154 ff.

53 H. Gabelmann: Zur Tektonik oberitalischer Sarkophage, Altäre und Stelen. In: Bonner Jahrbücher 177 (1977), 222 ff.

54 K. Schauenburg: Ganymed in der unteritalischen Vasenmalerei. In: Opus Nobile, Festschrift U. Jantzen. Wiesbaden 1969, 135. M. Schmidt: Der Basler Medeasarkophag. Tübingen o. J. (ca. 1968), 37 ff.

55 M. Wegner: ASR. V 3.

56 Wegner a. a. O. 36 f. Nr. 75 Taf. 3.

57 Wegner a. a. O. 83 f. Nr. 219 Taf. 31 a.

58 F. Cumont: Recherches sur le symbolisme funéraire des Romains. Paris 1942, 253 ff. 258 ff.
59 P. Boyancé: Le culte des muses chez les philosophes grecs. Paris 1936, 149 ff.
60 Boyancé a. a. O. 231 ff.
61 H.-I. Marrou: ΜΟΥΣΙΚΟΣ ΑΝΗΡ, 2. Aufl. Roma 1964, 181 ff. 231 ff.
62 Wegner a. a. O. 53 ff. Nr. 133 Taf. 60.
63 Wegner a. a. O. 58 Nr. 139 Taf. 59.
64 H. Gabelmann (Rez.), Bonner Jahrbücher 168 (1968), 535.
65 Wegner a. a. O. 87 Nr. 227 Taf. 127 b.
66 Gabelmann a. a. O. 535. Einen vergleichbaren Fall nennt N. Himmelmann-Wildschütz: Fragment eines attischen Sarkophages. In: Marburger Winckelmann-Programm 1959, 35 Anm. 33. Zum Thema zuletzt Engemann 32 Anm. 153.
67 Hierzu H. Gabelmann: Die Frauenstatue aus Aachen-Burtscheid. In: Bonner Jahrbücher (im Druck).
68 A. Alföldi: Zur Kenntnis der Zeit der römischen Soldatenkaiser. 2. Das Problem des „verweiblichten" Kaisers Gallienus. In: Zeitschrift für Numismatik 38 (1928), 156 ff. 174 ff.
69 H. Brandenburg: Meerwesensarkophage und Clipeusmotiv. In: Jahrbuch des Deutschen Archäologischen Instituts 82 (1967), 195 ff. H. Sichtermann: Deutung und Interpretation der Meerwesensarkophage. In: Jahrbuch des Deutschen Archäologischen Instituts 85 (1970), 224 ff. Matz: AA. 1971, 104 ff. Engemann 60 ff. Wrede 147 ff. – Als Beispiel s. einen Meerwesensarkophag im Louvre, Abb. 8.
70 K. Fittschen: Zum Kleobis- und Biton-Relief in Venedig. In: Jahrbuch des Deutschen Archäologischen Instituts 85 (1970), 188 Anm. 64.
71 A. Rumpf: ASR. V 1, 131 ff.
72 Brandenburg a. a. O. 202 ff.
73 Engemann 44 Anm. 28.
74 Matz: Meisterwerk 137 Anm. 83. Engemann 61. Wrede 153.
75 Matz: Meisterwerk 137 Anm. 83. Ders.: AA. 1971, 102 ff. 108 ff. 110.
76 Vgl. das Schwertscheidenblech aus Vindonissa, auf dem zwei Eroten einen Schild mit einem Tiberiusporträt tragen, Matz: AA. 1971, 111 Abb. 16. Gestützt wird der *clipeus* noch zusätzlich von einem Adler, dem Apotheosevogel schlechthin.
77 Vgl. Wrede 155.
78 Zu dieser Parallelität s. auch Engemann 64.

Tilman Nagel

Das Leben nach dem Tod in islamischer Sicht

Kein anderes Charakteristikum hat die Vorstellungen Europas von dem Wesen der islamischen Religion so sehr beschäftigt wie die schwelgerische Beschreibung der Paradiesesfreuden, die den gläubigen frommen Muslim dereinst erwarten. Zwischen 1106 und 1110 verfaßte der zum Christentum bekehrte spanische Jude Pedro de Alfonso die umfangreichen „Dialogi in quibus impiae Judaeorum opiniones refutantur". Einen Abschnitt seines Werkes widmete er dem Islam; die Beschreibungen des Paradieses in dieser Abhandlung, die zum größten Teil auf den Aussagen des Korans zu fußen scheinen, haben über Jahrhunderte hinweg das Grundwissen Europas über diese Seite des Islams ausgemacht: Es ist ein Garten der Freuden – fließende Wasser, milde Luft, weder schädliche Hitze noch Kälte, schattenspendende Bäume, Früchte, vielfarbige Seidengewänder, Paläste aus Edelsteinen; Milch und Wein in silbernen Gefäßen, kredenzt von Engeln; wunderschöne Jungfrauen, weder von Männern, noch von Dämonen berührt – kurz, alle Wünsche der Seligen sind in Erfüllung gegangen [1].

Diesem Bild von Völlerei und Wollust stellte man die im Christentum angestrebte *visio beatifica* Gottes als ein vergeistigtes Erleben der Seligkeit gegenüber und wurde nicht müde, die „vanissimae fantasiae, insaniae et deliramenta" der Muslime zu schmähen. Die Muslime führen im Diesseits ein ausschweifendes Leben, also können sie sich auch das Jenseits nicht anders vorstellen. Dies meinte Raimundus Lullus, der aus Palma de Mallorca stammende Muhammedanermissionar des 13. Jahrhunderts, und setzte seinen Gedankengang fort, indem er ausführte, Muḥammad habe aus schlauer Berechnung diese Jenseitsfreuden erdichtet, denn „ein wollüstiges Volk, das keine geistigen Güter kennt, kann nicht leicht zu etwas bewegt werden, es sei denn durch fleischliche Dinge" [2]. – Die große Bedeutung der Lehren von Wiederaufererstehung, Paradies und Hölle für den Islam wird hier bereits intuitiv erfaßt; die polemische Schau der Dinge macht freilich eine sachgerechte Beurteilung noch unmöglich.

Ansichten wie die des Raimundus Lullus sind in Europa bis in die Neuzeit

hinein immer wieder vertreten worden. Da liest man in einem Nachschlagewerk von 1789, das vorgibt, dem Leser erschöpfend über alle Belange des staatlichen und religiösen Lebens des Osmanischen Reiches Auskunft zu erteilen: „Der Muselmann liest den Koran unaufhörlich und mechanisch weg, ohne ihn zu verstehen und ohne richtig forschend und räsonierend darüber nachzudenken; von der ersten Jugend macht man ihn mit den unverständlichsten Prinzipien desselben bekannt, und er stirbt in der schmeichelndsten Erwartung seiner Verheißungen eines wollüstigen Paradieses voll blühender ewig junger Mädchen und Weiber, der anmutigsten Gärten und Fluren und der unerschöpflichsten sinnlichen Ergötzungen, so ruhig wie der beste Christ seinen Tod.“ [3] Daß im wesentlichen die Hoffnung auf ein glückliches und freudvolles Jenseits, verbunden mit einer fatalistischen Weltanschauung, die das ganze Schicksal des Menschen für vorherbestimmt ansieht, den politischen und militärischen Erfolg der Muḥammad offenbarten Religion möglich gemacht habe, ist bis in unsere Tage hinein ein Topos vieler Abhandlungen, die sich mit der islamischen Geschichte beschäftigen.
Doch wenden wir den Blick zurück in das Arabien des späten 6. und frühen 7. Jahrhunderts, in die Zeit, als Muḥammad auftrat und seine Lehren verkündete. Was wußte man damals in seiner Umwelt über das Leben nach dem Tod zu berichten? Wenn wir das entsprechende Quellenmaterial, zumeist Gedichtfragmente, die Umgebung und Stimmung des heidnischen Arabers widerspiegeln, durchsehen, so erkennen wir, daß anscheinend keine bestimmten Vorstellungen über eine Fortexistenz des Menschen nach dem Tod vorhanden waren. Im Gegenteil, die alte Poesie befaßt sich fast ausschließlich mit den Dingen dieser Welt, hebt Kampfkraft und Edelmut der Helden – häufig der Dichter selbst – hervor, beschreibt die sie im Kampf und auf Reisen umgebende Natur, schildert die Liebesabenteuer, verspottet die Gegner. Ein dem Diesseits verhafteter Mensch tritt uns in dieser Dichtung entgegen; ein Mensch, der das Jenseits nicht achtet, dem deshalb das Diesseits alles sein muß; der Tod, das Ende der menschlichen Existenz, erscheint darum unbegreiflich und sinnlos, von einem Fatum verhängt, das im Arabischen mit dem Begriff für Zeit *(dahr)* gleichgesetzt ist: Der Tod und der erschütternde Wechsel zwischen Untergang und Neubildung in der Geschichte lassen die Menschen am Sinn des Lebens verzweifeln. Berühmt sind die Worte des Imru al-Qais, eines Fürsten und Dichters aus dem 6. Jahrhundert: „Wir fahren dahin zu ungewissem Ende, und wir vergessen es über Essen und Trinken. Spatzen sind wir, und Fliegen und Würmer, aber waghalsiger als die hungrigen Wölfe. Von uraltestem Adel bin ich, doch dieser Tod raubt mir meine Jugend, und meine Seele raubt er mir und meinen Leib, und bettet mich gar bald in Staub. Ich habe mein Reittier getrieben durch

jede Wüste, die weit sich dehnte und von Spiegelungen flimmerte, und bin im gefräßigen Heere geritten, nachzustreben den Ehren gieriger Gefahren, und unter jedem Himmel habe ich mich getummelt, bis ich statt der Beute zufrieden war mit der Heimkehr. Aber darf ich nach König Ḥāriṯs Tode, und des edlen Ḥuǧr, des gastfreien Wirtes – darf ich auf Milde hoffen von der wechselnden Zeit, die nicht die harten Berge verschont? Ich weiß wohl, ich werde über kurzem vernichtet sein, so wie es meinem Vater gegangen ist und meinem Großvater ..." [4]

Nun wäre es grundfalsch, sich die Arabische Halbinsel in vorislamischer Zeit als einen völlig abgelegenen, von allen geistigen und politischen Strömungen unberührten Raum vorzustellen. Die islamische Geschichtsschreibung bezeugt, daß bei seßhaften wie bei nomadisierenden Gruppen fremde religiöse Einflüsse vorhanden waren: In Yaṯrib, dem späteren Medina, hatte das Judentum Fuß gefaßt; die Lakhmiden von Hira und die Ghassaniden im Gebiet des heutigen Syrien hatten mit dem Christentum Bekanntschaft gemacht; für manche Stammesverbände wird Beeinflussung durch die dualistischen Religionen Irans geltend gemacht [5]. Die Märkte und Pilgerfeste bei den verschiedenen heidnischen Heiligtümern, so bei der Kaaba in Mekka, müssen dem Austausch von Ideen förderlich gewesen sein. An den engen Handelsbeziehungen zwischen dem mekkanischen Geschlecht der Quraiš, dem der Prophet entstammte, und Syrien im Norden und dem vom christlichen Äthiopien und Iran umkämpften Yemen im Süden bestehen keinerlei Zweifel. Es wird durchaus den Tatsachen entsprechen, wenn ein bedeutender islamischer Religionsgelehrter im Jahre 1127 den vorislamischen Arabern eine Anzahl z. T. recht widersprüchlicher religiöser Ansichten zuschreibt: „Die vorislamischen Araber teilen sich ... in verschiedene Gruppen. Die eine verneint die Existenz eines Schöpfergottes, die Auferstehung und die Rückkehr des Menschen zu Gott und behauptet, die Natur besitze in sich selbst die Kraft zu leben und die Zeit vernichte in einem Kreislauf alle individuellen Wesen. Andere glauben an einen Schöpfer und eine von ihm bewirkte Schöpfung aus dem Nichts, leugnen jedoch die Auferstehung. Wieder andere glauben sowohl an einen Schöpfer ... wie auch an eine Rückkehr zu Gott ... Andere schließlich glauben an eine Seelenwanderung und behaupten, daß das Blut des Gehirnes nach dem Tode der Menschen sich mit etlichen Teilen des Körpers vereine und daß aus dieser Vereinigung der Vogel Hama entstehe, der nach einigen hundert Jahren auf das Grab des Verstorbenen zurückkehre." [6]

In Anbetracht derartiger Überlieferungen ist es nicht verwunderlich, wenn wir in einigen Gedichten, die aus der Zeit Muḥammads stammen, aber nicht von Muslimen verfaßt wurden, neben dem Begriff der unerbittlichen „Zeit" im angegebenen Sinn auch schon weitergehende Vorstellungen über das Los des Menschen nach seinem Tod finden. Da klagt die Dichterin al-Ḫansā', deren Elegien bei ihren muslimischen Zeitgenossen wegen der Ausbrüche ungezügelten Schmerzes verpönt waren, über ihre beiden gefallenen Brüder Ṣaḫr und Muʿāwiya: „Ich sehe, wie die ‚Zeit' meine Sippe, die Söhne meines Vaters, vernichtet hat. Eine weinende Frau bin ich geworden, deren Tränen nie versiegen! O Ṣaḫr, reicht denn das Weinen und Klagen über einen Toten, der im Grabe ruht? Möge Gott doch Ṣaḫr und seine Taten nicht von sich weisen! Möge Gott, mein Herr, auch Muʿāwiya nicht abweisen! Möge Gott Ṣaḫr nicht abweisen, war er doch großmütig und errichtete dem Edelmut hohe Schlösser! Bei Gott, beide werde ich beweinen, solange sich ein Liebender sehnt, solange Gott die festgegründeten Berge erhält! Möge Gott die Erde, die beide Brüder umschlossen hält, aus reichen Regenwolken benetzen!" [7] Neben die Zeit als unerklärbares Verhängnis, welches den Menschen blindlings trifft, tritt in diesem Gedicht die noch unscharfe Gestalt eines Gottes, der sich der Menschen annimmt – ein matter Widerschein der Idee eines einzigen, allmächtigen, richtenden Schöpfergottes, wie er sich zur selben Zeit dem Propheten Muḥammad geoffenbart hatte.

Gottes Botschaft hatte den Propheten zu einem Augenblick getroffen, als die Welt des vorislamischen Heidentumes unterging, als, wie wir andeuteten, neue Weltanschauungen und Religionen allmählich auf der Arabischen Halbinsel bekannt wurden. In dieser Zeit geistiger Gärung trat Muḥammad auf, überwältigt von dem Erlebnis des Einen Gottes, den er sowohl als den gütigen Schöpfergott als auch als den gestrengen Herrn des Weltgerichts erfuhr. „Wenn (dereinst) die Erde von ihrem (gewaltigen) Beben erschüttert wird und ihre Lasten (an Toten) von sich gibt und der Mensch (der das miterlebt) sagt: ‚Was ist (denn) mit ihr?', an jenem Tag wird sie aussagen, was sie zu berichten hat, da ihr Herr (es) ihr (dann) eingegeben hat. An jenem Tag werden die Menschen (voneinander) getrennt hervorkommen, um ihre (während des Erdenlebens vollbrachten) Werke zu sehen. Wenn dann einer (auch nur) das Gewicht eines Stäubchens an Gutem getan hat, wird er es zu sehen bekommen. Und wenn einer (auch nur) das Gewicht eines Stäubchens an Bösem getan hat, wird er es (ebenfalls) zu sehen bekommen", lautet die 99. Sure, eine der frühesten Offenbarungen [8]. Es ist der Unglaube der Mekkaner, jenes gedankenlose Hingegebensein an die Welt und ihre Geschäfte, das den Hintergrund zu diesen Worten abgibt: Muḥammads Landsleute kümmern sich wenig um das, was ihnen dereinst bevorsteht, wenn der Schöpfer über sie zu Gericht sitzen wird. Sie glauben nicht an eine Auferstehung, nicht, daß man von ihnen Rechenschaft verlangen werde. Sie spotten: Wie könnte jemand die verstreuten Knochen wieder zu einem Leib zusammenfügen, und der Prophet antwortet: Ist dies nicht ein leichtes für denjenigen, der Himmel und Erde geschaffen hat? Gott ist zwar langmütig, er ermahnt die Menschen immer wieder, doch schließlich verhängt er über sie die Strafe für ihren Ungehorsam. Immer wieder sind darum aufsässige Völker vernichtet worden, wie etwa das Volk Noahs oder die Bewohner von Sodom und Gomorrha. Doch alle diese Katastrophen im Diesseits sind noch wenig gegenüber dem Gericht am Jüngsten Tag. Gott vernichtete durch einen heftigen Sturm das arabische Volk der Ad, um es „im diesseitigen Leben die Strafe der Schande kosten zu lassen. Doch die Strafe des Jenseits ist schändlicher. Und sie werden (dann) keine Hilfe finden" – wie es in Sure 41, 15 heißt.

Der Drohung mit schweren Strafen im Jenseits steht die Verheißung des Paradieses für diejenigen gegenüber, die dem Rufe Gottes und Seines Gesandten Folge leisten. Auch dies findet sich bereits in den ältesten Suren. Begnügen wir uns mit einem Abschnitt aus der 52. Sure (11–28), in der Strafe und Lohn unmittelbar gegeneinandergestellt werden: „Wie schlecht ist es an jenem Tag um diejenigen bestellt, die (unsere Botschaft) für Lüge erklären! ... Am Tag, da sie (erbarmungslos) ins Feuer der Hölle gestoßen werden (mit den Worten): ‚Das ist das Höllenfeuer, das ihr ... für Lüge erklärt habt. Ist das nun (etwa) Zauberei? Oder könnt ihr nicht sehen? Schmort in ihm! Es ist für euch gleich, ob ihr gefaßt seid oder nicht. Euch wird nur (für) das vergolten, was ihr ... getan habt!' Die Gottesfürchtigen (dagegen) befinden sich (dereinst) in Gärten und (in einem Zustand) der Wonne und erfreuen sich dessen, was ihr Herr ihnen gegeben hat. Und ihr Herr hat sie vor der Strafe des Höllenbrandes bewahrt. (Zu ihnen wird gesagt:) ‚Eßt und trinkt und laßt es euch wohl bekommen. (Ihr erhaltet dies alles zum Lohn) für das, was ihr (in eurem Erdenleben) getan habt.' Sie liegen behaglich auf Sesseln, die in Reihen angeordnet sind. Und wir geben ihnen großäugige Huris als Gattinnen ... Jedermann haftet für das, was er (in seinem Erdenleben) begangen hat. Und wir versorgen sie reichlich mit (köstlichen) Früchten und Fleisch, (allem möglichen) wonach sie Lust haben ... Sie sagen: ‚Früher (als wir uns noch) unter unseren Angehörigen (befanden) ängstigten wir uns (wegen des drohenden Gerichts). Aber nun hat Gott uns Gnade erwiesen und uns vor der Strafe der sengenden Glut bewahrt ...'"

Drohung und Verheißung für die Zeit nach dem Tod sind, wie bereits Raimundus Lullus feststellte, Eckpfeiler des Islam. Muḥammads Offenbarungen benützen sie, um die Mekkaner und die übrigen Bewohner des damaligen Arabien aufzurütteln und zu einem sittlichen Lebenswandel nach den Gesetzen des Einen Gottes zu veranlassen. Auch Muḥammads bedeutendster

Rivale, der um jene Zeit in Ostarabien gleichfalls als Prophet auftretende Maslama/Musailima, hat, wenn wir richtig deuten, was uns die vom Haß entstellte islamische Überlieferung über ihn berichtet, einen personalen gnädigen Gott verkündet, der mit Lohn und Strafe im Jenseits die Taten der Gläubigen vergilt.

Die im Koran gesammelten Offenbarungen verleihen dem diesseitigen Tun eine für das damalige Arabien unerhörte jenseitige Dimension. Es ist ganz natürlich, daß die hiermit verknüpften Fragen zu einem der wichtigsten Kontroverspunkte der muslimischen Theologie wurden, die sich schon im 7. Jahrhundert zu entfalten begann. Die Verse der eben zitierten Sure 52 gehen davon aus, daß Paradies oder Hölle die gerechte Vergeltung für den irdischen Lebenswandel des Menschen seien. Doch klingt am Schluß auch die Idee an, daß die Aufnahme in das Paradies zugleich ein Akt göttlicher Gnade sei. Verdienst oder Erwählung, göttliche Vorherbestimmung oder Eigenleistung des Menschen, diese einander ausschließenden Begriffspaare kennzeichnen den Rahmen der theologischen Debatte, in welcher die koranischen Vorstellungen vom Leben nach dem Tod immer wieder neu durchdacht und einer Systematisierung unterworfen wurden. Einzelheiten dieser Debatte, die mit großem Scharfsinn, oft aber auch mit für unsere Begriffe abwegiger Haarspalterei geführt wurde, können hier nicht dargestellt werden. Wir wollen nur die Hauptlinien nachzeichnen.

Der Gedanke, daß Verdienst und Eigenleistung des Menschen unbedingt sein Schicksal im Jenseits bestimmen, wurde im 7. Jahrhundert vor allem von der sogenannten ḫāriǧitischen Richtung des Islam weiterentwickelt. Nach ihrer Ansicht war jemand, der grob gegen die von Gott geoffenbarten Gesetze verstieß, bereits außerhalb der Gemeinschaft der wahren Gläubigen und damit zur Höllenstrafe verdammt. Pflicht des Gläubigen war es darum, sich allein an die „Leute des Paradieses" zu halten und sich von den „Leuten der Hölle" loszusagen und sie unnachsichtig zu bekämpfen. Ein Problem stellten freilich die unmündigen Kinder von Sündern dar; nur wenige Theologen waren so konsequent, sie als „Paradiesesleute" einzustufen, da die unschuldigen Kinder ja nicht für die Vergehen ihrer Eltern büßen sollten. Die ḫāriǧitische Vorstellung von der unausweichlichen Einweisung in Himmel oder Hölle gemäß den eigenen Taten, der oft ein moralischer Rigorismus entspricht, wurde seit dem 8. Jahrhundert ein Kernpunkt der sich herausbildenden rationalistischen Theologie, deren Vertreter seit dem 9. Jahrhundert Muʿtaziliten heißen. Ihre diesbezüglichen Lehren lauteten, daß Gott unbedingt gerecht sei und die Taten der in ihrem Willen freien Menschen gerecht beurteilen werde; alle angedrohten Strafen, alle verheißene Belohnung würden nach dem Jüngsten Gericht unabwendbar eintreffen.

Demgegenüber enthält der Koran auch Verse, die auf eine Vorherbestimmung des Heilsschicksales jedes Menschen durch Gott hindeuten. Diese Gedanken wurden von unterschiedlichen religiösen Strömungen fortentwickelt. Eine Richtung meinte, man dürfe als Mensch nicht dem Urteil Gottes vorgreifen, da man nicht über genügend Kenntnisse verfüge, um jemandem Paradies oder Hölle vorauszusagen. Die rigoristische Haltung der Ḫāriǧiten konnte von der großen Masse der Gläubigen ohnehin nicht nachvollzogen werden. Es entstand in den schiitischen Richtungen des Islams, die im 8. Jahrhundert aufblühten, die Lehre von der heilsnotwendigen Existenz des Imams, d.h. eines Nachkommen aus der Ehe zwischen Muḥammads Vetter ʿAlī b. abī Ṭālib mit Muḥammads Tochter Fāṭima. Sich an diesen Imam zu halten und seine Gesetze zu befolgen, vor allem aber sich zu ihm zu bekennen, garantiert für die Schiiten den dereinstigen Eingang ins Paradies, zumal Muḥammad und die Imame befugt sind, für ihre Anhänger bei Gott Fürbitte einzulegen. Im sunnitischen Islam übernehmen Muḥammad und seine treuesten Gefährten die Rolle der Fürsprecher. So kommt es, daß insbesondere in dieser, die Mehrheit der Muslime repräsentierenden Richtung die einst rigorosen Forderungen an den Einzelnen stark abgemildert sind und deterministische Züge hervortreten. Kompromisse mit der rationalistischen Theologie, zu denen die Sunniten seit dem 9. Jahrhundert gezwungen waren, haben sich gerade in dieser Frage nur wenig ausgewirkt.
Im Jahre 935 verstarb al-Ašʿarī, der große islamische Theologe, der zunächst den Rationalismus vertreten hatte, sich dann aber gerade wegen mancher Widersprüche hinsichtlich der Stellung der Sünder im Jenseits von dieser Theologie abwandte. Er schloß sich dem Sunnitentum an und versuchte nun, den in dieser Richtung gängigen Lehrmeinungen – so weit als möglich und sinnvoll – eine verstandesgemäße Grundlage zu geben. Seine Ergebnisse sind für den sunnitischen Islam bis heute im Kern unverändertes Dogma geblieben. Zu unserem Thema sagt er u.a.: „[Die Sunniten] bekennen, daß Gott den Gläubigen hilft, ihm zu gehorchen, aber sich von den Ungläubigen zurückzieht, den Gläubigen gnädig ist, ... aber den Ungläubigen nicht ...; denn wenn er sie rechtschaffen machte, so wären sie rechtschaffen ... [Die Sunniten] bekennen, daß das Gute und das Schlechte nach dem Ratschluß und der Bestimmung Gottes geschieht, ... glauben, daß sie nicht die Fähigkeit besitzen, sich selbst zu nützen und zu schaden, außer soweit Gott will... Sie bekennen sich ferner zur Fürbitte des Propheten sowie dazu, daß sie sich (auch) auf diejenigen aus seiner Gemeinde erstreckt, die schwere Sünden begangen haben; ferner [bekennen sie sich] zur Grabesstrafe und dazu, daß der Teich [im Paradies] Wahrheit ist und die Brücke Wahrheit ist und die Auferweckung nach dem Tode Wahrheit ist und die Abrechnung Gottes mit

den Menschen Wahrheit ist und das Stehen vor Gott [am Jüngsten Tag] Wahrheit ist.“ [9]

Im Sunnitentum ist, wie man unschwer erkennt, der unmittelbare Sinnzusammenhang zwischen Paradies und Hölle als Ansporn zu einem tadelsfreien Leben nach dem göttlichen Gesetz aufgelöst worden, nachdem die rationalistischen und rigoristischen Strömungen ihn auf die Spitze getrieben hatten. Übrig bleibt im sunnitischen Islam allein das schaurig-schöne Kolossalgemälde von den Ereignissen des Jüngsten Tages, denen freilich für die gläubigen Muslime kein heilsbedrohender Schrecken mehr innewohnt, können sie sich doch auf ihren Propheten und die übrigen Fürsprecher bei Gott verlassen. In zahllosen Muḥammad in den Mund gelegten Aussprüchen versichert man sich im sunnitischen Islam, daß der Prophet auch ganz gewiß einen so hohen Rang bei Gott einnehme, daß seine – und seiner heiligmäßigen Gefährten – Bitten dem gläubigen Muslim unweigerlich die Pforten zum Paradies aufstoßen werden. Wehe nur den Ungläubigen, die von Gott nicht mit dem Islam begnadet wurden! Ewige Verdammnis ist ihnen gewiß. Der Einzug in das Land immerwährender Freuden ist nicht mehr – wie noch zu Muḥammads Zeiten – abhängig vom Verhalten im Diesseits. Dies Verhalten hat nun seine Tragweite verloren oder besteht für die große Masse allein in der Erfüllung des Ritus; die Seligkeit hängt vielmehr von der Zugehörigkeit zu der richtigen Glaubensgemeinschaft ab, und diese Zugehörigkeit braucht in der Regel nicht mehr erworben zu werden, sondern ist bereits von Geburt her gegeben.

Nichtsdestoweniger hat sich die Phantasie der frommen Muslime mit den Ereignissen um Auferstehung und Jüngstes Gericht befaßt. Schon al-Aš ʿarī nennt in seinem Bekenntnis die Grabesstrafe, den Teich im Paradies und die Brücke über den Höllenschlund als Gegebenheiten, denen Glauben geschenkt werden müsse. Volkstümliche Prediger und Erzähler, um die man sich in manchen Gegenden der islamischen Welt bis auf den heutigen Tag zu scharen pflegt, haben sich dieses dankbaren Stoffes bemächtigt und Schrecknisse und Genüsse des Jenseits ausgemalt, indem sie auch spätjüdische und iranische Erzählmotive mitverarbeiteten. Mit erbaulichen Geschichten über die Schicksale der Propheten und Heiligen und eben auch über den Jüngsten Tag unterhielten sie ihre Zuhörerschaft, sei es der Pöbel auf den Gassen und Märkten, seien es die Vornehmen und Herrscher, und die Wirkung der Erzählungen war so groß, daß selbst die Kalifen sich nicht scheuten, aufzuschluchzen und in Tränen auszubrechen; ja, begabte Prediger waren gerade darum berühmt, weil sie die Fähigkeit besaßen, Gefühle der Zerknirschung, der Furcht und der Reue in vollendeter und wirksamer Manier zu wecken, wie denn auch auf anderer Ebene der Dichter in der islamischen Kultur nicht so sehr die Aufgabe hat, seine eigenen Gefühle und Gedanken in Worte umzusetzen, sondern durch erlernbare Mittel und Kunstgriffe beim Zuhörer bestimmte vorausberechnete Empfindungen zu erzeugen. – Beispiele für die Erzählkunst der volkstümlichen Prediger sind uns in zahlreichen Handschriften überliefert worden. Wir müssen uns hier mit einer kurzen Kostprobe begnügen, die aus dem „Buch über die Umstände bei der Auferstehung" stammt.

Nachdem der Geist den Leib verlassen hat, tritt ein Engel ins Grab und befiehlt dem Leichnam unter fürchterlichen Drohungen, alle guten und bösen Taten, die er in seinem irdischen Leben gewirkt hat, jetzt aufzuzeichnen.

Danach erscheinen Munkar und Nakīr, zwei schreckliche Engel, und setzen die peinliche Befragung fort; sie lassen aber von ihrem Opfer ab, sobald es sich zu Muḥammad bekannt hat. Manche Quellen sprechen auch, wie bei al-Ašʿarī angedeutet, in diesem Zusammenhang von einer Bestrafung im Grab. Hier jedoch werden die Toten bis zum Jüngsten Tag in Frieden gelassen. Dann werden sie auferweckt, indem der Engel Isrāfīl in die Posaune stößt.

Schon vor der Aburteilung werden den Auferstandenen Paradies und Hölle gezeigt. Die schwerste Stunde des Menschen ist nun herangekommen. Die Pforten der Buße und Einkehr sind nunmehr für immer verschlossen, lähmende Angst bemächtigt sich der Menschen. „An jenem Tag werden dir Kinder wie Greise vorkommen!" heißt es. Eine Waage von gewaltigen Ausmaßen wird errichtet. In die eine Schale werden riesige Schriftrollen, Verzeichnisse der Sünden, gelegt, in die andere aber nur ein Papierschnitzel so groß wie ein Ameisenkopf: Es enthält das islamische Glaubensbekenntnis und kann alle Sünden aufwiegen. Danach folgt die Erprobung der Menschen auf der Höllenbrücke, deren Länge eine Reisestrecke von vielen tausend Jahren beträgt und die dünner als ein Haar, schärfer als ein Schwert ist. Noch einmal wird der Mensch hinsichtlich seines Glaubens befragt, und wer der Prüfung nicht genügt, stürzt unverzüglich ins Höllenfeuer. Die übrigen Verdammten werden schon vorher in die Hölle gestoßen. Von ihnen berichtet der Text:

„Wenn sie zu ihrem Höllenhofe gelangen, kommen ihnen die Höllengeister mit Halseisen und Ketten entgegen. Eine solche Kette wird in den Mund des Menschen gesteckt und aus seinem Hintern wieder hervorgezogen; seine linke Hand wird an seinen Hals gefesselt, seine rechte ins Innere des Herzens gedrängt und dann zwischen den Schultern herausgezogen. Er wird nun mit den Ketten gefesselt, und (das geschieht so), daß sie immer einen Menschen mit einem Satan an einer Kette zusammenkoppeln." [10]

Allerdings wird die Pein der muslimischen Verdammten nicht von ewiger Dauer sein; die Fürbitte des Propheten ist nicht vergeblich. Die Frommen freilich genießen von Anfang an alle erdenklichen Wonnen. „In der Überlieferung heißt es: Jenseits der Höllenbrücke sind weit ausgedehnte Felder, auf denen anmutige Bäume wachsen. Unter einem jeden Baum sind zwei Wasserquellen, die aus dem Paradies hervorfließen: eine zur Rechten, eine zur Linken. Wenn nun die Gläubigen, nachdem sie aus den Gräbern auferstanden und, der Hitze der Sonne preisgegeben, zur Rechenschaft gezogen worden, über die Höllenbrücke geschritten sind, so kommen sie durstig daselbst an. Sie trinken dann aus einer der Quellen, und wenn das Wasser bis zur Brust gedrungen, so schwindet alles, was von Haß, Falschheit und Neid darin ist; wenn aber das Wasser in den Bauch gekommen, geht alles, was von Unrat, Blut und Urin sich darin befindet, fort, so daß ihr Äußeres und Inneres rein wird. Dann kommen sie zu einem anderen Wasserbehälter und waschen darin ihren Kopf und den ganzen Körper, und es wird ihr Angesicht glänzend wie der Mond in der Vollmondnacht; ihr Körper wird weich und geschmeidig wie eine knospende Dattel, und ihr Leib duftet wie Moschus. So kommen sie zur Pforte des Paradieses, und sieh! diese ist aus rotem Hyazinth gebildet. Sie klopfen mit lautem Ruf an; die Huris, die schon versammelt sind, treten heraus und umarmen ihre Gatten. Und es sagt eine jede zu dem ihrigen: ‚Du bist mein, bist mein Geliebter, und ich habe Wohlgefallen an dir! Niemals werde ich unzufrieden sein, tritt ein!' Und er tritt in sein Haus, und es sind darin siebzig Ruhebetten, auf jedem derselben siebzig Bettkissen und auf jedem Bettkissen siebzig Gattinnen, deren jede siebzig Prachtgewänder trägt, (die aber so fein sind, daß) das Mark ihrer Schenkelknochen durch dieselben hindurchscheint. Das Haar der Frauen der Paradiesbewohner (ist so glänzend), daß, wenn ein Haar davon auf die Erde fiele, es über alle Bewohner derselben helles Licht verbreiten würde." [11]

Den muslimischen Intellektuellen sind allerdings derlei Phantasieprodukte oft ein Greuel gewesen. Doch waren all diese Vorstellungen schon im 9. Jahrhundert so weit islamisches Allgemeingut geworden, daß sich auch rationalistische Theologen genötigt sahen, sich mit diesem Thema zu beschäftigen. Da fragten etwa kühne Denker, wie es sich mit der Lehre von der Freiheit des menschlichen Willens verhalte, sobald nach dem Jüngsten Gericht die Menschen einmal in Paradieses- und Höllenbewohner eingeteilt seien; seien diese dann nicht völlig willenlose Geschöpfe, etwa wie Steine, die nur von fremder Hand bewegt werden [12]? Feiner Spott über die islamischen Lehren, denen es oft an logischer Folgerichtigkeit mangele, ist hier unüberhörbar, und die islamische Theologie hatte allzeit Mühe, derartige Angriffe abzuwehren. Auch heute noch sprechen moderne Theologen von der Waage, der Brücke usw., weisen aber ängstlich darauf hin, daß nach dem Wie nicht gefragt werden dürfe – eine Ausflucht, die schon das Sunnitentum des 9. Jahrhunderts benutzte [13].

Berühmtheit erlangte in der arabischen Literatur eine Parodie auf das Jenseits und auf die Selbstsicherheit, ja Selbstgerechtigkeit des frommen Muslims, der meint, eine äußerliche Buße werde ihm, dem wahrhaft gläubigen, als so großes Verdienst angerechnet, daß er sich mit Recht über alle anderen Menschen erheben dürfe. Die Parodie stammt aus der Feder des großen Dichters Abū al-ʿAlā al-Maʿarrī (gest. 1057). Er hatte eines Tages von einem gewissen Ibn al-Qāriḥ einen längeren Brief erhalten. In diesem Brief hatte sich Ibn al-Qāriḥ zunächst damit gebrüstet, daß er einem seiner gelehrten Freunde gefährliche unislamische – nämlich jüdische [14] – Schriften aus der Bibliothek entfernt habe; jener Freund habe ihm deswegen anfangs gezürnt, ihm später aber überschwenglich dafür gedankt – für die Wahrung des Anrechtes auf das Paradies, so dürfen wir vermuten. Denn Ibn al-Qāriḥ nennt nun eine ganze Reihe von Gotteslästerern und Ketzern, an die der aufrechte Muslim nur mit Schaudern denken kann. Der Verfasser hat, wie wir manchen seiner Bemerkungen entnehmen, in den Diensten der Fatimiden von Ägypten gestanden, die im 10. und 11. Jahrhundert das Bagdader Kalifat ernsthaft in Gefahr brachten. Ketzerischer, ja jüdischer Ursprung wurde den Fatimiden von ihren Feinden angedichtet. Ibn al-Qāriḥ scheint mit dieser seiner Vergangenheit gebrochen zu haben; so jedenfalls müssen wir wohl seine Worte deuten. Doch ist nicht allein die politisch-religiöse Seite dieser Vergangenheit angesprochen. Man sagte der von den Fatimiden vertretenen Richtung des Islam auch skandalöse Freizügigkeit in Sachen Wein und Liebe nach. Verstockt wie sich die Ketzer Zeit ihres Lebens gezeigt hatten, konnte ihnen, wofern sie überhaupt an Umkehr dachten, kurz vor ihrem Tod Reue nichts mehr nützen. Auch der Verfasser des Briefes jammert, daß er bis in sein achtes Lebensjahrzehnt allen Begierden nachgegeben und den Jüngsten Tag vergessen habe. Das heiligmäßige Leben des Propheten und seiner engsten Vertrauten kommt ihm in den Sinn, und Ibn al-Qāriḥ gibt sich zerknirscht darüber, daß er noch immer nicht Herr seiner Begierden geworden sei. Dabei sei es höchste Zeit, sich auf das Jenseits vorzubereiten, „denn wer dann nicht rasch zum Quellwasser (am Paradies) gelangt, leidet Durst" [15].

„Oh Herr, verzeih doch einem furchtsamen Greis,
der aus Angst vor der Hölle fast irrsinnig ist!
Tadelnswerte Schandtaten hat er begangen
in Zeiten, da er ohne Glauben und Verstand war!" [16]

Mit diesen Versen schließt Ibn al-Qāriḥ seine greinenden Ausführungen. Ist die Klage ernst gemeint? Man muß wohl davon ausgehen, wenn uns auch die Eitelkeit und Borniertheit des Schreibers abstoßen: Überall versucht er, mit seinem angelernten Wissen auf den Gebieten der Rhetorik und Poesie zu prunken; er, der um Verzeihung fleht, ist unfähig, alte Beleidigungen zu vergessen; er ist ein kleinlicher Federfuchser; larmoyante Unterwürfigkeit und überhebliche Selbstgerechtigkeit sind bei ihm eine groteske Verbindung eingegangen.

Abū al-ʿAlā al-Maʿarrī, der damals bereits literarischen Ruhm in allen islamischen Ländern genoß, schrieb eine Entgegnung, die als „Abhandlung über das Vergeben" bekannt wurde. Sie ist überladen mit Zitaten aus der alten Poesie, befrachtet mit grammatischen und lexikalischen Raritäten, die dem Verfasser immer wieder Gelegenheit zu Abschweifungen geben, in denen er seine eigenen Sätze kommentiert, nicht ohne stets anzudeuten, daß der Empfänger dies ja alles selber wisse. Allein in diesem Stil steckt eine Karikierung der epigonenhaften Gelehrtheit Ibn al-Qāriḥs. – Doch zum Inhalt! Ibn al-Qāriḥs Mahnungen seien in der Tat einer goldenen Leiter in den Himmel zu vergleichen; Bäume mit süßen Früchten würden ihm im Paradies dafür zuteil. Trinkgefäße, Wein, Honig, Fische des Paradieses werden nun beschrieben. „Und da ist mir", fährt Abū al-ʿAlā fort, „als sähe ich (den Ibn al-Qāriḥ), da er ja diesen Rang wegen der Gewißheit (seiner) Buße verdient, wie Gott ihm Zechgenossen aus den Literaten des Paradieses ausgewählt hat."[17] Indem berühmte Dichter und Sprachgelehrte der Vergangenheit Ibn al-Qāriḥ begleiten, wird also auch für die Ergötzung seines Geistes gesorgt. Man beschließt, einen Umritt durch das Jenseits vorzunehmen. Dabei fällt Ibn al-Qāriḥ ein bestimmter Vers ein. „Weißt du, o Gottesknecht, der die Verzeihung erlangt hat, von wem dies Gedicht stammt?" ertönt eine Stimme. Natürlich kennt Ibn al-Qāriḥ die Antwort: von al-Aʿšā, dem heidnischen Dichter. Da gibt sich die Stimme zu erkennen: Es ist al-Aʿšā selbst. Verwundert fragt Ibn al-Qāriḥ, wie er denn als Heide habe der Hölle entrinnen können. Al-Aʿšā erzählt, wie ihn die Höllenknechte schon packen wollten, als er Muḥammad um Hilfe anrief. Dieser trug ʿAlī, seinem Schwiegersohn, auf, sich bei al-Aʿšā zu erkundigen, worauf er sich bei seiner Forderung, in das Paradies hineingelassen zu werden, berufen könne. Al-Aʿšā verweist auf einige Verse, aus denen ein Lob Muḥammads herausgelesen werden kann. So durfte der Heide dann eintreten, obschon ihn u.a. auch seine Liebe zum Wein davon abgehalten hatte, sich zu Lebzeiten zum Propheten zu bekennen[18]. Ähnliches ist, wie Ibn al-Qāriḥ mit Erstaunen vernimmt, vielen anderen Dichtern, Sängern und sogar Tänzerinnen widerfahren.

An einer Jagdpartie teilzunehmen, lehnt Ibn al-Qāriḥ zunächst mit dem Hinweis ab, er könne vom Pferd fallen und sich den Arm brechen und dadurch vor den Bewohnern des Paradieses eine unglückliche Figur machen. Man versichert ihm, daß derartige Unfälle hier nicht vorkommen könnten. Nach einem Gastmahl, das leider wegen des Streites zweier Philologen abgebrochen werden muß, verlangt es den Reisenden, einen Blick in die Hölle zu tun. Auch dort trifft er viele Größen der arabischen Literatur, so etwa den Dichter Baššār b. Burd aus der frühen Abbasidenzeit, der sich für die folgenden Verse zu verantworten hat:

„Der Teufel ist besser als euer Ahnherr Adam,
seht dies nur ein, ihr (bösen) Menschen!
Sein Element ist das Feuer, Adam ist aus Lehm,
und Lehm ist nicht so edel wie Feuer."

Weitere alte arabische Dichter treten der Reihe nach auf. Ibn al-Qāriḥ weist ihnen lexikalische und grammatische Fehler nach, entschließt sich aber bald, die Höllenbewohner in ihren ewigen Qualen zurückzulassen, da nur wenig Wissenswertes bei ihnen aufzusammeln war. Auf dem Rückweg kommt er an einem Garten vorbei, der es an Pracht und Glanz nicht mit dem Paradies aufnehmen kann. Hier hausen die Rağaz-Dichter, Poeten, die sich einer gering geachteten Form der Dichtung bedienten.
Ibn al-Qāriḥ lernt also sowohl Verdammte als auch Selige kennen und muß erfahren, daß ihr Los häufig durch scheinbare Zufälligkeiten bestimmt worden ist, die dem strengen Kausalzusammenhang zwischen frommer Gläubigkeit und Bußfertigkeit auf der einen Seite und dem Recht auf das Paradies auf der anderen Seite hohnsprechen. Baššār läßt man, obwohl auch Aussagen zu seinen Gunsten überliefert werden, in der Hölle leiden, al-Aʿšā, der sich auch formal nie zum Islam bekannte, wird dagegen verschont. Abū al-ʿAlās Auffassung von Ketzerei, die er am Ende seiner „Abhandlung über das Vergehen" darlegt, müßte nun analysiert werden, doch läßt dies der knappe zur Verfügung stehende Raum nicht zu. Nur soviel sei gesagt: Abū al-ʿAlā wendet sich scharf gegen die bigotte und vorschnelle Verurteilung fremder Gedanken und Meinungen und lehnt damit Ibn al-Qāriḥs Haltung ab. Nicht allzu sicher soll sich der Muslim der Wirksamkeit seiner Buße und Reue nach einem lasterhaften Leben sein. Die Wirksamkeit der Reue zu überschätzen, ist abscheuliche Dünkelhaftigkeit. Sehen wir, wie Abū al-ʿAlā den Ibn al-Qāriḥ zu den erquickenden Quellen des Paradieses vordringen läßt! Von großem Durst geplagt, wartet Ibn al-Qāriḥ am Tage der Abrechnung. Die Liste mit seinen guten Taten ist spärlich wie eine Weide im Dürrejahr, „nur die Buße am Ende (der Liste) gleicht der Leuchte des Ein-

siedlers, die für den Wanderer aufgehängt ist“[19]. Ibn al-Qāriḥ hofft in dieser unbequemen Lage, mit einem Trick die Wartezeit zu verkürzen, um schneller seinen Durst löschen zu können. Er plagiiert Verse bekannter Dichter und plaziert darin den Namen Riḍwāns, des Wächters des Paradieses. Ibn al-Qāriḥ glaubt, wie auf Erden durch Schmeicheleien zum Ziel zu gelangen. Aber vergebens! – Er wird in ein Streitgespräch verwickelt, und plötzlich bemerkt er, daß er das Schriftstück verloren hat, in welchem seine Buße verzeichnet steht. Nach großer Aufregung findet sich der Aleppiner Qadi mit seinen Notaren, der den Akt der Buße bezeugen kann. Immerhin gelingt es Ibn al-Qāriḥ schließlich, aus dem Teich vor dem Paradies zu trinken. Darauf stellt er sich neben die Mitglieder der Prophetenfamilie und verlangt, man solle ihn ins Paradies hinüberbringen, denn er habe zu seinen Lebzeiten jedes Schriftstück mit der Segensformel für die Heilige Familie versehen. Fāṭima, Muḥammads Tochter, die in regelmäßigen Abständen das Gebiet am Tor des Paradieses besucht, läßt es geschehen, daß sich Ibn al-Qāriḥ am Steigbügel ihres Pferdes festklammert und auf diese Weise schneller als alle anderen vor Muḥammad kommt. Nun ist nur noch die Brücke zu überschreiten. Fāṭima befiehlt einer ihrer Dienerinnen, Ibn al-Qāriḥ hierbei behilflich zu sein; trotzdem stürzt er beinahe ab. Auf sein Bitten nimmt ihn endlich das Mädchen huckepack und trägt ihn hinüber. Riḍwān will ihm immer noch den Zutritt zum Garten der Freuden verwehren, aber Ibrāhīm, Muḥammads als Säugling gestorbener Sohn, wendet alles zum besten.

Wenig ehrenhaft ist also Ibn al-Qāriḥs Einzug ins Paradies. Seine so gut beglaubigte Buße hat keine Beachtung und Würdigung gefunden. Der Zusammenhang zwischen Diesseits und Jenseits ist anscheinend schwieriger und verwickelter, als es uns Menschen recht sein mag. Selbstsicherheit in dieser Frage ist völlig fehl am Platz und ziemt sich auch nicht für den frommen – oder den zuletzt noch fromm gewordenen – Muslim.

Anmerkungen

1 N. Daniel: Islam and the West. Edinburg 1960, 7, 148.
2 Ebd., 150.
3 J. T. Plant: Türkisches Staatslexikon. Hamburg 1789, 113.
4 Zitiert in: J. Wellhausen: Reste arabischen Heidentums. Berlin 1887, 229.
5 Ibn Ḥazm: Ǧamharat ansāb al-ʿarab. Ed. E. Lévi-Provençal. Kairo 1948, 457 f.
6 G. Gabrieli: I tempi, la vita e il canzoniere della poetessa araba al-Ḫansā. Rom 1899, 33.

7 Ebd., 150.

8 Hier und im weiteren zitiert nach der Übersetzung von R. Paret, Stuttgart 1966.

9 Zitiert im Anschluß an J. Schacht: Der Islām mit Ausschluß des Qor'āns. Religionsgeschichtliches Lesebuch. Herausgegeben von A. Bertholet. Bd. XVI, Tübingen 1931, 57–59.

10 M. Wolff: Muhammedanische Eschatologie, nach der Leipziger und Dresdner Handschrift zum ersten Male arabisch und deutsch herausgegeben. Leipzig 1872, 162.

11 Ebd., 202 f.

12 Ḫayyāṭ, Abū al-Ḥusain ʿAbd ar-Raḥīm: Le livre du triomphe. Ed. et trad. A. Nader. Beirut 1957, 65.

13 Vgl. E. Gräf in: Der Mensch und sein Tod. Tübingen 1975.

14 Gemeint sind wahrscheinlich die Schriften der Ismailiya; aus dieser Richtung ging die Dynastie der Fatimiden hervor. Man schrieb dieser islamischen Richtung in polemischer Weise jüdischen Ursprung zu.

15 Abū al-ʿAlā al-Maʿarrī: Risālat al-ġufrān. Ed. ʿĀ'iša ʿAbd ar-Raḥmān bint aš-Šāṭi'. 4. Auflage, Kairo 1963, 53.

16 Ebd., 67.

17 Ebd., 168.

18 Ebd., 181.

19 Ebd., 249.

Claus Vogel

Tod und Jenseits nach der Lehre des Buddha

An mehreren gleichlautenden Stellen des Palikanons ist – teils mit, teils ohne Namensnennung – von den ketzerischen Ansichten eines Ajita Kesakambalin die Rede, der zur Zeit des Buddha lebte und einmal auf die Frage des Königs Ajātasattu von Magadha nach der sichtbaren Frucht des Mönchtums folgendes antwortete (DN. I, p. 55. 15–31)[1]:

„Es gibt, Mahārāja, kein Almosen; es gibt kein Opfer; es gibt kein Brandopfer. Es gibt keine Frucht (und) Reifung gutgetaner und schlechtgetaner Taten. Es gibt keine diesseitige Welt; es gibt keine jenseitige Welt. Es gibt keine Mutter; es gibt keinen Vater. Es gibt keine spontan entstandenen Wesen. Es gibt in der Welt keine Śramaṇas und Brāhmaṇas, wohlgegangene (und) wohlgewandelte, die, nachdem sie sowohl die diesseitige Welt als auch die jenseitige Welt für sich erkannt (und) erfahren haben, (sie anderen) verkünden.
Aus vier Elementen zusammengesetzt (ist) dieser Mensch: Wenn er (seine) Zeit erfüllt, geht (und) kehrt die Erde in den Erdkörper zurück, das Wasser geht (und) kehrt in den Wasserkörper zurück, das Feuer geht (und) kehrt in den Feuerkörper zurück, der Wind geht (und) kehrt in den Windkörper zurück; die Sinne treten in den Luftraum ein. Vier Bahrenträger gehen mit dem Toten davon; bis zur Verbrennungsstätte deklamieren sie Verse. Taubenfarbig werden die Knochen (danach), in Asche endend die Brandopfer.
(Sie wird nur) von Narren gepredigt, (sie), nämlich die Freigebigkeit. Leer (und) falsch (ist) deren Geschwätz, die sagen, es gebe (jene Dinge). Sowohl der Tor als auch der Weise werden durch die Aufspaltung des Körpers (in die Elemente) vernichtet (und) gehen zugrunde und sind nicht über den Tod hinaus."

Ajātasattu schilderte dann dem Buddha seine Reaktion auf diese Ausführungen mit den Worten (DN. I, pp. 55. 32–56. 10):

„So, Herr, erklärte mir Ajita Kesakambalin, nach der sichtbaren Frucht des Śramaṇatums gefragt, die Vernichtung. Gleichwie wenn, Herr, (jemand), nach dem Mangobaum gefragt, den Brotbaum erklärte oder, nach dem Brotbaum gefragt, den Mangobaum erklärte: ebenso, Herr, erklärte Ajita Kesakambalin, nach der sichtbaren Frucht des Śramaṇatums gefragt, die Vernichtung. Darüber, Herr, kam mir folgender (Gedanke): ‚Wie könnte wohl meinesgleichen einen im Reiche wohnenden Śramaṇa oder Brāhmaṇa für tadelnswert halten?' Also äußerte ich mich, Herr, zur Rede des Ajita Kesakambalin weder zustimmend noch ablehnend. Nachdem ich mich weder zustimmend noch ablehnend geäußert (und, obwohl) keineswegs erbaut, (auch) kein unfreundliches Wort von mir gegeben hatte, stand ich vom Sitz auf, ohne diesen Worten Beachtung zu schenken (und) Gewicht beizumessen, und ging fort."

Es ist sicher kein Zufall, daß weder Ajātasattu hier noch später der Buddha in seinen eigenen Darlegungen auf die Leugnung des Jenseits durch Ajita Kesakambalin auch nur mit einer einzigen Silbe einging. Die Weiterexistenz nach dem Tode zählte nämlich zu denjenigen Punkten, die er grundsätzlich nicht behandelte[2]. Das mußte auch sein Jünger Māluṅkyāputta erfahren, als er von ihm eine Auskunft darüber erbat, ob die Welt zeitlich und räumlich begrenzt ist, ob Seele und Körper identisch sind und ob der Erhabene nach dem Tode fortlebt. Der Buddha entgegnete, weder habe er selbst die Erörterung solcher Probleme versprochen, noch habe Māluṅkyāputta sie zur Bedingung für seine Gefolgschaft gemacht, und zog folgenden Vergleich (MN. I, pp. 429.2–430.8):

„(Es ist), wie wenn, Māluṅkyāputta, ein Mann von einem Pfeil getroffen worden wäre, einem mit Gift versehenen (und damit) dick bestrichenen, (und) seine Freunde und Gefährten, Angehörigen und Verwandten ließen einen Arzt, einen Chirurgen herbeikommen. Würde jener (Mann) folgendermaßen sprechen: ‚Ich werde so lange nicht den Pfeil herausziehen (lassen), als ich von dem Mann, durch den ich beschossen worden bin, nicht weiß, (ob er) Kṣatriya, Brāhmaṇa, Vaiśya oder Śūdra (ist); ... (daß er) von solchem Namen (und) aus solcher Familie (ist); ... (ob er) groß, klein oder mittelgroß (ist); ... (ob er) schwarz, braun oder goldhäutig (ist); ... (daß er) in dem und dem Dorf, Flecken oder Stadt (wohnt); ... als ich von dem Bogen, mit dem ich getroffen worden bin, nicht weiß, (ob es) ein Flitzebogen oder eine Armbrust (ist); ... als ich von der Sehne, mit der ich getroffen worden bin, nicht weiß, (ob sie) aus Sankt-Lorenz-Kraut, Schilf, Flechse, Hanf oder Khīrapaṇṇin (ist); ... als ich von dem Schaft, durch den ich getroffen worden bin, nicht weiß, (ob er aus) Kaccha- oder Ropima-Rohr (ist); ... mit wessen Federn (er) gefiedert (ist, ob mit denen) eines Geiers, Reihers, Habichts, Pfaus oder Sithilahanu; ... mit wessen Flechse (er) umwickelt (ist, ob mit der) eines Rindes, Büffels, Hirsches oder Affen; ... als ich von dem Pfeil, durch den ich getroffen worden bin, nicht weiß, (ob es) ein Salla-, Khurappa-, Vekaṇḍa-, Nārāca-, Vacchadanta- oder Karavīrapatta-Pfeil (ist).‘ Ehe das, Māluṅkyāputta, von jenem Mann in Erfahrung gebracht worden wäre, würde der Mann (seine) Zeit erfüllen. Ebenso, Māluṅkyāputta, (steht es mit jemandem), der folgendermaßen spräche: ‚Ich werde so lange nicht unter dem Erhabenen den heiligen Wandel führen, als mir der Erhabene nicht erklärt, (ob) die Welt ewig oder (ob) die Welt nicht ewig (ist, ob) die Welt endlich oder (ob) die Welt nicht endlich (ist, ob) die Seele dasselbe (wie der Körper) oder (ob) der Körper dasselbe (wie die Seele ist, ob) die Seele verschieden (vom Körper) oder (ob) der Körper verschieden (von der Seele ist, ob) der Tathāgata über den Tod hinaus ist oder (ob) der Tathāgata nicht über den Tod hinaus ist, (ob) der Tathāgata sowohl über den Tod hinaus ist als auch nicht ist, (ob) der Tathāgata weder über den Tod hinaus ist noch nicht ist.‘ Ehe das, Māluṅkyāputta, vom Tathāgata erklärt worden wäre, würde der Mensch (seine) Zeit erfüllen."

Der Buddha fuhr dann fort (MN. I, p. 431.23–35):

„Und warum (ist) das, Māluṅkyāputta, von mir nicht erklärt worden? Es (ist), Māluṅkyāputta, nicht dem Zweck entsprechend (und) nicht zu den Grundlagen des heiligen Wandels gehörig; es dient nicht der Abkehr, nicht der Leidenschaftslosigkeit, nicht der Aufhebung, nicht der Beruhigung, nicht der Erkenntnis, nicht der Erleuchtung, nicht dem Nirwana. Darum (ist) es von mir nicht erklärt worden. Und was, Māluṅkyāputta, (ist) von mir erklärt worden? ‚Dies (ist) das Leid' – so, Māluṅkyāputta, (ist) von mir erklärt worden. ‚Dies (ist) die Entstehung des Leids' – so (ist) von mir erklärt worden. ‚Dies (ist) die Aufhebung des Leids' – so (ist) von mir erklärt worden. ‚Dies (ist) der zur Aufhebung des Leids führende Weg' – so (ist) von mir erklärt worden. Und warum (ist) das, Māluṅkyāputta, von mir erklärt worden? Es (ist), Māluṅkyāputta, dem Zweck entsprechend, es (ist) zu den Grundlagen des heiligen Wandels gehörig; es dient der Abkehr, der Leidenschaftslosigkeit, der Aufhebung, der Beruhigung, der Erkenntnis, der Erleuchtung, dem Nirwana. Darum (ist) es von mir erklärt worden."

Der Buddha war also der Meinung, die von Māluṅkyāputta aufgeworfenen Fragen seien zu komplex, um im Laufe eines Menschenalters erschöpfend behandelt werden zu können, und würden wegen ihrer Komplexität den Gläubigen vom eigentlichen Ziel – der Erlangung des Nirwana – ablenken. Er setzte deshalb das Wissen vom Sein nach dem Tode hinter das Wissen von den vier sogenannten edlen Wahrheiten *(ariyasacca)* zurück, das das Leiden, die Entstehung des Leidens, die Aufhebung des Leidens und den Weg zur Aufhebung des Leidens betrifft und das, da Wissen um etwas für den alten Inder zugleich Macht zur Einflußnahme darauf bedeutete, die zur Erlösung führende Erkenntnis beinhaltet.
In einem anderen Lehrtext ist es nicht der Jünger Māluṅkyāputta, sondern der Wanderasket Vacchagotta, der die Ansicht des Buddha zur Limitiertheit der Welt, zur Identität von Seele und Körper und zu dessen Fortexistenz nach dem Tode erfahren wollte. Der Meister lehnte es freilich zunächst rundweg ab, sich auf Spekulationen hierüber einzulassen, und wies statt dessen auf die fünf sogenannten Aggregate des Existenzverhaftetseins *(upādānakkhandha)* hin, die nach buddhistischer Dogmatik die Grundlage der Einzelpersönlichkeit und das neunte Glied der Kausalitätskette bilden (MN. I, p. 486. 11–18):

„Theorie, Vaccha, das (ist) ein abgelegtes (Kleid) des Tathāgata. Erkannt, Vaccha, (wurde) vom Tathāgata folgendes: so (ist) die Form, so das Entstehen der Form, so das Vergehen der Form; so (ist) das Gefühl, so das Entstehen des Gefühls, so das Vergehen des Gefühls; so (ist) die Wahrnehmung, so das Entstehen der Wahrnehmung, so das Vergehen der Wahrnehmung; so (sind) die Gestaltungen, so das Entstehen der Gestaltungen, so das Vergehen der Gestaltungen; so (ist) das Bewußtsein, so das Entstehen des Bewußtseins, so das Vergehen des Bewußtseins."

In der zweiten Predigt von Benares hatte der Buddha die fünf Aggregate des Existenzverhaftetseins ausdrücklich als leidvoll bezeichnet (Vin. I, p. 14. 5–16). Mithin läuft seine Antwort an Vacchagotta prinzipiell auf das gleiche hinaus wie seine Antwort an Māluṅkyāputta: auf die Leidenswahrheit. Überraschenderweise endete aber der Dialog hier nicht; vielmehr wollte der Buddha nun von Vacchagotta hören, was wohl mit einem Feuer geschehe, wenn es erlösche (MN. I, p. 487. 11–30):

„Was meinst Du dazu, Vaccha? Wenn vor Dir ein Feuer brennen würde, wüßtest Du: ‚Hier vor mir brennt ein Feuer'?" – „Wenn, o Gotama, vor mir ein Feuer brennen würde, wüßte ich: ‚Hier vor mir brennt ein Feuer'." – „Wenn man Dich, Vaccha, nun folgendermaßen fragen würde: ‚Das Feuer, das hier vor Dir brennt, wodurch brennt dieses Feuer?', was würdest Du, Vaccha, so gefragt, antworten?" – „Wenn man mich, o Gotama, folgendermaßen fragen würde: ‚Das Feuer, das hier vor Dir brennt, wodurch brennt dieses Feuer?', würde ich, o Gotama, so gefragt, folgendermaßen antworten: ‚Das Feuer, das hier vor mir brennt, dieses Feuer brennt durch den Brennstoff Gras und Holz'." – „Wenn, Vaccha, vor Dir das Feuer ausgehen würde, wüßtest Du: ‚Hier vor mir das Feuer (ist) ausgegangen'?" – „Wenn, o Gotama, vor mir das Feuer ausgehen würde, wüßte ich: ‚Hier vor mir das Feuer (ist) ausgegangen'." – „Wenn man Dich, Vaccha, nun folgendermaßen fragen würde: ‚Das Feuer, das hier vor Dir ausgegangen (ist), in welche Himmelsrichtung (ist) dieses Feuer hingegangen, in die östliche, westliche, nördliche oder südliche?', was würdest Du, Vaccha, so gefragt, antworten?" – „Das trifft nicht zu, o Gotama. Denn das Feuer, o Gotama, brannte durch den Brennstoff Gras und Holz und gilt wegen dessen Aufzehrung und der Nichtzufuhr von anderem (Brennstoff) als ohne Nahrung ausgegangen."

Diese Feststellung Vacchagottas über das Ausbrennen des Feuers griff der Buddha auf, um sie auf sein eigenes Ableben zu übertragen (MN. I, pp. 487. 31–488. 25):

„Ebenso, Vaccha, (ist) die Form des Tathāgata, durch die man den Tathāgata definieren könnte, wenn man (ihn) definieren wollte, aufgegeben, von der Wurzel abgeschnitten, wie eine Palme abgerissen, ausgerottet, keiner Wiedergeburt mehr unterworfen. Vom Namen ‚Form' losgelöst, Vaccha, (ist) der Tathāgata, tief, unermeßlich, schwer zu durchdringen wie der große Ozean. Daß er wiedergeboren wird, trifft nicht zu; daß er nicht wiedergeboren wird, trifft nicht zu; daß er sowohl wiedergeboren als auch nicht wiedergeboren wird, trifft nicht zu; daß er weder wiedergeboren noch nicht wiedergeboren wird, trifft nicht zu." Es folgen dieselben Aussagen unter Nennung der übrigen vier Aggregate des Existenzverhaftetseins: Gefühl, Wahrnehmung, Gestaltungen und Bewußtsein.

Die beiden Verbformen, die der Buddha im Zusammenhang mit dem Erlöschen des Feuers benutzte, sind *nibbāyeyya* und *nibbuta*. Die erste Form, *nibbāyeyya*, ist die 3. Person Singular Optativ Präsens Aktiv der Paliwurzel *nibbā* „verwehen" (Skr. *nirvā*; vgl. Geiger, Pāli, § 138). Die zweite Form, *nibbuta*, ist das Partizip Perfekt Passiv einer unbelegten Paliwurzel **nibbar*, die entweder auf Skr. *nivṛ* „bedecken" oder auf Skr. *nirvṛ* „beruhigen" zurückgeht. Obwohl also etymologisch und semasiologisch durchaus verschieden, finden sich beide Verben doch im literarischen Sprachgebrauch miteinander vermengt, indem *nibbuta* regelmäßig als Supinum von *nibbā* erscheint. Dabei ist die ursprüngliche Bedeutung von *nibbā*, nämlich „verwehen", immer mehr zugunsten der des Verlöschens einer Flamme, Lampe od. dgl. geschwunden, und in diesem abgewandelten Sinne muß auch das von der Wurzel *nibbā* abgeleitete Nomen *nibbāna* (Skr. *nirvāṇa*) verstanden werden: Der Tathāgata erlischt beim Eintritt ins Nirwana wie ein Feuer, dessen Brennstoff aufgezehrt ist. Nur in älteren Texten spielt hier der Wind noch eine Rolle, etwa im Suttanipāta, wo es Vers 1074 heißt:

„Gleichwie das Licht, vom Windeswehn getroffen,
Zur Ruhe eingeht und dem Blick entschwindet,
So geht der Weise, Nam' und Leib ablegend,
Zur Ruhe ein, entschwindend jedem Blicke."

(Oldenberg)

Nun war allerdings für den alten Inder das Aufflammen und Erlöschen des Feuers keineswegs ein Entstehen und Vergehen; vielmehr wurde seiner Meinung nach dadurch bloß das schon vorhandene Feuer sichtbar und wieder unsichtbar, wie ein Passus aus dem Mahābhārata dartut (XII 180.2 u. 5–6):

„Nicht", so betont dort der Weise Bhṛgu gegenüber Bharadvāja, „vergeht die mit dem Körper verbundene Seele, wenn dieser vergangen ist, gleichwie ein Feuer nicht vergeht, wenn das Holz verbrannt ist ... Ein Feuer, das am Ende seiner Holzzufuhr ist, läßt sich nicht wahrnehmen; denn wegen seines Eingangs in den Äther (ist) es schwer zu fassen (da) ohne Aufenthaltsort. Ebenso befindet sich die Seele nach Aufgabe des Körpers in einem ätherähnlichen Zustand: Sie läßt sich wegen ihrer großen Feinheit nicht fassen, wie das Licht; (daran besteht) kein Zweifel."

Man könnte einwenden, daß eine solche aus der Philosophie des Epos stammende Theorie nicht unbedingt auch die Anschauung des Buddha hat sein müssen. Es gibt aber Aussprüche des Meisters, die ganz den gleichen Tenor haben, z. B. dieser (Ud. VIII 10):

„Gleichwie der Gang des von der Eisenkeule getroffenen brennenden Feuers, (wenn es) allmählich zur Ruhe gekommen (ist), sich nicht erkennen läßt, ebensowenig ist der Gang der völlig Erlösten, (die) die Flut der Lustfessel durchquert (und) die unwandelbare Seligkeit erreicht (haben), zu bestimmen."

Dazu treten andere Äußerungen und Ausdrucksweisen, die unmißverständlich zeigen, daß das Erlöschen nicht als Vernichtung angesehen wurde. Man spricht geradezu von einer „Sphäre des Nirwana" *(nibbānadhātu)* oder einer „Stadt des Nirwana" *(nibbānapura)*, in die der Erlöste einzieht. Ebenso eindeutig ist es, wenn der Buddha vom Nirwana sagt (Ud. VIII 3):

„Es gibt, Ihr Mönche, ein Ungeborenes, Ungewordenes, Ungemachtes, Ungestaltetes. Wenn es nicht, Ihr Mönche, dieses Ungeborene, Ungewordene, Ungemachte, Ungestaltete gäbe, ließe sich hier nicht ein Ausweg aus dem Geborenen, Gewordenen, Gemachten, Gestalteten erkennen. Und da es nun, Ihr Mönche, ein Ungeborenes, Ungewordenes, Ungemachtes, Ungestaltetes gibt, deshalb läßt sich ein Ausweg aus dem Geborenen, Gewordenen, Gemachten, Gestalteten erkennen."

Wäre der eben geschilderten eigentümlichen und von den Einsichten der modernen Physik weit entfernten altindischen Feuertheorie im Abendland von vornherein Rechnung getragen worden, hätte man sich wohl nie zu der Behauptung verstiegen, der Buddhismus bestreite das Vorhandensein einer Seele und betrachte das Nirwana als ein Aufgehen im Nichts. Es ist das Verdienst des berühmten französischen Gelehrten Louis de La Vallée Poussin, mit seiner bahnbrechenden Abhandlung „Nirvâṇa" (Paris 1925) hier die Dinge endlich ins Lot gebracht zu haben. Der eingangs zitierte Ajita Kesakambalin, dessen Kredo, wie erinnerlich, in den Satz einmündete: „Sowohl der Tor als auch der Weise werden durch die Aufspaltung des Körpers (in die Elemente) vernichtet (und) gehen zugrunde und sind nicht über den Tod hinaus", – dieser Ajita Kesakambalin galt den Buddhisten völlig zu Recht als Häretiker.

Übrigens standen die frühen europäischen Interpreten mit ihrer These von der Leugnung eines Jenseits durch den Buddha keineswegs allein. Schon der Kanon selbst weiß von einem Mönch namens Yamaka zu berichten, der eine solche „sündige Ansicht" *(pāpakaṃ diṭṭhigatam)* vertrat (SN. III, p. 109. 19–22): „Dahin verstehe ich die vom Erhabenen verkündete Lehre, daß ein Mönch, dessen Befleckungen erschöpft sind, durch die Aufspaltung des Körpers vernichtet wird, zugrunde geht und nicht über den Tod hinaus ist." Ihm wurde dann allerdings von Sāriputta, einem der Hauptjünger des Buddha, folgendes entgegengehalten (SN. III, pp. 111.6–112.13):

„Was meinst Du dazu, Bruder Yamaka? (Ist) die Form beständig oder unbeständig?" – „Unbeständig, mein Bruder." – „(Sind) das Gefühl, die Wahrnehmung, die Gestaltung, das Bewußtsein beständig oder unbeständig?" – „Unbeständig, mein Bruder." ... – „Was meinst Du dazu, Bruder Yamaka? Siehst Du als die Form den Tathāgata an?" – „Sicher nicht, mein Bruder." – „Siehst Du als das Gefühl, als die Wahrnehmung, als die Gestaltungen, als das Bewußtsein den Tathāgata an?" – „Sicher nicht, mein Bruder." – „Was meinst Du dazu, Bruder Yamaka? Siehst Du als in der Form (befindlich) den Tathāgata an?" – „Sicher nicht, mein Bruder." – „Siehst Du als von der Form verschieden den Tathāgata an?" – „Sicher nicht, mein Bruder." – „Als im Gefühl (befindlich), als vom Gefühl verschieden? Als in der Wahrnehmung (befindlich), als von der Wahrnehmung verschieden? Als in den Gestaltungen (befindlich), als von den Gestaltungen verschieden? Siehst Du als im Bewußtsein (befindlich) den Tathāgata an?" – „Sicher nicht, mein Bruder." – „Siehst Du als vom Bewußtsein verschieden den Tathāgata an?" – „Sicher nicht, mein Bruder." – „Was meinst Du dazu, Bruder Yamaka? Siehst Du als Form, Gefühl, Wahrnehmung, Gestaltungen, Bewußtsein (insgesamt) den Tathāgata an?" – „Sicher nicht, mein Bruder." – „Was meinst

Du dazu, Bruder Yamaka? Siehst Du als eben denjenigen, (der) ohne Form, Gefühl, Wahrnehmung, Gestaltungen, Bewußtsein (ist), den Tathāgata an?" – „Sicher nicht, mein Bruder." – „Hier also in der sichtbaren Welt (ist) für Dich, Bruder Yamaka, in Wahrheit (und) Wirklichkeit der Tathāgata nicht zu erfassen. Geziemt sich da für Dich die Feststellung: ‚Dahin verstehe ich die vom Erhabenen verkündete Lehre, daß ein Mönch, dessen Befleckungen erschöpft sind, durch die Aufspaltung des Körpers vernichtet wird, zugrunde geht und nicht über den Tod hinaus ist'?"

Mit anderen Worten: Die fünf Aggregate des Existenzverhaftetseins, die sonst ein Individuum bestimmen, sind nicht geeignet, den Tathāgata seiner Natur nach auch nur im Diesseits zu begreifen, um wieviel weniger erst im Zustand des Nirwana! Dementsprechend antwortete dann der Buddha auf die Frage des Jünglings Upasīva (Sn. 1075):

„Ist, wer zur Ruhe ging, dem Sein entnommen?
Gehört ihm ew'ges Sein, frei von Gebrechen?
Das wolle du mir, Weiser, offenbaren,
Denn kund ist dir in Wahrheit diese Ordnung"

(Oldenberg)

mit dem Ausspruch (Sn. 1076):

„Den, der zur Ruhe ging, kein Maß ermißt ihn.
Von ihm zu sprechen gibt es keine Worte.
Zunichte ward, was Denken könnt' erfassen:
So ward zunicht auch jeder Pfad der Rede."

(Oldenberg)

Es kann indessen nicht Aufgabe dieses Vortrages sein, alle Passagen aus dem buddhistischen Schrifttum in extenso vorzuführen, an denen direkt oder indirekt das Nirwana zur Sprache kommt. Ihre Zahl ist Legion, und die Ausbeute wäre minimal. Es soll bloß noch auf einen Aspekt des Nirwana hingewiesen werden, der gleichzeitig zum Thema des Todes überleitet. Das immer wiederkehrende Bild vom Erlöschen des Feuers schließt häufig das Erlöschen des Feuers der Leidenschaft *(rāgaggi)* mit ein. Da nun das Ergebnis der Leidenschaft – d.h. des sündigen Trachtens nach irdischen Gütern – die Wiedergeburt ist, zieht das Ersterben der Leidenschaft die Erlösung aus dem Kreislauf der Wiedergeburten und also das Nirwana nach sich. Als deshalb der Bodhisattva in der Stunde seiner Erleuchtung die Leidenschaft ablegte und zum Buddha wurde, war er schon als Mensch in der Welt erloschen und hatte das Nirwana erreicht. Nur das Substrat seiner Körperlichkeit trennte ihn noch vom substratlosen völligen Nirwana *(parinibbāna)*, das erst bei seinem Tode eintrat. So wird in der Erleuchtung der Tod vorweggenommen, und der Tod erfährt Sinn und Wert durch die Erleuchtung. Zwischen ihnen besteht lediglich ein Formunterschied, kein Wesensunterschied. Das sei zu guter Letzt am Beispiel des Buddha selbst ad oculos demonstriert.

Vorweg etwas zur Quellenlage. Eine vollständige Biographie ihres Religionsstifters haben die Urbuddhisten nicht hinterlassen. Zwar kennen die Lehrtexte viele Episoden aus der Vita des Meisters: seine Besuche in Städten und Dörfern, seine Gespräche mit Anhängern und Widersachern, seine Erfolge und bisweilen auch Mißerfolge; aber eine chronologische Anordnung, etwa nach Art eines Itinerariums, fehlt. Dagegen bietet das Majjhimanikāya mehrfach Ich-Berichte, in denen der Buddha über Ereignisse aus seiner Vergangenheit spricht: über sein Wohlleben als Prinz Siddhārtha, seine Weltflucht und Schülerschaft bei den Yogalehrern Āḷāra Kālāma und Uddaka Rāmaputta, seine Askese und Erleuchtung, seine ersten Jünger. Zwei Abschnitte haben jedoch schon sehr früh eine zusammenhängende Darstellung in Gestalt einer fortlaufenden Erzählung gefunden: die Vorgänge bei der Begründung der Gemeinde im Catuṣpariṣatsūtra und das Geschehen bei seinem Tode im Mahāparinirvāṇasūtra. Beide Werke sind von Ernst Waldschmidt in mustergültiger Weise auf Sanskrit und tibetisch herausgegeben, mit den Pali-Parallelen verglichen, nach den chinesischen Entsprechungen ins Deutsche übersetzt und stratigraphisch untersucht worden. Für das Mahāparinirvāṇasūtra, das hier allein interessiert, unterscheidet Waldschmidt dabei vier Schichten[3]: Textstücke der Klasse A, die in der Mehrzahl der Versionen überliefert sind und inhaltlich größtenteils miteinander übereinstimmen; Textstücke der Klasse B, die wie diejenigen der Klasse A überliefert sind, aber inhaltlich stärker voneinander abweichen; Textstücke der Klasse C, die in einer Minderzahl von Versionen, und solche der Klasse D, die bloß in einer einzigen Version überliefert sind. Wählt man mit Waldschmidt die Sanskrit- und Pali-Versionen zum Ausgangspunkt, so stehen die Klassen A und B zu den Klassen C und D in einer Relation 3:1, während sich die Klasse A zur Klasse B umgekehrt wie 1:3 verhält. Mit anderen Worten: Drei Viertel der Überlieferung gehen auf den alten Kanon zurück, aber bloß ein Viertel davon – also weniger als ein Fünftel des Ganzen – ist ohne tiefergreifende Überarbeitung geblieben. Zu diesem harten Kern des Sūtra rechnet auch die Schilderung vom Eingang des Buddha ins völlige Nirwana (DN. II, p. 156.4–34):

„Dann [d.h. nach den Worten: ‚Dem Vergehen unterworfen (sind) die Gestaltungen, unablässig sollt Ihr streben!'] erlangte der Erhabene die erste Versenkungsstufe. Nachdem er sich aus der ersten Versenkungsstufe erhoben hatte, erlangte er die zweite Versenkungsstufe. Nachdem er sich aus der zweiten Versenkungsstufe erhoben hatte, erlangte er die dritte Versenkungsstufe. Nachdem er sich aus der dritten Versenkungsstufe erhoben hatte, erlangte er die vierte Versenkungsstufe. Nachdem er sich aus der vierten Versenkungsstufe erhoben hatte, erlangte er den Bereich der Unendlichkeit des Raumes. Nachdem er sich aus der Erlangung des Bereichs der Unendlichkeit des Raumes erhoben hatte, erlangte er den Bereich der Unendlichkeit des Bewußtseins. Nachdem er sich aus der Erlangung des Bereichs der Unendlichkeit des Bewußtseins erhoben hatte, erlangte er den Bereich des Nichts. Nachdem er sich aus der Erlangung des Bereichs des Nichts erhoben hatte, erlangte er den Bereich des Weder-Wahrnehmung-Noch-Nichtwahrnehmung. Nachdem er sich aus der Erlangung des Bereichs des Weder-Wahrnehmung-Noch-Nichtwahrnehmung erhoben hatte, erlangte er die Aufhebung von Wahrnehmung und Empfindung. Da sprach der ehrwürdige Ānanda zum ehrwürdigen Anuruddha folgendes: ‚Völlig erloschen, Meister Anuruddha, (ist) der Erhabene.' – ‚Nicht, Bruder Ānanda, (ist) der Erhabene völlig erloschen, die Aufhebung von Wahrnehmung und Empfindung (hat er) erlangt.' Nachdem sich dann der Erhabene aus der Erlangung der Aufhebung von Wahrnehmung und Empfindung erhoben hatte, erlangte er den Bereich des Weder-Wahrnehmung-Noch-Nichtwahrnehmung ..." usw. bis hinab zur ersten Versenkungsstufe und wieder hinauf zur vierten Versenkungsstufe. Dann heißt es: „Unmittelbar nachdem er sich aus der vierten Versenkungsstufe erhoben hatte, erlosch der Erhabene völlig."

Um diese jeder persönlichen Note und jeder Dramatik entbehrende Beschreibung verstehen zu können, müssen zunächst die dogmatischen Begriffe erklärt werden, auf denen sie beruht[4]. Es sind das die vier Versenkungsstufen, die vier Bereiche und die Aufhebung von Wahrnehmung und Empfindung.

Die vier Versenkungsstufen (Skr. *dhyāna*, P. *jhāna*) sind sukzessive Phasen der Meditation, die der Mönch nur durchlaufen kann, wenn er bestimmte Voraussetzungen erfüllt hat: wenn er nämlich erstens die zehn moralischen Vorschriften *(śīla)* – Verzicht auf Zerstörung von Leben, Diebstahl, Unkeuschheit, Unaufrichtigkeit, Beschimpfung, Verleumdung, Gefasel, Begehrlichkeit, Boshaftigkeit und Irrlehre – beachtet und so ein untadeliges Benehmen gezeigt hat; wenn er zweitens seine Körperfunktionen – Gehen und Kommen, Aufschauen und Umherblicken, Gliederbeugen und -strecken, Kleider- und Almosenschaletragen, Essen und Trinken, Kauen und Schmekken, Stuhl- und Harnlassen, Stehen und Sitzen, Schlafen und Wachen, Sprechen und Schweigen – bewußt ausgeübt und so alle geistige Zwiespältigkeit und Flatterhaftigkeit abgelegt hat; und wenn er drittens die fünf Hemmnisse *(nīvaraṇa)* – Begehrlichkeit, Böswilligkeit und Verderbtheit, Trägheit und Schlaffheit, Aufregung und Gewissensnot, Unsicherheit – überwunden hat und so in ein Stadium der Unbeschwertheit eingetreten ist, in dem er sich fühlt wie ein Schuldner, der seine Schuld getilgt hat, wie ein Kranker, der nach schwerem Leiden gesundet, wie ein Häftling, der aus dem Gefängnis entlassen wird, wie ein Sklave, der die Freiheit erhält, wie ein Reisender, der nach risikovoller Wanderung einen sicheren Ort erreicht. Erst dann ist sein Geist für jene Tätigkeit bereit, die Friedrich Heiler als „Andacht" bezeichnet und für die er aus der Sekundärliteratur nicht weniger als 21 Paraphrasen zusammengetragen hat[5]: Meditation, Kontemplation, rapture, rapt meditation, rapt contemplation, rapt (absorbed, concentrated) musing, Verzückung, exaltation psychique, trance, Ekstase, self-hypnotism, Beschauung, tiefe Meditation, Transzendentalmeditation, Schauung, Sinnen, Vertiefung, Selbstvertiefung, Versenkung, religious meditation or abstraction of the mind, mystic or abstract meditation. Was beinhalten nun die vier Versenkungsstufen? Im Dīghanikāya – und ähnlich auch des öfteren im Majjhimanikāya – heißt es über sie:

(I, p. 73.23–25) „Losgelöst von den Begierden (und) losgelöst von den unheilsamen Gegebenheiten, erlangt (der Mönch) die erste Versenkungsstufe: mit Nachdenken verbundene, mit Überlegen verbundene, aus Loslösung entstandene Freude und Glück, und verharrt (darin)."
(I, p. 74.13–16) „Nach dem Zur-Ruhe-Kommen von Nachdenken und Überlegen erlangt der Mönch die zweite Versenkungsstufe: inneren Frieden, Konzentration des Geistes, von Nachdenken befreite, von Überlegen befreite, aus Sammlung entstandene Freude und Glück, und verharrt (darin)."
(I, p. 75.6–10) „Nach dem Verblassen der Freude verharrt der Mönch gleichmütig, achtsam und bewußt und verspürt mit seinem Körper Glück, so daß die Edlen von ihm sagen: ‚(Er ist) gleichmütig, achtsam, im Glück verharrend.' So erlangt er die dritte Versenkungsstufe und verharrt (darin)."
(I, p. 75.28–31) „Nach der Aufgabe des Glücks, der Aufgabe des Leids und dem schon früheren Untergang von Wohlbehagen und Mißbehagen erlangt der Mönch die vierte Versenkungsstufe: leidlose, glücklose völlige Reinheit des Gleichmuts und der Achtsamkeit, und verharrt (darin)."

Die Definitionen sind, wie kaum anders zu erwarten, sehr abstrakt gehalten und zudem mit vielen ihrerseits interpretationsbedürftigen Termini technici befrachtet, die jetzt unmöglich en détail erörtert werden können. Immerhin dürfte klar geworden sein, daß es hier um eine schrittweise Eliminierung geistiger Störfaktoren geht: Am Anfang der Meditation spürt der Mönch noch Freude und Glück über die gelungene Abkehr von den Begierden und unheilsamen Gegebenheiten und denkt an dieses und jenes; dann werden nacheinander Denken, Freude und Glück ausgeschaltet, bis zum Schluß nichts als der reine Geist bleibt. Übrigens haben die Buddhisten schon früh versucht, durch Vergleiche das Verständnis der vier Versenkungsstufen zu erleichtern: Auf der ersten Stufe durchtränkt der Mönch seinen Körper mit Freude und Glück wie ein Bader bei der Badekremzubereitung das Badepulver mit Wasser, so daß das Produkt „von Feuchtigkeit durchdrungen, von Feuchtigkeit gesättigt, innen und außen von Feuchtigkeit erfüllt, aber nichttropfend" ist (DN. I, p. 74.4–5). Auf der zweiten Stufe durchströmen

Freude und Glück seinen Körper wie Wasser einen Teich, der von außen keinen Zufluß besitzt, sondern von einer inneren Quelle gespeist wird, so daß „kein (Winkel) des ganzen Teiches nicht vom kühlen Wasser erfüllt ist" (DN. I, p. 74.28–29). Auf der dritten Stufe durchflutet freudloses Glück seinen Körper wie Wasser eine Gruppe von völlig unter der Wasseroberfläche wachsenden Lotussen, so daß „kein (Teil) der ganzen blauen, roten oder weißen Lotusse nicht vom kühlen Wasser erfüllt ist" (DN. I, p. 75. 19–21). Auf der vierten Stufe endlich verweilt der Mönch wie ein Mensch, der von Kopf bis Fuß weiß gekleidet ist, so daß „kein (Fleck) seines ganzen Körpers nicht vom weißen Kleid erfüllt ist" (DN. I, p. 76.4–5).
Die vom sterbenden Buddha nach den vier Versenkungsstufen absolvierten vier Bereiche *(āyatana)* – die der Unendlichkeit des Raumes, der Unendlichkeit des Bewußtseins, des Nichts und des Weder-Wahrnehmung-Noch-Nichtwahrnehmung – sind eine Fortsetzung jener Meditationsreihe; sie sollen, wie schon ihre Namen verraten, das Bewußtsein immer weiter zurückdrängen, bis es schließlich ganz verschwindet und der Zustand erreicht ist, der als „Aufhebung von Wahrnehmung und Empfindung" *(saññāvedayitanirodha)* beschrieben wird. In der Glaubenslehre finden sich die Glieder der Kette zur Neunergruppe der aufeinanderfolgenden Stadien (Skr. *anupūrva-*, P. *anupubbavihāra*) vereinigt.
Auch um die Veranschaulichung der vier Bereiche haben sich die Buddhisten bemüht, allerdings erst in jüngerer Zeit, und zwar dadurch, daß sie dieselben als Götterresidenzen in die höchste Himmelssphäre verlegten. Nach ihrer Kosmologie[6] umfaßte nämlich unser Weltsystem – eines von unermeßlich vielen – nicht nur die Erdoberfläche mit Menschen, Tieren und bösen Geistern, sondern auch noch darunterliegende Höllenkammern mit Folterknechten und Sündern sowie darüberliegende Himmelsregionen, in denen wie in einem mehrstöckigen Haus die verschiedenen Götterklassen wohnten. Während nun der Buddhismus ursprünglich bloß sieben Himmelsetagen und Götterfamilien kannte, wurden es später bis zu 34, von denen die letzten vier jene vier Bereiche bzw. ihre Bewohner – die sogenannten in der Welt der Formlosigkeit ansässigen Götter *(arūpāvacaradeva)* – bildeten. Nach einer anderen, metaphysisch ausgerichteten Systematik gliederte sich das Universum in drei Welten: die Welt der Sinnlichkeit *(kāmāvacara)*, die von der untersten, der achten Hölle bis zum sechsten Himmel langte und in der die Wesen den fünf Aggregaten des Existenzverhaftetseins – Form, Gefühl, Wahrnehmung, Gestaltungen, Bewußtsein – unterlagen; die Welt der Form *(rūpāvacara)*, die vom siebenten bis zum dreißigsten Himmel langte, in der die Wesen Geist und Geisteszustände aufwiesen und in der sie ebenfalls den fünf Aggregaten des Existenzverhaftetseins, aber nicht der Sinnlichkeit

unterlagen; und die ebenerwähnte Welt der Formlosigkeit *(arūpāvacara)*, die vom 31. bis zum obersten, zum 34. Himmel langte und in der die Wesen die gleichen Eigenschaften wie in der zweiten Welt, aber keine Form hatten. Wenn also beide Male die vier Bereiche mit der höchsten Himmelssphäre identifiziert wurden, sollte das offenbar bedeuten, daß sich der Geist des Meditierenden zu den größten Höhen des Alls erhob.

Just diesen Weg nahm auch der Geist des sterbenden Buddha, als er die vier Versenkungsstufen und die vier Bereiche bis zur Aufhebung von Wahrnehmung und Empfindung durchlief. Aber selbst die höchste Himmelssphäre galt den Buddhisten nur als eine Wiedergeburtsstätte, die man durch gute Werke erlangte und die man verlassen mußte, sobald die guten Werke erschöpft waren; der Eintritt ins Parinirvāṇa konnte von hier aus nicht stattfinden. Das ist der Grund, weshalb der Buddha, nachdem er das Ziel der Meditation erreicht hatte, noch einmal an den Ausgangspunkt zurückkehrte, in einem neuen Ansatz bis zur vierten Versenkungsstufe vordrang – zur, wie es heißt, „leidlosen, glücklosen völligen Reinheit des Gleichmuts und der Achtsamkeit" – und von dort aus ins Parinirvāṇa einging. Auf dieser Stufe überkam ihn in der Nacht seiner Erleuchtung die erlösende Erkenntnis, und auf dieser Stufe überkam ihn in der Nacht seines Todes die Vollendung. So wird auf eindrucksvolle Weise eine Brücke zwischen den beiden Hauptereignissen seines Lebens geschlagen.

Man hat früher aus der eigentümlichen Schilderung eines sozusagen doppelten Anlaufs auf das Parinirvāṇa herausgelesen, der Buddha sei nach älterer Vorstellung einfach bis zur vierten Versenkungsstufe emporgestiegen und dann sofort ins Nirwana hinübergewechselt, und hat daraus den Schluß gezogen, die Verbindung der vier Versenkungsstufen mit den vier Bereichen sei nachträglich erfolgt. In diesem Sinne stimmte noch Wilhelm Geiger anläßlich seiner Rezension des Heilerschen Buches über „Die buddhistische Versenkung" dem Autor zu, „daß die Kombination des *arūpajjhāna* mit dem *jhāna* etwas willkürliches und wohl auch zeitlich späteres ist" (ZB 4, 1922, S. 333). Die von Waldschmidt durchgeführte schichtenspezifische Analyse des Mahāparinirvāṇasūtra, von der vorhin die Rede war, bietet dafür jedoch keinerlei Anhaltspunkte.

Abkürzungen

DN.	Dīghanikāya	Ud.	Udāna
MN.	Majjhimanikāya	Vin.	Vinayapiṭaka
SN.	Saṃyuttanikāya	ZB	Zeitschrift für Buddhismus
Sn.	Suttanipāta		

Anmerkungen

1 Im Vinaya der Mūlasarvāstivādins wird diese Lehre dem Pūraṇa Kāśyapa zugeschrieben. Vgl. C. Vogel: The Teachings of the Six Heretics. Wiesbaden 1970, 20–22.
2 Zum Folgenden siehe D. Schlingloff: Die Religion des Buddhismus, I. Berlin 1962, 110–115.
3 Die Überlieferung vom Lebensende des Buddha. Göttingen 1944–48, 15 u. 251.
4 Vgl. Schlingloff, a. a. O., 51–62.
5 Die buddhistische Versenkung. München [2]1922, 14.
6 Vgl. W. Kirfel: Die Kosmographie der Inder. Bonn/Leipzig 1920, 191 f. u. 207.

Klaus Fischer

Darstellungen vom Tode auf einigen buddhistischen Kunstwerken

Frau Professor von Erdberg zum 70. Geburtstag

Buddhistische Stifter beauftragten Künstlergilden, Höhlenklöster und im Freibau errichtete *stūpas* mit Szenen aus den Jātakas, also Geschichten aus den früheren Existenzen des Bodhisattva, und mit Legenden vom Prinzen Gautama, Siddhārtha, von seiner Erleuchtung zum Buddha und mit Darstellungen vom Wirken und Sterben des Buddha auszuschmücken [1]. Bei der Beschreibung von solchen Stoffen typisch indischer Erzählkunst beschränken wir uns auf einige besonders häufig wiedergegebene Szenen mit Schilderungen vom Tode und von der Überwindung des Todes und nehmen die Gelegenheit wahr, kürzlich entdeckte und auch noch unveröffentlichte Denkmäler bekanntzumachen.

Zahlreich sind die Jātakas, in denen der Bodhisattva in einem früheren Leben Barmherzigkeit übte und als Tier sich zur Rettung seiner Herde oder zum Wohle von Menschen opferte. So hören wir im Jātaka 12, daß der Bodhisattva in einem Vorleben sich mit dem zukünftigen Devadatta in die Führung über eine Herde von 1000 Gazellen teilte, die auf dem Jagdgelände des Königs von Benares gehalten wurden. Dieser tötete in blindem Jagdeifer eine Unmenge des Wildes und ließ außerdem weitere Tiere verwunden, die man nicht in das Waldesdickicht verfolgen konnte, wo sie elend zugrunde gingen. So erfolgte lange Zeit unnützes Blutvergießen. Der Bodhisattva als Leitbock seines Teils der Gazellenherde schlug dem König vor, für die Hofküche täglich eine Gazelle abwechselnd aus seiner und aus Devadattas Herde auszuwählen – unter der Bedingung, den Rest der Herde in Frieden zu lassen. Man wurde sich handelseinig, und fortan erhielt der Hof von Benares abwechselnd aus jeder der beiden Gazellenherden ein tägliches Opfer. Eines

Tages, als Devadattas Herde an der Reihe ist, für das königliche Wildbret zu sorgen, fällt das Los auf eine trächtige Gazelle. Das Tier bittet um eine Gnadenfrist und daß an seiner Stelle ein anderes sich opfern möge, bis es sein Junges geworfen habe – aber die Gazellen dieser Herde und ihr Leittier Devadatta bleiben ihren Bitten taub. Die trächtige Gazelle wirft sich voller Verzweiflung zu Füßen des Bodhisattva. Dieser ist sofort bereit, einen Ersatz zu finden, will aber keinen Angehörigen seiner Herde zwingen, außerhalb der Reihe zu sterben, und entschließt sich, das notwendige Opfer selbst zu vollbringen. Als der Hofkoch sieht, wie die prachtvolle Leitgazelle freiwillig zu ihm kommt, läßt er das Messer fallen und benachrichtigt eiligst den König selbst von diesem Ereignis (Abb. 1). Der König wird durch dieses Beispiel an Opfermut gerührt, bekehrt sich zum Vegetarier und untersagt die weitere Jagd auf Gazellen. Auch als die Bauern sich über das Wachstum der Herde, die ihre Erntefelder verwüstet, beklagen, hält der König das Verbot der Tötung aufrecht und gründet bei Benares den später berühmt gewordenen Gazellenhain, um den Tieren den Schutz ihres Lebens und den Bauern die Sicherheit für ihren Lebensunterhalt zu gewähren.

Nach dem Jātaka 482 leitete der Bodhisattva als goldglänzender Hirsch Ruru eine Herde stromabwärts von Benares am Ganges. In diesen Fluß stürzte sich der ungeratene Sohn eines reichen Kaufmanns aus dieser heiligen Stadt, nachdem er durch ein ausschweifendes Leben verarmt und in Schulden geraten war und von seinen Gläubigern verfolgt wurde. Aber er bereut seinen Selbstmordversuch und ruft um Hilfe: der Bodhisattva-Hirsch zeigt wiederum Erbarmen, springt in die Flut und geleitet den Kaufmannssohn auf seinem Rücken sicher wieder an das Ufer (Abb. 2, unterer Rand des Medaillons). Dort bietet er ihm seine Gastfreundschaft an. Als der junge Mensch wieder zu Kräften gekommen ist, zeigt ihm der Bodhisattva den Weg zurück in seine Heimatstadt, bittet ihn aber, die Geschichte von dieser Rettung geheimzuhalten und niemandem das Versteck der Herde zu verraten. Der Kaufmannssohn verspricht seinem Retter, diesen Wunsch zu erfüllen. Aber als er in die Stadt zurückkehrt, hört er, daß der Königin im Traum ein goldener Hirsch erschienen sei, den sie unbedingt in Fleisch und Blut sehen wolle, und daß der König demjenigen einen Beutel Gold und Dörfer als Geschenk verspricht, der den Standort dieses außergewöhnlichen Tieres ermitteln könne. Für den undankbaren Jüngling ist die Versuchung zu groß: er bricht sein Gelübde, den Aufenthaltsort des Hirsches Ruru und seiner Herde nicht zu verraten, und erbietet sich, die königliche Jagdgesellschaft zum Unterschlupf des goldenen Hirsches zu führen. Rasch wird die Herde umzingelt, schon wird der Pfeil auf das goldene Leittier angelegt (Abb. 2, rechter Bildrand) – da läuft dieser selbst auf den König zu und ver-

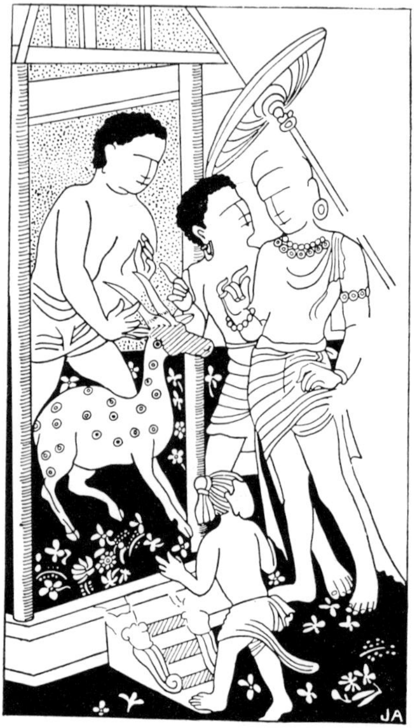

Abb. 1: Ajanta (6. Jh. n. Chr.). Der Bodhisattva als Gazellenkönig.

Abb. 2: Bharhut (1. Jh. v. Chr.). Ruru-Jātaka.

Abb. 3: Mathura (2. Jh. n. Chr.). Śibi-Jātaka: König, Taube und Sperber.

Abb. 4: Mathura (2. Jh. n. Chr.). Śibi-Jātaka: Das Fleischopfer des Königs.

Abb. 5: Gandhāra (3. Jh. n. Chr.). Śibi-Jātaka: Das Fleischopfer des Königs.

wickelt ihn in ein langes Gespräch. Mit der verehrenden *añjali-mudrā* steht der König von Benares vor dem Anführer der Herde (Abb. 2, Mitte). Der König der Tiere und der König der Menschen erfahren voneinander, wie es zu diesem Zusammentreffen gekommen ist, und der König von Benares erzürnt sich über den verräterischen Kaufmannssohn und befiehlt dessen Hinrichtung. Aber der Bodhisattva als goldener Hirsch erweist einen weiteren Akt der Barmherzigkeit und bittet erfolgreich um das Leben des Jünglings.

Ein anderes Mal ist der Bodhisattva der König der Śibis, in dessen Schoß sich eine Taube vor einem Sperber gerettet hat[2]. Der gütige König sichert ihr den Schutz ihres Lebens zu, aber der Raubvogel hat sich auf einer Säule im Palast niedergelassen und hält dem König vor, daß er gezwungen sei, sich und seine Familie durch die Jagd auf die Taube zu ernähren und ohne deren Fleisch verhungern müsse. Der König erkennt diese Gründe an, läßt eine Waage bringen und aus seinem eigenen Schenkel ein Stück Fleisch schneiden, das jenes der Taube aufwiegen soll. Aber auf geheimnisvolle Weise wird die Taube schwerer und schwerer und wird vom König dementsprechend ein immer größeres Opfer an Fleisch gefordert – bis der Götterkönig Indra zu Hilfe kommt und den opfermütigen König vor dem Tode rettet. Diese Szene wurde oft von buddhistischen Bildhauern wiedergegeben. Am Pfeiler eines Steinzaunes von einem *stūpa* in Mathura stammen zwei Bilder: Auf dem ersten hält der König schützend die Hand über die Taube und diskutiert mit dem Sperber, der sich auf einem Säulenkapitell niedergelassen hat (Abb. 3), und auf dem zweiten Bild beobachten wir das Abwiegen des Fleisches (Abb. 4). Auf einem Gandhāra-Relief stützen Begleitfiguren den erschöpften königlichen Fleischspender, zu dessen Hilfe Indra naht (Abb. 5). Im Rahmen einer kontinuierlichen Darstellung wurde die Szene mit aller Bewegtheit des Andhra-Stils von Nagarjunakonda erfaßt[3]: auf demselben Bildfeld sind mehrere Geschehnisse vom König mit der Zuflucht suchenden Taube, vom Beute-fordernden Sperber, vom Fleischopfer des Königs und von dessen Errettung durch Indra vereint.

Der Götterkönig Indra naht auch im Jātaka 485 rechtzeitig, um dem Tode eines Unschuldigen entgegenzutreten. Ein König befindet sich auf der Jagd in den Tälern des Himalaya-Gebirges. Von den Bergen ist ein bald menschlich, bald tiergestaltig geschildertes Paar von Fabelwesen, Kinnarīs und Kinnaras, herabgestiegen. Auf einem Gandhāra-Relief sind Frau und Mann als Menschen dargestellt (Abb. 6). Der Kinnara spielt die Bügelharfe, die Kinnarī singt und tanzt. Der König wird durch diese Töne angelockt, und, um sich der schönen Kinnarī zu bemächtigen, verbirgt er sich mit dem Bogen hinter einem Gebüsch (Abb. 6, linker Bildrand) und tötet mit einem Pfeil-

Abb. 6: Gandhāra (3. Jh. n. Chr.). Kinnarī-Jātaka.

schuß ihren Mann. Dessen letzter Gedanke gilt seiner allein zurückbleibenden Frau; diese verflucht den Mörder, der sie zu seiner Königin machen will, und verkündet, daß sie eher sterben als ihm angehören wolle. Der mörderische König verläßt die Szene. Die Kinnarī beginnt ein Klagelied um den toten, im Bild lang ausgestreckten Gatten, nach dessen Tode für sie die Welt leer und ohne Leben ist. Der schmerzliche Gesang der Liebenden rührt den Indra, der dem Kinnara das Leben zurückgibt (Abb. 6, rechter Bildrand).
In einer anderen Geschichte von moralisierender Tendenz haben Männer die Wahl, durch Einsicht und Belehrung dem Tode zu entfliehen, der ihnen durch verführerische Zauberinnen droht – aber bis auf einen, der zum ersten König der Insel Singhala = Ceylon = Shri Lanka wird, ziehen sie trügerische Freuden und den sicheren Untergang der Rettung vor[4]. Singhala ist mit 500 Kaufleuten von Indien aus in See gestochen; nach einem Schiffbruch werden sie an den Strand der „Edelstein-Insel" verschlagen. Reizvolle Frauen bieten ihnen Gastfreundschaft an, und sie verbringen hier Jahr um Jahr und vergessen Heimat und Angehörige in der Gesellschaft der schönen Gastgeberinnen, die sie zu Frauen genommen und mit denen sie Kinder gezeugt haben. Die Frauen haben ihnen nur ein einziges Verbot auferlegt: bei ihren Ausflügen auf der Insel sich nach Süden zu wenden. Singhala aber verläßt eines Nachts seine schlafende Gattin und geht nach Süden. Hier stößt er auf einen unzugänglichen Turm, aus dem lautes Wehklagen dringt. Er besteigt einen nahe gelegenen Baum (Abb. 7) und erfährt von Männern, die in dem Turm eingesperrt sind, daß auch sie Schiffbruch erlitten und die Gunst der Gastgeberinnen genossen hätten, die in Wahrheit Rakṣasīs, also Zauberinnen und Menschenfresserinnen, seien und sie hier gefangen hielten, um sie nacheinander zu verzehren. Singhala fragt, ob es keine Rettung gäbe und erfährt, daß einmal im Jahr ein weißes Pferd aus dem Himmel auf die Erde käme und dreimal riefe „Wer mit nach Indien kommen will, den trage ich übers Meer". Aber keiner der Kaufleute habe die Gelegenheit zur Rettung durch diese Gestalt des Bodhisattva wahrgenommen, da sie durch die Reize der Frauen gefangengenommen waren. Singhala bewahrt dieses Ge-

Abb. 7: Mathura (2. Jh. n. Chr.). Singhala-Legende: Singhala auf dem Baum und die gefangenen Kaufleute im Turm.

Abb. 8: Mathura (2. Jh. n. Chr.). Singhala-Legende: Wunderbare Rettung des Singhala durch den Luftritt auf dem weißen Pferd.

Abb. 9: Mathura (2. Jh. n. Chr.). Singhala-Legende: Im oberen Teil des Reliefs Liebesspiele der Dämoninnen und der gefangenen Kaufleute; im unteren Teil des Bildfelds die Tötung der Kaufleute durch die menschenfressenden Dämoninnen.

heimnis bis zu dem Tage, da wieder einmal das rettende Bodhisattva-Pferd sich nähert und weist seinen schiffbrüchigen Freunden den Weg zur Rettung. Alle klammern sich an das Tier, das sich mit ihnen in die Lüfte erhebt (Abb. 8). Aber die Rakṣasīs nützen ihre Zauberkräfte, fliegen selbst in die Wolken, zeigen den davonfliegenden Gatten ihre Kinder und jammern darüber, daß sie verlassen werden sollen. Einer nach dem andern lassen die Kaufleute sich auf die Insel zu den Zauberinnen zurückfallen, wo sie weiterhin Liebesfreuden genießen (Abb. 9, oberes Feld), bis sie schließlich ihr Schicksal ereilt und sie den Menschenfresserinnen zum Opfer fallen (Abb. 9, unten). Nur Singhala erreicht sicher die indische Heimat und rüstet nach manchen Abenteuern ein Heer aus, um die teuflischen Bewohnerinnen der „Edelstein-Insel" zu überwältigen, auf der er von nun an als König der „Singhala-Insel" herrscht.
Geschichten dieser Art erzählte der Buddha seinen Jüngern, nachdem er, der Fürstensohn, das Palastleben aufgegeben und den Weg in die Einsamkeit gefunden hatte. Siddhārtha – oder Prinz Gautama –, Sohn des Königs Śuddhodana und seiner früh verstorbenen Frau Māyā, sollte nach einer Weissagung ein *cakravartin*, also ein Weltherrscher, werden, entweder auf irdischem oder geistigem Gebiet. Der Vater wünschte ihn als seinen Nachfolger auf dem Thron zu sehen, erbaute ihm Paläste und trug Sorge, daß er dort in angenehmer Gesellschaft von Frauen festgehalten würde und nicht mit den Übeln des Lebens Bekanntschaft machen solle. Aber die Götter veranlaßten, daß er durch magische Hilfe auf vier Ausfahrten (oder Ausritten) die Geborgenheit des fürstlichen Palastes verlassen und dabei zunächst die drei Übel des Lebens kennenlernen sollte: durch die Begegnung mit einem gebrechlichen Mann das Alter, durch die Begegnung mit einem an Wassersucht leidenden Menschen die Krankheit und durch die Begegnung mit einem Leichenbegängnis den Tod. Auf einer vierten Ausfahrt traf er einen Mönch, und diese vierte Begegnung erweckte im Prinzen den Wunsch, diese Welt mit ihrem Leid zu verlassen und in der Einsamkeit die Erleuchtung, die Buddhaschaft, zu suchen und seine Buddha-Lehre zu predigen. Diese entscheidenden Begegnungen, bei der diejenige mit dem Tode eine besonders wichtige Rolle spielt, sind von indischen Künstlern häufig dargestellt worden. Aus der Kulturprovinz Gandhāra, die für die Entwicklung der buddhistischen Erzählkunst von hervorragender Bedeutung war, waren bisher keine Beispiele dieser Szenen bekannt. Jetzt haben die Ausgrabungen von Mingora in Swat Fragmente von einem Trauerzug zutage gefördert, wo auf einer Bahre die Leiche getragen wird, deren Anblick den Fürstensohn so stark erschütterte[5]. Der Tote ist darauf in einer Ikonographie dargestellt, wie wir sie vom Mahāparinirvāṇa am Ende des Zyklus der Szenen vom

Abb. 10: Kunduz in Nordafghanistan (3. Jh. n.Chr.). Die Ausfahrten des Prinzen Gautama und die Begegnung mit einem Kranken, einem Alten, einem aufgebahrten Toten und einem Mönch.

Abb. 11: Amaravati (2. Jh. n. Chr.). Die Zähmung des wilden Elephanten Nalagiri durch den Buddha.

Abb. 12: Gandhāra (3. Jh. n. Chr.). Die Geschichte von der wunderbaren Rettung des Sudāya durch den Buddha.

Leben und Sterben des Buddha kennen. Wir werden unten typisch indische Darstellungen vom Dahinscheiden des Buddha und seiner Darstellung auf dem Totenbett sehen (Abb. 13). Ein besonders interessantes Bruchstück aus einem Fries mit Szenen aus dem Leben des Buddha stammt aus Baktrien, der alten Kulturlandschaft beiderseits des Oxus, an der Nordgrenze von Afghanistan und der Südgrenze der heutigen Sowjetunion. Fragmente aus Kunduz enthalten die Geschichte von Gautamas Jugend, von den vier Begegnungen und vom Auszug in die Heimatlosigkeit[6]. Man sieht hier vor dem ausfahrenden Prinzen am Boden den Kranken, dahinter an einem Stock den Alten, dann den Toten – aufgebahrt wie in der bekannten Sterbeszene des Buddha selbst – und dahinter wie bei eben diesen Sterbeszenen eine Reihe von Wehklagenden. Zwischen dieser Bildgruppe mit den ersten drei Begegnungen und dem ausfahrenden Siddhārtha ist der Mönch mit der Bettlerschale wiedergegeben, also die vierte Begegnung (Abb. 10).

Die Künstler des frühen Buddhismus verfügten in den verschiedenen Landschaften Indiens über mannigfache Möglichkeiten, Legenden aus dem Leben des Erleuchteten wiederzugeben, in denen er mit dem Tode konfrontiert wird und den Tod besiegt. Der mißgünstige Cousin des Buddha, Devadatta, versuchte zahlreiche Anschläge auf das Leben des Religionsstifters. Als der Buddha auf dem Weg in die Stadt Rajagriha war, um dort sein Gesetz zu predigen, ließ Devadatta einen wilden Elefanten, Nalagiri, los. Dieser raste durch die Straßen und tötete viele Bewohner der Hauptstadt. Der Buddha trat ihm ruhig entgegen und bewirkte, daß das gewaltige Tier sich gezähmt zu seinen Füßen niederwarf und keinem Lebewesen mehr Leid zufügte. Der Ablauf dieser Geschichte wurde in der Schule von Mathura im 2. Jh. n. Chr. wiederum in einer Abfolge von rechtwinklig eingerahmten Reliefs (vgl. oben Abb. 3 + 4, 7–9) eines *stūpa*-Zauns erzählt[7]. Etwa ein Jahrhundert später faßte ein Bildhauer von Amaravati den Ansturm des wilden Tiers und die Zähmung durch den Friede verheißenden Buddha innerhalb eines einzigen Rundbilds zusammen (Abb. 11). Im 9. Jh. hat ein Bildhauer von Bihar eine Stele mit dem Buddha geschaffen, zu dessen Füßen ein Elefant, offenbar absichtlich perspektivisch „unnatürlich“ verkleinert, gezähmt am Boden liegt[8].

Neben solchen bekannten und immer wieder illustrierten Legenden sind auch Reliefs von weniger geläufigen Szenen mit dem wundersamen Wirken des Buddha überliefert, die erst durch jüngere archäologische Entdeckungen ans Licht gekommen sind. Dazu gehört die Geschichte von der Errettung des Knaben Sudāya. Die eifersüchtigen Nebenfrauen eines Königs verschworen sich gegen seine jüngste, schwangere Frau. Sie bestachen den Palastbrahmanen, den König zu unterrichten, daß sie ein Wesen von schlechter

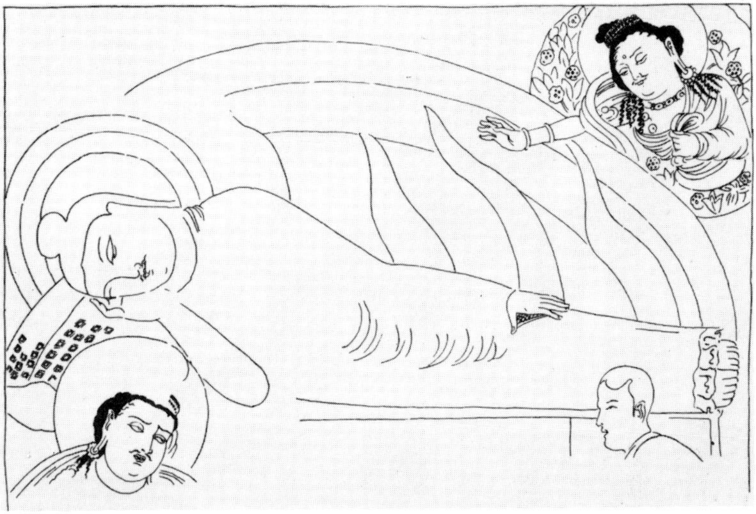

Abb. 13: Ming-Öi bei Qyzyl in Turfan (Mitte d. 1. Jtsds n. Chr.). Fragment eines Wandgemäldes mit dem Mahāparinirvāṇa des Buddha.

Vorbedeutung sei und daß ihr Kind den Untergang des Königs und seines Reiches verursachen werde. Da ließ der erschreckte König die werdende Mutter lebendig in eine Grabeshöhle einmauern, um den verhängnisvollen Voraussagen zuvorzukommen. Aber das *karman*, das die Mutter und ihr ungeborenes Kind in früheren Existenzen erworben hatten, war so stark, daß die Mutter auf wunderbare Weise nach ihrem Tode das Kind zur Welt bringen und stillen konnte. Sudāya lebte auf diese Weise drei Jahre in dem Verlies, bis eine niederstürzende Mauer des Grabgewölbes ihm die Freiheit schenkte. Er lebte dann drei Jahre allein im Wald. Als der Buddha während seiner Wanderpredigten durch diesen Wald kam, sah er das Kind und nahm es in den Mönchsorden auf. Bisher waren Darstellungen von Jamalgarhi, jetzt im Museum Peshawar [9], und aus der Sammlung des Victoria and Albert Museum London [10] bekannt. Ein weiteres Beispiel ermittelte man während einer Exkursion des Seminars für Orientalische Kunstgeschichte der Universität Bonn unter Leitung von Frau Prof. von Erdberg in die Museen von Brüssel und in die neuen Sammlungen des nahe gelegenen Mariemont, wo die Kuratorin, Frl. Noppe, uns auf eine Neuerwerbung aus einem unbekannten Gandhāra-Fundort aufmerksam machte (Inv. Nr. AC 658 b, Ancienne collection Wannieck). Hier erkennt man die Höhle mit der toten Mutter,

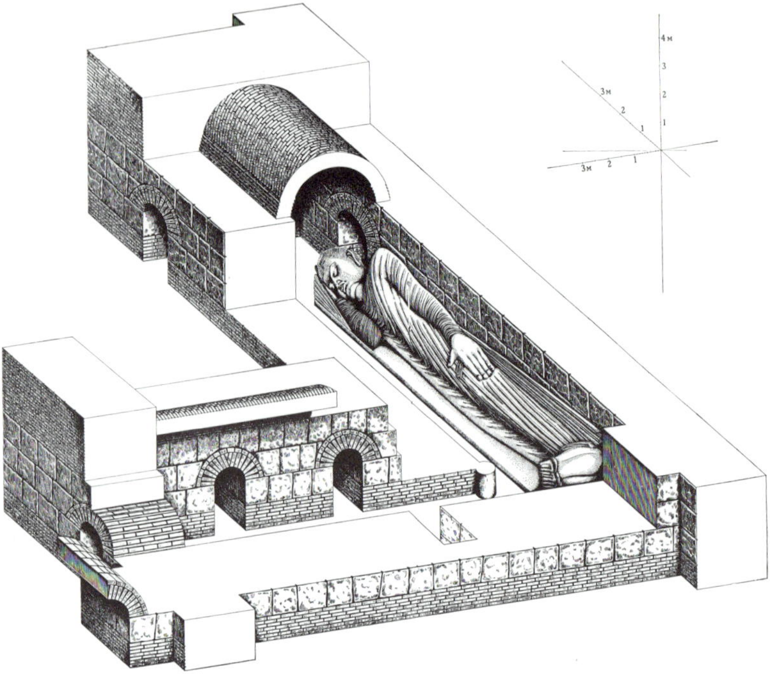

Abb. 14: Adžina-Tepe in Tadjikistan (Mitte d. 1. Jtsds n. Chr.). Das Mahāparinirvāṇa des Buddha.

deren eine Brust als vollrund dargestellt ist. Damit deutet der Künstler an, wie sie noch nach dem Tode das Kind ernähren konnte. Sudāya selbst erweist dem Buddha und dessen Gefolge mit gefalteten Händen in der *añjali-mudrā* seine Verehrung (Abb. 12).

In der Kunstlandschaft Gandhāra dürfte die Ikonographie vom Mahāparinirvāṇa, dem Großen Verwehen, dem Tode des Buddha, in so früher Zeit fixiert worden sein, daß der Dichter Aśvaghoṣa bei seiner Beschreibung vom Leben und Tode des Buddha aus den Steinbildern eine Einzelheit übernehmen konnte wie diejenige, daß der Erleuchtete auf dem Totenbett die rechte Hand unter dem Kopf hatte[11]. Aus Gandhāra verbreiteten sich ikonographische Vorbilder, und so auch das Bild vom Tode des Meisters, in die gesamte buddhistische Welt. U. a. kennen wir in dieser Form weit überlebensgroße Bilder vom sterbenden Buddha aus Mittelindien, Zentralasien und

Südostasien. So haben Maler in der Turfan-Oase, in Ming-Öi bei Qyzyl, den sterbenden Buddha nach dem Vorbild einer Standfigur liegend mit dem Gesicht zum Betrachter auf dem Totenbett dargestellt, den Kopf auf die rechte Hand gelegt (Abb. 13). Im Hintergrund beobachten wir eine Baumgottheit, im Vordergrund Trauernde. Andere riesige Figuren des sterbenden Buddha kennen wir z.B. aus Ajanta, Höhle XXVI[12], oder Ayuthia[13]. Seit kurzem besitzen wir auch das neuerdings ausgegrabene, über 10 m lange Nirvāṇa-Bild aus Lehm im Korridor 23 des Adžina-Tepe in Tadjikistan[14], wo wir heute die nördliche Grenze der Gandhāra-Kunst finden (Abb. 14). Das Bild vom Nirvāṇa dient auch häufig als Abschluß von Stelen, auf denen die vier großen Ereignisse aus dem Leben des Buddha dargestellt sind, wie z.B. in der Gupta-zeitlichen Steinplastik von Sarnath[15]. Von unten nach oben folgen Reliefs mit der Geburt im Lumbinī-Hain, der Erleuchtung unter dem Bodhi-Baum, der ersten Predigt im Tierpark von Benares und das Bild des Buddha auf dem Totenlager, mit der Hand unter dem Kopf, Körper und Gesicht dem frommen Betrachter zugewendet.

Abb. 15: Ming-Öi bei Qyzyl in Turfan (Mitte d. 1. Jtsds n.Chr.). Fragment eines Wandgemäldes mit der Ajātaśatru-Legende aus Höhle A.

Abb. 16: Ming-Öi bei Qyzyl in Turfan. Tuch aus der Ajātaśatru-Legende in Höhle 19 mit Darstellungen aus dem Leben des Buddha und dem Mahāparinirvāṇa in der rechten oberen Ecke.

Die Figuren wehklagender Mönche und Laien auf den Reliefs mit dem Totenbett des Buddha spiegeln die Trauer über den Heimgang des Meisters wider. Besonders in den buddhistischen Siedlungen von Turfan sind Fragmente von Wandmalereien eines besonderen ikonographischen Typus erhalten. Sie veranschaulichen den Eindruck, den der Tod in der Umgebung des Erleuchteten hervorrief. Dabei stellte man z.B. dar, wie die Trauernachricht dem König Ajātaśatru von Magadha beigebracht werden sollte[16]. Er war als leidenschaftlicher Anhänger des Buddha bekannt. Sein Minister Varṣakara befürchtete, daß die Botschaft vom Hinscheiden des Meisters ihm einen tödlichen Schrecken bereiten könnte. In Ming-Öi bei Qyzyl, Höhle A, ist das Fragment eines Gemäldes erhalten, auf dessen linker Seite der Minister dem König riet, sich zu einer ärztlichen Behandlung in den Garten zu begeben. Rechts unten im Bild sehen wir, wie beim Tode des Buddha der Weltberg Meru sich spaltet, der Ehrenschirm von seiner Spitze niederfällt und Sonne und Mond herabrollen (Abb. 15). Darüber sitzt König Ajātaśatru in einem Krug mit Butterschmalz und Sandelholz, und der Minister breitet ein Tuch vor ihm aus, auf dem die vier Hauptereignisse im Leben des Buddha zu sehen waren und mit dem Bildbericht vom Tode endeten. Voller Schreck und Jammer breitet der König die Hände über dem Kopf aus. Dieselbe Schmerzäußerung sehen wir noch deutlicher auf einer anderen Darstellung derselben Szene am gleichen Ort[17], und zwar in Höhle 19. Auf diesem Wandgemälde war das Tuch besonders sorgfältig ausgemalt, das dem König vorgehalten wird (Abb. 16). Wir erkennen mit ihm in der linken unteren Ecke die Geburt des Prinzen durch die Königin-Mutter Māyā im Lumbinī-Hain. Darüber wird das Bild unter dem Bodhi-Baum wiedergegeben: nachdem der Prinz die Welt verlassen hat, sucht er hier die Erleuchtung zu erlangen, und die Armee des Widersachers Māra kann ihn an seinem Vorhaben nicht hindern. Die Kurzfassung der Buddha-Legende geht weiter in der unteren rechten Ecke: hier befinden wir uns in dem schon oben (S. 159) genannten Tierpark von Benares, angedeutet durch zwei Gazellen zu Füßen des Throns, auf dem der Buddha erstmals das Gesetz predigt und das Rad der Lehre ins Rollen bringt. Schließlich folgt in der rechten oberen Ecke das Bild des sterbenden Buddha in der bekannten Ikonographie: er liegt auf dem Totenbett und hat den Kopf auf die rechte Hand gestützt, und sein Hinscheiden wird von Menschen und Göttern beklagt[18]. So gestalteten Künstler im Umkreis der frühen buddhistischen Gemeinde Bilder des Todes, Beispiele von der Überwindung des Todes und Szenen von der Wirkung des Todes eines verehrten Religionsstifters auf seine Umgebung.

Anmerkungen

1 A. Foucher: La vie du Bouddha d'après les textes et les monuments de l'Inde. Paris 1949. – A. Foucher u. J. Auboyer: Les vies antérieures du Bouddha d'après les textes et monuments de l'Inde. Paris 1955. – The Way of the Buddha. Publ. on the occasion of the 2500th anniversary of the Mahaparinirvana. Government of India 1956.
2 Foucher / Auboyer l. c., 325.
3 The Way l. c., S. 156, Nr. 58.
4 Foucher / Auboyer l. c., 252–258.
5 D. Faccenna: Sculptures from the Sacred Area of Butkara. Rome 1964, vol. II 2, pl. CCLXXXIV u. vol. II 3, pl. DXXXVII.
6 K. Fischer: Gandhāran Sculpture from Kunduz and Environs. In: Artibus Asiae 21 (1958), 232–249.
7 J.-Ph. Vogel: La sculpture de Mathura. Bruxelles 1930, pl. XX a.
8 The Way l. c., S. 107, Nr. 58.
9 H. Ingholt u. I. Lyons: Gandhāra Art in Pakistan. New York 1957, S. 85, Nr. 121.
10 H. Ch. Ackermann: Narrative Stone Reliefs from Gandhāra in the Victoria and Albert Museum in London. Rome 1975, pl. LVI a.
11 Foucher l. c., 309.
12 The Way l. c., S. 110, Nr. 65.
13 L. Frédéric: Südostasien, Tempel und Skulpturen. Essen 1964, Bild 425.
14 B. A. Litvinskij u. T. I. Zejmal': Adžina-Tepe. Moskva 1971.
15 The Way l. c., S. 28, Nr. 3.
16 Foucher l. c., 297. – The Way l. c., S. 114, Nr. 73. – H. Zimmer: The Art of Indian Asia. New York 1955, Bild 612.
17 A. Grünwedel: Altbuddhistische Kultstätten in Chinesisch-Turkestan. Berlin 1912, Fig. 383. – H. Härtel: Indische und zentralasiatische Wandmalerei. Berlin 1959, Abb. 26.
18 Vgl. auch J. Ebert: Das Zeitproblem im Parinirvana-Zyklus (Gandhara, Kutscha, Turfan) u. A. v. Gabain: Mittel für die „Einheit des Orts" in der schildernd-illustrativen Kunst in Turfan = Referate, Erstes Wissenschaftliches Colloquium der Sektion „Kunst und Archäologie des Orients" in der Deutschen Morgenländischen Gesellschaft. Heidelberg 1977.

Klaus Sagaster

Grundgedanken des tibetischen Totenbuches

Das Buch, das in seinen europäischsprachigen Übersetzungen „Das tibetische Totenbuch" genannt wird, ist wohl dasjenige Werk der tibetischen Literatur, welches im Westen am bekanntesten ist. Der tibetische Originaltext [1] wurde dreimal ins Englische und einmal ins Italienische übertragen [2]. Zwei der englischen Fassungen wurden auch ins Deutsche übersetzt [3]. Nachdem dieser Vortrag im Februar 1977 gehalten worden war, ist auch eine erste deutsche Übersetzung der tibetischen Originalfassung erschienen [4].

Sowohl die erste, 1927 veröffentlichte englische Übersetzung wie auch die erste deutsche Fassung des „tibetischen Totenbuchs" erregten nach ihrem Erscheinen beträchtliches Aufsehen. Schon 1936, nur ein Jahr nach der deutschen Erstausgabe, war ein unveränderter Neudruck erforderlich geworden, und zwei Jahre später erfolgte bereits eine Neuausgabe, der kein geringerer als C.G. Jung einen psychologischen Kommentar voranstellte [5]. Das Interesse am tibetischen Totenbuch hielt auch weiterhin an, und sowohl die englische wie auch die deutsche Version der Erstübersetzung sind bis heute mehrmals nachgedruckt worden [6].

Was ist nun eigentlich der Grund, der zu diesem großen Interesse an einem mitunter doch recht rätselhaften Text aus einer für uns recht fremden Welt geführt hat? C.G. Jung hat in seinem Kommentar zum Totenbuch, dem Bardo Thödröl (tib. bar-do thos-grol), hierfür eine bemerkenswerte Erklärung gegeben. Jung schreibt:

„Er (der Bardo Thödröl; bei Jung: Bardo Thödol, K.S.) gehört zu jenen Schriften, welche beileibe nicht nur den Spezialisten des Mahâyâna-Buddhismus interessieren, sondern vermöge ihrer tiefen Menschlichkeit und ihrer noch tieferen Einsicht in seelische Geheimnisse vor allem den Laien, der nach Erweiterung seiner Lebenserkenntnis strebt, angehen. Seit dem Jahre seines Erscheinens ist mir der Bardo Thödol sozusagen ein steter Begleiter gewesen, dem ich nicht nur viele Anregungen und Kenntnisse, sondern auch sehr wesentliche Einsichten verdanke. Unähnlich dem Ägyptischen Totenbuch, über das man nur allzu wenig oder allzu viel sagen kann, enthält der Bardo Thödol eine menschlich begreifbare Philosophie und spricht zum Menschen und nicht zu Göttern oder Primitiven. Seine Philosophie ist die Quintessenz buddhistischer, psychologischer Kritik und als solche – man kann wohl sagen – von unerhörter Überlegenheit.“ [7]

Es ist nicht das Anliegen dieser Vorlesung, die Frage zu klären, inwieweit Jung mit seiner Feststellung, die Philosophie des Totenbuchs sei „die Quintessenz buddhistischer, psychologischer Kritik“, recht hat. Um dies zu entscheiden, ist der Tibetologe, der nicht zugleich auch Fachphilosoph und Psychologe ist, nicht die richtige Instanz, selbst wenn er sich natürlich über solch lobende Worte über einen Gegenstand seines Faches freut; denn immer wieder fragt er sich ja, ob das, was er treibt, zu etwas nütze ist. Heute geht es uns ganz einfach um die Frage, wie die Tibeter vom Tode denken, und dafür gibt das tibetische Totenbuch ein gutes Beispiel.
Gleich zu Anfang möchte ich allerdings drei möglichen Mißverständnissen vorbeugen: *Erstens* ist das tibetische Totenbuch nicht *das* tibetische Totenbuch, denn es ist bei weitem nicht der einzige Text, der auf den Tod vorbereiten und ein praktischer Ratgeber während der Zeit nach dem Tode sein will [8]. Das Totenbuch gibt *zweitens* nicht *die* tibetische Vorstellung vom Tode wieder, denn selbstverständlich haben die Tibeter, die ja weder eine ethnische noch eine religiöse Einheit bilden, im Laufe der Zeit verschiedene Vorstellungen vom Tode entwickelt. Das tibetische Totenbuch, mit dem wir uns heute beschäftigen wollen, ist ein *buddhistischer* Text und enthält deshalb *buddhistische* Vorstellungen vom Tode, und zwar nicht etwa Vorstellungen, die von allen tibetischen Buddhisten in genau der Form akzeptiert werden, wie sie im Totenbuch niedergelegt sind, sondern in der Form, wie sie hauptsächlich von einer der vier großen Schulen des tibetischen Buddhismus gelehrt und praktiziert werden. Es ist dies die Schule der sogenannten „Alten“, der Nyingmapa, die in ganz besonderem Maße Traditionen bewahrt hat, welche auf die chinesische Ch'an-Schule, die in Japan unter dem Namen Zen bekannt ist, zurückgehen [9] und die offensichtlich auch im Totenbuch ihren Niederschlag gefunden haben. Ich kann auf diese Frage hier nicht weiter eingehen. Das Totenbuch ist jedenfalls in Tibet nicht *der* allgemein verbindliche und überall bekannte Totentext, für den man ihn aufgrund des Aufsehens, das er im Westen erregt hat, halten könnte. Das *dritte* mögliche Mißverständnis ist die Bezeichnung „Das tibetische Totenbuch“. Denn der Originaltitel lautet nicht „Totenbuch“, sondern „Die große Erlösung durch Hören der Erläuterungen über den Bardo (Zwischenzustand), entnommen aus der tiefgründigen Lehre über die Selbsterlösung durch Meditation über die friedlichen und zornigen (Gottheiten)“ [10], kurz „Die große Erlösung durch Hören im Zwischenzustand“ (Bardo Thödröl, bar-do thos-grol) genannt. Das Wort „Tod“ kommt in diesem eigenartigen Titel überhaupt nicht vor. Dennoch handelt die „Erlösung durch Hören im Zwischen-

zustand“ vom Tode, und die Bezeichnung „Totenbuch“ für diesen Text ist deshalb durchaus treffend und für uns zumindest weitaus verständlicher als der Originaltitel.

In dem langen Originaltitel sind allerdings schon die wichtigsten Grundgedanken des tibetischen Totenbuchs erkennbar, die Grundgedanken eines Werkes, welches, wie ich ja schon gesagt habe, nicht von allen Tibetern akzeptiert ist, ja das viele von ihnen wohl nicht einmal dem Namen nach kennen[11]. Doch wenn auch dieses Werk von einigen buddhistischen Gelehrten geradezu als häretisch angesehen wird, spiegelt es doch die grundsätzlichen Auffassungen wider, die die tibetischen Buddhisten vom Tode und der Zeit nach dem Tode haben. Es kann deshalb als ein Beispiel für die tibetischen Todesvorstellungen überhaupt gelten, die wir hier ja nicht umfassend behandeln können.

Der zentrale Begriff des tibetischen Totenbuchs, des Bardo Thödröl, ist nicht der Tod, sondern die Erlösung. Damit stellt sich der Bardo Thödröl in eine Reihe mit praktisch allen anderen buddhistischen Texten. In allen von ihnen geht es letztlich immer wieder nur um das eine Thema: um die Erlösung, und sie alle wollen die vielen verschiedenen Mittel zeigen, die der Gläubige, je nach dem Grade der Verständnisfähigkeit, die er besitzt, wählen kann, um die Erlösung zu erreichen. Das Hauptanliegen des Bardo Thödröl ist es nun zu zeigen, welche besondere Rolle der Tod und der Nachtodzustand als Mittel zur Erlösung spielen, und er nimmt die Erklärung von Tod und Nachtodzustand zum Anlaß, die ganze Problematik der Erlösung aufzurollen und die wichtigsten Erlösungsmittel vorzuführen. Der Bardo Thödröl ist damit eine, wenn auch kurz gefaßte und die Auffassung einer bestimmten Schulrichtung wiedergebende Summa der buddhistischen Lehre. Daß dies so ist, wird im Text des Werkes ausdrücklich bestätigt. Es heißt dort: „Dieser (Bardo Thödröl) ist die Quintessenz aller Lehren.“[12] Der Bardo Thödröl hält sich sogar nicht nur für eine der vielen verschiedenen Zusammenfassungen, der verschieden formulierten Quintessenzen aller buddhistischen Lehren, sondern für die beste Lehre schlechthin. So steht am Schluß des Werkes in stolzer Bescheidenheit der Satz: „Selbst wenn die Buddhas der drei Zeiten danach suchten, sie fänden keine bessere Lehre als diese.“[13]

Um die Grundgedanken des tibetischen Totenbuchs zu verstehen und damit auch die Vorstellung vom Tode, müssen wir uns nun zunächst darüber klar werden, was „Erlösung“ im Buddhismus bedeutet[14].

Erlösung ist Erlösung vom Leiden. Was Leiden ist, wird in den heiligen Texten des Buddhismus immer wieder folgendermaßen definiert: „Geburt ist Leiden, Altern ist Leiden, Krankheit ist Leiden, Sterben ist Leiden, Kummer, Jammer, Schmerz, Trübsal und Verzweiflung sind Leiden; das Nichterlangen dessen, was man begehrt, ist Leiden; kurz gesagt: die 5 mit Anhaften verbundenen Gruppen des Daseins sind Leiden.“ [15]

Wodurch wird nun das Leiden verursacht? Die Ursache des Leidens sind die sogenannten „Befleckungen“, d.h. die den Geist trübenden Leidenschaften. Es gibt unendlich viele solcher Befleckungen. Die wichtigsten sind Gier, Haß, Nichtwissen, Stolz und Neid, die „fünf Gifte“. Man spricht auch von „drei Giften“. Hiermit sind Gier, Haß und Nichtwissen gemeint. Die Befleckungen verleiten die Menschen, schlechte, unheilsame, schwarze Willensakte zu vollziehen und gute, heilsame, weiße Willensakte zu unterlassen. Diese Willensakte, sanskritisch karma, können sich in körperlichen Taten, in Worten und in Werken äußern und beeinflussen den Charakter und das Schicksal eines Lebewesens in seiner gegenwärtigen Existenz, darüber hinaus aber auch in den folgenden Existenzen. Mit der nächsten Wiedergeburt führt gutes Karma zur Existenz in einem der drei guten Existenzbereiche, zur Geburt als Gott, Halbgott oder Mensch; böses, schlechtes Karma aber resultiert in den drei schlechten Existenzformen als Tier, Hungergeist oder Höllenwesen. Alle diese Existenzformen sind leidvoll. Auch die Götter, die doch in Herrlichkeit und Freuden leben, müssen einmal sterben.

Ziel des Erlösungsstrebens ist es, sich dem Gesetz des Karmas zu entwinden und dadurch den Kreislauf immer wieder neuer leidvoller Existenzen in den sechs Existenzbereichen, den sogenannten Saṃsāra, zum Stillstand zu bringen. Hierdurch schwindet das Leiden, und es tritt Nirvāṇa ein, d.h. „Verwehen“, Verwehen des Leidens.

Nirvāṇa ist nun keineswegs ein negativer, sondern ein positiver Zustand: Es kann entweder ein seliges Verharren in Leidlosigkeit sein oder, und dies ist die zweite, höhere Nirvāṇastufe, das Verharren im Zustand eines Wesens, das den höchsten Grad der Erleuchtung, der bodhi, erreicht hat, d.h. der Erkenntnis der Ursachen des Leidens, die wiederum die Bedingung für die Erlösung vom Leiden ist. Ein solches Wesen ist ein vollkommen vollendeter Buddha, ein Buddha, zu dessen Wesensmerkmalen es gehört, daß er die Frucht der Erlösung nicht nur für sich selbst genießt, sondern auch den noch nicht erlösten Lebewesen die Methode für die Erlösung vom Leiden zeigt und die Lebewesen auf dem Weg zur Erlösung geleitet.

Nach buddhistischer Anschauung führt nicht nur ein einziger Weg zur Erlösung vom Leiden, sondern viele. Denn es gibt Lebewesen von hervorragenden, von mittelmäßigen und von geringen geistigen Fähigkeiten, denen aber allen geholfen werden soll. Hierfür genügt aber nicht nur ein Weg, eine Methode, ein Fahrzeug, mit dessen Hilfe man das Ziel erreichen kann. Es sind vielmehr viele nötig, um jedem diejenigen Mittel in die Hand zu geben, die er für seinen speziellen Weg benötigt. Der Buddhismus hat deshalb eine ganze Reihe von verschiedenen Lehr- und Übungsmethoden entwickelt. Das bekannteste Einteilungsschema ist nach der Anschauung des tibetischen Buddhismus, und nur von diesem soll hier ja die Rede sein, die Einteilung der Lehre Buddhas in drei Fahrzeuge[16]. Das kleine Fahrzeug, das Hīnayāna, führt zur Selbsterlösung. Das Mahāyāna, das große Fahrzeug, lehrt, daß Selbsterlösung allein nicht genügt, sondern daß jedes Wesen danach streben muß, nicht nur selbst die Erlösung zu erreichen, sondern auch den übrigen Lebewesen zu helfen, ebenfalls zur Erlösung zu kommen. Das Mahāyāna zeigt den Weg hierzu mit Hilfe der sogenannten Sūtras, der religiös-philosophischen Lehrtexte. Es gibt aber noch ein drittes Fahrzeug, das einen besonders wirksamen Weg zur Erlösung zeigt, einen Weg, den man viel schneller gehen kann als den Weg der Sūtras, auf welchem die religiösen Einsichten durch langwierige religiös-philosophische Übungen gewonnen werden und der deshalb nicht die Garantie gibt, daß man die Erlösung schon innerhalb einer, der gegenwärtigen Existenz erreichen kann. Dieses dritte Fahrzeug ist das Fahrzeug der Tantras, das Tantrayāna[17]. Tantras sind Texte, deren Urheberschaft wie die der Sūtras dem Buddha zugeschrieben wird, die aber im Gegensatz zu den Sūtras Methoden lehren, wie man mit Hilfe von symbolischen Handlungen, Bildern und sprachlichen Formeln die zur Erlösung notwendigen Einsichten, die bodhi, die Erleuchtung, gewinnen kann. Dieser Weg wird, wie gesagt, als besonders wirksam und schnell angesehen, aber auch als besonders gefährlich, weil er mit einer besonders intensiven Mobilisierung der psychischen Kräfte des Schülers arbeitet. Er darf deshalb nur mit Hilfe eines Guru oder, wie Guru auf tibetisch heißt, eines Lama gegangen werden. Die entsprechenden Lehren sind deshalb in der Regel geheim, weil sie gewissermaßen psychotherapeutische Heilmittel sind, mit denen der Lama seinen Schüler behandelt wie der Arzt den Patienten. Über die Behandlung selbst besteht gegenüber jedem Unautorisierten Schweigepflicht.

Diese langen Erörterungen waren deshalb notwendig, weil wir sonst das Anliegen des tibetischen Totenbuchs, des Bardo Thödröl, nicht verstehen könnten. Denn der Bardo Thödröl ist ein rein tantristischer Text, ein Text, der allerdings nicht geheim ist, sondern einen jeden dazu auffordert, das, was er an tantristischen Lehren gelernt und vor allem in Meditation und durch Rituale praktiziert hat, nicht zu vergessen, sondern es in den entscheidenden Zeiten, wo die Frucht dieser Lehren und Übungen, nämlich die Erlösung, erlangt werden kann, präsent zu haben und anzuwenden.

Die entscheidenden Zeiten, in welchen die Erlösung realisiert werden kann, heißen Bardo (bar-do, wahrscheinlich „zwischen zwei"). Bardo ist nicht nur die Zeit oder besser der Zustand zwischen Tod und Erlösung oder eventueller Wiedergeburt im Saṃsāra, also nicht einfach ein Nach-Tod-Zustand. Bardo ist vielmehr eine Extremsituation zwischen zwei Situationen, zwischen einer alten und einer neuen Situation. Der Bardo-Zustand kann zugleich Hindernis wie auch Chance sein, je nachdem, wie man ihn nutzt: Er kann Hindernis sein, wenn man wegen der Außerordentlichkeit der Situation, die man entweder lange erwartet hat oder die unerwartet schnell eingetreten ist, den Kopf verliert, wenn man verwirrt ist, nicht richtig reagiert und damit in eine schlechte neue Lage gerät. Der Bardo-Zustand kann hingegen eine Chance sein, wenn man die besonderen Kräfte, die man in Extremsituationen zu entwickeln fähig ist, nutzt, wenn man die eigene Lage richtig einschätzt und dadurch kommende Gefahren vermeidet, dafür aber Vorhaben, die man lange gehegt hat oder die man überhaupt erst in der Extremsituation als Möglichkeit sieht, verwirklicht. Solche Bardos, solche Extremsituationen ergeben sich bereits während des Lebens: Es gibt einen Bardo des Mutterschoßes, einen Traum-Bardo und einen Bardo der Meditation (Samādhi-Meditation)[18]. Aber auch die Zeit vom Tod bis zur Erlösung oder bis zur eventuellen Wiedergeburt im Saṃsāra bringt nicht nur einen Bardo, sondern eine ganze Reihe. Das Totenbuch nennt vor allem drei: 1. den Bardo der Todeszeit, der Zeit des Sterbens; 2. den Bardo der Dharmatā, der wahren Natur der Dinge; und 3. den Bardo des Werdens, des Wiedergeburtsprozesses[19]. Alle diese Bardos sind Extremsituationen, die genutzt werden können.

Als *die* Extremsituation schlechthin kann vor allem der Tod genutzt werden. In der Zeit des Sterbens ist es möglich, sofort die höchste Buddhaschaft zu erlangen.

Hier müssen wir uns nun fragen, was Sterben im buddhistischen Sinn eigentlich bedeutet.

Nach buddhistischer Auffassung wird das, was wir „Individuum" oder „Person" nennen und als mit Bewußtsein begabter Körper, z.B. als Mensch oder Tier, Gestalt annimmt, hauptsächlich aus den vier Elementen Erde, Wasser, Feuer und Luft, die den Körper ausmachen, und aus dem Bewußtsein gebildet. Wenn die Kraft, die diese körperlichen und geistigen Daseinserscheinungen zusammenbindet, schwindet, wird jedes dieser Elemente vom jeweils nächsten der Reihe nach absorbiert: Erde durch Wasser, Wasser durch Feuer, Feuer durch Luft und schließlich Luft durch das Bewußtsein. Mit dieser progressiven Absorption sind bestimmte körperliche Sterbemerkmale verbunden: Mund und Nase werden trocken und ziehen sich zusammen; die Körperwärme läßt nach; allmählich tritt jedoch Fieber auf; dann geht der Atem in Keuchen über. Sobald das Luftelement ins Bewußtsein einzugehen anfängt, setzt der sogenannte äußere Atem, d.h. die Atmung, aus[20]. Jetzt ist, wie es im Totenbuch heißt, „das, was man Tod nennt, gekommen“[21].

Dies ist nun der Punkt, an welchem das Totenbuch mit der Belehrung des Toten beginnt. Denn der Augenblick, in welchem die Atmung aussetzt, ist der erste entscheidende Moment, in welchem Erlösung möglich ist.

Damit beginnt nun auch die Reihe der Bardos des Todeszustands: der Bardo der Zeit des Sterbens, der Bardo der Natur der Dinge, der Dharmatā, und der Bardo des Wiedergeburtsprozesses. Die Aufgabe des Totenbuchs ist es, diese Bardos zu erklären und dadurch zur Erlösung zu führen. Erinnern wir uns: Im nicht verkürzten Originaltitel wird das Totenbuch „Die große Erlösung durch Hören der Erläuterungen über den Bardo (oder: die Bardos)“ genannt. Wir haben nun bereits eine Ahnung von dem, was mit Erlösung und was mit Bardo gemeint ist. Was aber bedeutet nun der Ausdruck „Hören der Erläuterungen über den Bardo“?

Dieser Ausdruck weist auf den praktischen Zweck des Bardo Thödröl hin: Das Totenbuch erläutert dem Toten den Bardo, es erklärt ihm alle Erscheinungen, denen er während seiner Wanderung durch die verschiedenen Phasen des Bardo begegnet oder, besser gesagt, denen er zu begegnen meint, denn diese Erscheinungen sind nichts anderes als trügerische, substanzlose Projektionen des eigenen Geistes. Das Totenbuch begleitet den Toten, wenn es nötig ist, bis zur letzten Phase des Bardo des Wiedergeburtsprozesses, indem es ihn immer wieder auffordert, gut zuzuhören: Denn durch das Hören der Erläuterungen über die jeweilige Phase des Bardo, in der er sich gerade befindet, kann der Tote die Chance der Erlösung ergreifen, die er bisher verpaßt hat. Dies bedeutet der Ausdruck „Die große Erlösung durch Hören der Erläuterungen über den Bardo“.

Wie sieht dies nun in der Praxis des Totenbuchs aus, und wie ist die Belehrung eines Toten überhaupt möglich?

Wenn ein Mensch stirbt, nimmt an seiner Seite entweder sein persönlicher geistlicher Lehrer, sein Lama, Platz oder ein anderer Geistlicher oder aber irgend ein anderer Mensch, der klar und deutlich lesen kann. Sobald der Sterbende zu atmen aufgehört hat, wird mit der Lesung des Totenbuchs begonnen. Nach ein paar Tagen wird der Leichnam allerdings weggeschafft, die Lesungen werden jedoch fortgesetzt, theoretisch 49 Tage lang, denn so lange dauert der Bardo, wenn man sich, was nur selten vorkommen soll, nicht schon vorher erlöst.

Wie aber kann nun der Tote die Worte des Totenbuchs überhaupt hören?

Nun, der Tote ist ja nicht wirklich tot, er ist ja nur ein „sogenannter Toter“[22]. Denn im Tod haben sich lediglich der aus den Elementen Erde, Wasser, Feuer und Luft gebildete Körper und das Bewußtsein oder, wie es auch genannt wird, der Geist getrennt. Da nichts, was zusammengesetzt ist, für immer beisammen bleibt, löst sich der Körper auf. Das Bewußtsein, der Geist, aber bleibt und sucht nun, wenn er von allem Karma gereinigt ist, die Erlösung, oder er beginnt, wenn er noch durch Karma verunreinigt, verdunkelt ist oder wenn er, in einem anderen Bild zu sprechen, vom Karma verfolgt wird, das ihm alle möglichen Trugbilder vorgaukelt, seine Wanderung durch den Bardo und strebt letztlich nach einem neuen Körper, der ihn wieder in das Leid des Saṃsāra hineinwirft. Da der Geist, das Bewußtsein, im Bardo-Zustand, das heißt in einer Extremsituation, neunmal klarer ist als während des Lebens, ist er fähig, sich an das zu erinnern, was er im Leben gelernt und praktiziert hat, d.h. an die Lehren und Praktiken der tantristischen Erlösungstechnik. Man sollte natürlich diese Lehren und Praktiken schon während des Lebens möglichst oft üben und deshalb auch das Totenbuch möglichst oft lesen, am besten dreimal oder siebenmal täglich. Aber auch wenn man nur ein einziges Mal mit der Lehre in Berührung gekommen ist und sie dabei nicht einmal verstanden hat: das im Bardo neunmal hellere Bewußtsein wird sie verstehen; es wird sich erinnern und verstehen, oder es wird, wenn es nichts gibt, woran man sich erinnern kann, weil man nichts gelernt und nichts praktiziert hat, im Bardozustand die Lehren des Totenbuchs eben neu lernen. Das Bewußtsein wird jedenfalls fähig sein zu erkennen, daß all die außerordentlichen Erscheinungen, die ihm in der Extremsituation des Bardo begegnen, nicht wirklich sind, sondern durch das Karma bedingte Projektionen des eigenen Geistes, die die wahre Natur der Dinge, die Nichtsubstantialität, die Leerheit, verdecken. Auf diese Weise wird das Bewußtsein begreifen, daß die wahre Natur aller Dinge überhaupt Nichtsubstantialität, Leerheit, ist. Dies ist die Erkenntnis, die Erlösung bedeutet. Die wahre Natur der Dinge ist wie strahlendes Licht, und ebenso ist der von der Unreinheit des Karma befreite reine Geist, das reine Bewußtsein, wie strahlendes Licht. In der Erlösung treffen sich das strahlende Licht der wahren Natur der Dinge, der Dharmatā, und das strahlende Licht des eigenen reinen Geistes so, wie Mutter und Sohn sich treffen.

Die erlösende Erkenntnis, das Treffen von Mutter und Sohn, kann aber dadurch verhindert werden, daß das Bewußtsein die wahre Natur der Erscheinungen, die ihm in der Extremsituation des Bardo begegnen, nicht erkennt, sondern sich von ihnen erschrecken läßt. Das Totenbuch drückt diesen Gedanken durch das Bild von Gestalten und von Klängen, Lichtern und Strahlen aus, die dem Bewußtsein im Bardo erscheinen und die es erschrecken, bedrohen und ängstigen. Und so fordert das Totenbuch den Toten, das Bewußtsein des Toten, immer und immer wieder dazu auf, sich nicht erschrecken, bedrohen und ängstigen zu lassen, sondern all diese Erscheinungen als Illusion, als Täuschungen, als Spiel des Geistes, als leer und ohne Substanz zu erkennen. Immer und immer wieder ruft der Leser des Totenbuchs dem Toten zu: Erinnere dich, schweife nicht ab, konzentriere dich, damit du von all den trügerischen Erscheinungen nicht abgelenkt wirst, sondern ihre wahre Natur, die Leerheit, erkennst! Diese Aufforderung begleitet das Bewußtsein des Toten, das einer Seele gleich durch den Bardo wandert, auf seinem ganzen Wege.

Der Bardo Thödröl verfährt bei seinen Erklärungen in der Weise, daß er das Bewußtsein vom Schwierigsten zum Einfachen führt, d.h. er setzt zu Anfang die Kenntnis der gesamten Erlösungslehre voraus, auf welche er das Bewußtsein beim Tode hinweist. Falls bereits dieser erste Hinweis dazu führt, daß dem Bewußtsein sozusagen die Schuppen von den Augen fallen, daß es also den durch die Extremsituation des Todes bedingten Schrecken überwindet und sich an die Erlösungslehre erinnert, so tritt Erlösung ein, und das Totenbuch braucht nicht weitergelesen zu werden. In der Folge werden dann nach und nach immer weitere Hinweise gegeben, durch welche praktisch alle wesentlichen Punkte der Erlösungslehre aufgezählt werden, bis schließlich demjenigen Bewußtsein, welches so verdunkelt ist, daß es überhaupt nicht begreifen kann, nichts weiter übrig bleibt, als sich einen neuen Körper im Saṃsāra zu suchen. Und selbst da bemüht sich das Totenbuch, dem Bewußtsein zu helfen, einen möglichst guten Körper zu finden.

Wir wollen nun einen Toten, einen „sogenannten Toten", auf seinem vom Totenbuch beschriebenen Wege vom Tod bis zur Wiedergeburt begleiten.

In seiner Sterbestunde tritt unser Toter in den ersten Bardo ein, den Bardo der Todeszeit. Im Bardo der Todeszeit leuchtet dem Verstorbenen zunächst während der kurzen Spanne zwischen dem Aufhören des äußeren Atems, d.h. der Atmung, und dem Aufhören des inneren Atems, d.h. des Pulsschlags, ein strahlendes Licht auf. Dies ist das Licht, in welchem ihm die Dharmatā, die wahre Natur der Dinge, erscheint, die ihrem Wesen nach leer ist, Leerheit. Wenn man sich von diesem strahlenden Licht nicht erschrecken läßt, sondern seine wahre Natur erkennt und damit das Wesen der Leerheit, ist man erlöst, ist man sofort ein Buddha.

Der Augenblick des Aufhörens der Atmung, also der eigentliche Moment des Todes, bietet somit die erste und die beste Chance zur Erlösung: Wenn man sie, wozu allerdings nur die wenigsten fähig sind, nutzt, braucht man in den Bardo praktisch gar nicht erst einzutreten, und deshalb braucht man auch das Leid des Bardo nicht erfahren. Denn im Bardo ist der Mensch eben noch nicht erlöst, er muß vielmehr auch dort leiden.

Unser Toter hat nun, wie zu befürchten war, das strahlende Licht der Dharmatā nicht erkannt, weil die Wirkkraft seines Karma zu mächtig ist. Aber

sofort wird ihm wieder eine Chance geboten: Nach dem Aufhören des Pulsschlags erscheint ihm noch einmal das strahlende Licht der Dharmatā und zerstört, wenn sein wahres Wesen erkannt wird, das Karma und bringt Erlösung.
Doch obwohl dieser Zustand dreieinhalb Tage andauert, begreift unser Toter wieder nicht. Nun muß er weiterwandern in den zweiten Bardo, den Bardo der Dharmatā, der wahren Natur der Dinge. Hier verblüfft ihn nicht mehr die strahlende Helligkeit reinen Lichts, hier spiegelt ihm sein Karma Trugbilder vor, und es erscheinen ihm Gestalten, Klänge, Lichter und Strahlen, die ihn erschrecken, bedrohen und ängstigen. Sein Bewußtsein hat sich inzwischen mit einem Geistkörper verbunden, einem Körper, der nicht aus Fleisch und Blut besteht, aber mit allen Sinnesfähigkeiten ausgestattet ist, so mit dem Gesichtssinn, den der Verstorbene besitzt, selbst wenn er während seines Lebens blind war. Der Geistkörper besitzt auch Wunderkräfte und kann z. B. gehen, wohin er will, nur nicht in einen Mutterschoß und nicht an den Ort, wo Buddha seine Erleuchtung erlangt hat. Der Geistkörper ist zugleich unverwundbar. Der Tote sieht nun, wie man seinen irdischen Körper entkleidet, die für ihn bestimmte Nahrung wegnimmt und seine Schlafstätte reinigt, und er vernimmt das Weinen und Wehklagen seiner Verwandten und Freunde. Doch er kann sich nicht mehr mit ihnen verständigen. Zwar sieht er sie, doch sie können ihn nicht sehen, und deshalb geht er voller Trauer weg.
Nun wird unserem Toten das Totenbuch weiter vorgelesen, um ihm zu erklären, was er sieht und was er tun soll. Er sei ja, so heißt es im Totenbuch, nicht der einzige, der diese Welt verlassen müsse, denn es gibt niemanden, der davon ausgenommen ist. Deshalb solle er sich nicht an dieses Leben klammern, denn selbst wenn er dies täte, so könnte er doch nicht verweilen, sondern müßte vielmehr weiterhin im Saṃsāra umherwandern. Er solle deshalb alles Begehren nach dieser Welt aufgeben und erkennen, daß alles, was ihm jetzt gleich erscheinen werde, so schrecklich es auch aussehen mag, nichts anderes sei als seine eigenen Vorstellungen, die Projektionen seines eigenen noch nicht gereinigten Geistes. Doch was ihm auch begegnen möge: er brauche sich nicht zu fürchten, denn es könne ihm nichts geschehen, da sein Geistkörper unverwundbar sei. Wenn er dies allerdings nicht begreife, werde er weiterwandern müssen zum Saṃsāra hin.
Alle diese Erklärungen dienen der Vorbereitung auf die Erscheinungen, die unserem Toten in den nächsten vierzehn Tagen begegnen sollen, doch, wie schon das strahlende Licht im Bardo der Todeszeit, nicht, um ihn zu erschrecken, sondern um ihn zur Erkenntnis zu bringen.
Zuerst erscheinen dem Bewußtsein des Toten nach und nach fünf Buddhas

in all ihrer Herrlichkeit, eingehüllt in gleißendes Licht und begleitet von ihrem Gefolge. Diese fünf Buddhas sind die Symbole für das gesamte Lehrgebäude des Tantra-Buddhismus, mit ihnen werden alle Ideen und Praktiken des Tantra-Fahrzeugs, des besten Fahrzeugs, das es gibt, verbunden. Und indem dem Bewußtsein des Toten die fünf Buddhas nacheinander und schließlich alle gemeinsam erscheinen, soll es aufgeweckt werden, damit es sich an die erlösungbringenden Tantralehren erinnert. Vor allem sollen die fünf Buddhas und ihre Begleiter den Toten daran erinnern, daß es die Befleckungen sind, von denen er sich befreien muß, die fünf Gifte Gier, Haß, Nichtwissen, Stolz und Neid; denn diese Befleckungen sind es, die das schlechte Karma verursachen, welches den Toten wieder in den leidvollen Saṃsāra hineinjagt, der wieder von den fünf Giften beherrscht wird.
Aber auch jetzt begreift unser Toter nicht, der Groschen fällt nicht: Anstatt die Bedeutung der Gestalten zu erkennen, anstatt zu verstehen, daß ihr strahlendes Licht das Licht der Dharmatā, der wahren Natur der Dinge, ist, läßt er sich durch sein schlechtes Karma dazu verleiten, sich dem angenehm milden Licht der saṃsārischen Existenzbereiche zuzuwenden, das gleichzeitig mit dem strahlend hellen Licht der Buddhas aufscheint. So verfehlt er wieder seine Chance und muß weiterwandern.
Doch gleich wird unserem Toten eine neue Chance geboten. Da sein Bewußtsein nicht durch das strahlende Licht der fünf Buddhas und ihrer Begleiter in ihrer von Natur aus milden, friedlichen Form von seiner Selbsttäuschung befreit werden konnte, erscheinen nun die gleichen Buddhas noch einmal, aber diesmal in ihrem zornigen, schrecklichen Aspekt als bluttriefende Ungeheuer, und gleichfalls wieder mit großem Gefolge. Spätestens jetzt sollte dem Toten aufgehen, daß, um die Katastrophe des Eintritts in eine neue saṃsārische Existenz zu vermeiden, alles daran gesetzt werden muß, um sich von den Befleckungen zu befreien und den falschen Ansichten zu entsagen. Denn es gibt kein besseres Mittel, um die so machtvollen Befleckungen auszumerzen, als die Gegenmacht der schrecklichen Gottheiten. Wie bereits schon die friedlichen Gottheiten, soll er deshalb auch ihre als zornige Gottheiten erscheinenden schrecklichen Aspekte als geistige Hilfsmittel ansehen, die er als persönliche Leitgottheiten, als Yidam, wählen kann. Auch die Yidam sind nichts anderes als Projektionen des eigenen Geistes: Projektionen allerdings, die, wenn man über sie meditiert und sie als das erkennt, was sie in Wirklichkeit sind, nämlich ebenfalls ohne Substanz, leer, ein besonders wirksames Mittel zur Ausmerzung der Befleckungen sind, welche die Erkenntnis und damit die Erlösung verhindern. Die Yidam spielen somit im Erlösungsprozeß eine ganz besonders wichtige Rolle. Deshalb werden sie auch im Namen des Totenbuchs genannt, das als Teil einer größeren Text-

sammlung bezeichnet wird, deren Titel „Die tiefgründige Lehre über die Selbsterlösung durch Meditation über die friedlichen und zornigen (Gottheiten) (d. h. über die Yidam)“ ist[23].

Es wäre deshalb grundfalsch, die Yidam als Feinde aufzufassen, wie dies die Anhänger des Hīnayāna und des nicht-tantristischen Mahāyāna tun und denen deshalb die Erlösung versagt bleibt.

Unserem Toten bleibt auch jetzt die Erlösung versagt: Denn nach den 42 friedlichen Gottheiten haben es auch die 58 zornigen Gottheiten nicht vermocht, ihn zur Erkenntnis zu bringen. Es bleibt ihm nun nichts anderes übrig, als in den dritten Bardo zu wandern, den Bardo des Wiedergeburtsprozesses. Sein Geist, sein Bewußtsein, wird vom Wind des Karma weitergetrieben und von allen möglichen schrecklichen Erscheinungen gejagt und gezogen, die in Wirklichkeit Gier, Haß und Nichtwissen sind, also seine eigenen Befleckungen. An keinem Orte kann er bleiben, und so erwacht in ihm allmählich die Sehnsucht nach einem neuen Körper, der, wenn er auch noch so schlecht wäre, wenigstens etwas Schutz gewähren dürfte. Das ist natürlich wieder eine Illusion. Doch gerade die Sehnsucht nach einem neuen Körper bietet wieder eine Erlösungschance: Wenn der Tote mit Hilfe des Totenbuchs erkennt, daß diese Sehnsucht falsch ist, hat er sich selbst erlöst.

Wenn er sich aber auch in dieser Situation nicht erlöst, treibt das schlechte Karma den Toten weiter zum Gericht. Das Totenbuch ermahnt ihn hier, sich nicht zu beklagen und niemand anderen als sich selbst für sein Mißgeschick verantwortlich zu machen, denn er hat sich schließlich alles selbst zuzuschreiben.

Im Gericht erwartet der Todesgott Yama unseren unglücklichen Wanderer und schaut in den Karma-Spiegel, in welchem alle bösen und guten Taten deutlich erscheinen. Und nun kommt eine der plastischsten Stellen des Totenbuchs. Es heißt: „Dann wird dir der Todesgott ein Seil um den Hals schlingen, dich wegführen, dir den Hals durchschneiden und das Herz herausreißen, er wird deine Eingeweide herausziehen, dein Blut trinken, dein Fleisch essen und deine Knochen abnagen. Aber du kannst nicht sterben, und selbst wenn dein Körper in Stücke zerhackt wird, er wird sich immer wieder erholen ... Da du ein Geistkörper bist, kannst du nicht getötet werden ... In Wirklichkeit bist du die Eigengestalt der Leerheit, deshalb brauchst du dich nicht zu fürchten. Der Todesgott und seine Knechte sind deine eigenen trügerischen Projektionen, die Eigengestalt der Leerheit. Auch du bist Leerheit, ein Geistkörper aus karmischen Neigungen. Leerheit aber kann Leerheit nichts anhaben.“ [24]

Doch auch die Schrecken des Gerichts haben unseren Toten nicht zum Erwachen aus seinen Illusionen gebracht. Wieder muß er weiter, und immer deutlicher wird es nun, daß ihm nichts anderes übrig bleibt, als sich einen neuen Leib zu suchen. Noch immer aber ist es möglich, eine Wiedergeburt zu verhindern: Der Tote kann, natürlich wieder mit Hilfe der Anweisungen des Totenbuchs, die Pforte des Mutterschoßes verschließen, d.h. er kann dafür sorgen, daß er nicht in den Mutterschoß eingeht. Eine dieser buddhistischen Methoden der Empfängnisverhütung wird wie folgt beschrieben:

„Zu dieser Zeit wirst du Erscheinungen von männlichen und weiblichen Wesen in geschlechtlicher Vereinigung sehen. Wenn du sie siehst, so denke daran, dich zurückzuhalten und nicht zwischen sie zu treten. Betrachte Mann und Frau als deinen Lama und seine Gefährtin. Wirf dich vor ihnen nieder und bringe ihnen geistig ein Opfer dar und bitte sie in großer Ehrfurcht um Belehrungen. Sobald du dich intensiv auf diesen Gedanken konzentrierst, wird das Tor des Mutterleibs sich bestimmt schließen.“ [25]

Wenn nun auch dies nichts nützt und der Tote, von der Macht des schlechten Karma wie von Furien verfolgt, nichts mehr gegen eine Wiedergeburt tun kann, so soll er jetzt wenigstens einsehen, daß nur eine Geburt in den Bereichen der Götter und Menschen erstrebenswert ist, nicht aber eine Geburt unter den Halbgöttern, Tieren, Hungergeistern oder gar unter den Höllenwesen. Wenn es unserem Toten gelingt, als Mensch wiedergeboren zu werden, so ist ihm unter den gegebenen Umständen das beste Los zuteil geworden. Denn der menschliche Körper ist ganz besonders kostbar, weil er ihm eine einzigartige neue Chance bietet: Wenn er an einem Ort wiedergeboren wird, an dem es die Lehre Buddhas gibt, so ist es nicht ausgeschlossen, daß er mit einem Lama zusammentrifft, mit einem Guru, und dieser Lama wird ihn wiederum darin unterweisen, was er tun muß, um die Erlösung zu erlangen.

Wir sind nun am Ende unserer Wanderung durch das buddhistische Totenreich angekommen. Es ist ein Reich der Schrecken, aber zugleich auch ein Reich immer neuer Chancen, das Leid, das letztlich immer nur selbstverursachtes Leid ist, durch Selbsterkenntnis zu überwinden und so die Erlösung zu erlangen. Die Pforte und die größte Chance zur Erlösung aber ist der Tod.

Anmerkungen

1 Eine kritische Ausgabe des in mehreren tibetischen Blockdrucken bekannten Originaltextes gibt es noch nicht. Für die folgenden Verweise und Zitate wurde eine Textausgabe benutzt, die 1969 von E(lisha) Kalsang *alias* Kalsang Lhundup in Varanasi veröffentlicht wurde: Bar-do'i thos-grol bžugs-so / The Tibetan Book of the Dead. By the Great Acharya, Shri Sing-ha. Eine Faksimileausgabe eines Blockdrucks erschien ebenfalls 1969 in Kelang (Indien): Źi khro dgoṅs pa raṅ grol; a

collection of rediscovered texts from the gter-ma of Karma-gliṅ-pa including the Bar-do thos-sgrol, often called the ‚Tibetan book of the dead'. Edited and supplemented by Rig-'dzin Ñi-ma grags-pa of Khams.

2 W. Y. Evans-Wentz, The Tibetan Book of the Dead or the After-Death Experiences on the Bardo Plane, according to Lāma Kazi-Samdup's English Rendering, London 1927; Francesca Fremantle und Chögyam Trungpa, The Tibetan Book of the Dead. The Great Liberation through Hearing in the Bardo by Guru Rinpoche according to Karma Lingpa, Berkeley/London 1975; Frank J. Mac Hovec, The Tibetan Book of the Dead, Mount Vernon, N. Y. 1972; Giuseppe Tucci, Il libro tibetano dei morti. Il libro della salvazione dall'esistenza intermedia, Milano 1949 (Neuausgabe: Il libro tibetano dei morti [Bardo tödol], Torino 1972).

3 W. Y. Evans-Wentz, Das tibetanische Totenbuch oder die Nachtod-Erfahrungen der Bardo-Stufe. Nach der englischen Fassung des Lama Kazi-Samdup herausgegeben, Zürich 1935 (übersetzt von Louise Göpfert-March); Francesca Fremantle und Chögyam Trungpa, Das Totenbuch der Tibeter, Düsseldorf/Köln 1976.

4 Eva K. Dargyay in Zusammenarbeit mit Gesche Lobsang Dargyay, Das tibetische Buch der Toten. Mit einer Einleitung von Lama Anagarika Govinda, Bern/München/Wien 1977.

5 Zürich 1938.

6 Die 4. englische Ausgabe erschien in erster Auflage 1971 (London/New York). Die deutsche Fassung wurde im Auftrag von Evans-Wentz von Lama Anagarika Govinda neu bearbeitet, kommentiert und eingeleitet (Zürich 1953); das einführende Vorwort von Lama Anagarika Govinda wurde von der 3. Ausgabe an (London/New York 1957) in die englische Fassung übernommen. Die 10. deutsche Auflage erschien 1975 (Olten/Freiburg i. Br.).

7 W. Y. Evans-Wentz, Das tibetanische Totenbuch, 1975, 42.

8 Vgl. hierzu Detlef-I. Lauf, Geheimlehren tibetischer Totenbücher. Jenseitswelten und Wandlung nach dem Tode. Ein west-östlicher Vergleich mit psychologischem Kommentar, Freiburg i. Br. 1975, vor allem Kap. I: Die Traditionen der tibetischen Totenbücher (S. 19–30); dort auch Angaben über die Sekundärliteratur, siehe das Verzeichnis der Sekundärliteratur (S. 271) und die Anmerkungen und Hinweise (S. 259–265); bei Lauf nicht genannt ist: Pavel Poucha, Das tibetische Totenbuch im Rahmen der eschatologischen Literatur, in: Archiv Orientální 20 (1952), 136–162.

9 Vgl. z. B. Helmut Hoffmann, Tibet: A Handbook, Bloomington, Ind. 1975, 130.

10 Zab-čhos ži-khro dgoṅs-pa raṅ-grol las. bar-do thos-grol čhen-mo.

11 Dies versichert mir ein hoher Geistlicher der dGe-lugs-pa-Schulrichtung, der sich übrigens mein Exemplar des Totenbuchtextes auslieh, um das Totenbuch zum ersten Male in seinem Leben zu lesen.

12 Text S. 67: 'di ni čhos thams-čad-kyi bčud len-no.

13 Text S. 109: dus-gsum saṅs-rgyas-kyi bcal-kyaṅ 'di-la lhag-pa mi rñed-pa'i čhos yin-no.

14 Zur allgemeinen Information über die Grundgedanken des Buddhismus sei u. a. auf folgende Werke verwiesen: Edward Conze, Der Buddhismus: Wesen und Entwicklung, [6]Stuttgart 1977 (Urban Bücher 5); Dieter Schlingloff, Die Religion des Buddhismus, 2 Bde, Berlin 1962 u. 1963 (Sammlung Göschen 174 u. 770); André Bareau, Der indische Buddhismus, in: André Bareau, Walther Schubring, Christoph von Fürer-Haimendorf, Die Religionen Indiens III: Buddhismus – Jinismus – Primitivvölker, Stuttgart 1964 (Die Religionen der Menschheit 13).

15 Nyanatiloka, Buddhistisches Wörterbuch, Konstanz o. J., 187; Hermann Oldenberg, Buddha: Sein Leben, seine Lehre, seine Gemeinde, [13]Stuttgart 1959 (hrsg. v. Helmuth von Glasenapp), 137; Conze, a. a. O., 39.

16 Über die tibetische Form des Buddhismus unterrichten u. a. Giuseppe Tucci, Die Religionen Tibets, in: Giuseppe Tucci und Walther Heissig, Die Religionen Tibets und der Mongolei, Stuttgart/Berlin/Köln/Mainz 1970 (Die Religionen der Menschheit 20); ders., Tibet: Land of Snows, London 1967; D. L. Snellgrove, Buddhist Himālaya, Oxford 1957; R. A. Stein, Tibetan Civilization, London 1972; Helmut Hoffmann, Tibet: A Handbook, Bloomington, Ind. 1975 (Indiana University Asian Studies Research Institute. Oriental Series 5).

17 Über das Tantrayāna vgl. ergänzend auch Helmuth von Glasenapp, Buddhistische Mysterien: Die geheimen Lehren und Riten des Diamant-Fahrzeugs, Stuttgart 1940.

18 Text S. 14: 1. raṅ-bžin skye-gnas-kyi bar-do; 2. rmi-lam-gyi bar-do; 3. tiṅ-ṅe-'jin bsam-gtan-gyi bar-do.

19 Text S. 14 f.: 1. 'čhi-kha'i bar-do; 2. čhos-ñid bar-do; 3. srid-pa bar-do. Diese drei Bardos werden im Text auf den Seiten 6–14, 14–69 und 70–106 behandelt.

20 Text S. 9; das Totenbuch spricht hier nur von der progressiven Absorption; die damit einhergehenden Sterbemerkmale sind z. B. in folgendem Text aufgeführt: Bar-do 'phraṅ-sgrol-gyi gsol-'debs 'J̌igs-sgrol-gyi dpa'-bo žes-bya-ba, verfaßt vom Šā-kya bcun-pa Blo-bzaṅ čhos-kyi rgyal-mchan, d. h. dem 1. Pantschen Lama (1570–1662). In: Paṇ-čhen thams-čad mkhyen-pa čhen-po'i gsuṅ-thor-bu-ba phyogs-gčig-tu bsdebs-pa-rnams bžugs-so, fol. 30 r 5–31 v 2.

21 Text S. 9 u. 15: da ni 'čhi-ba žes-bya-ba der slebs ...

22 Vgl. oben S. 181 und Anm. 21: „Jetzt ist das, was man Tod nennt, gekommen."

23 Zab-čhos ži-khro dgoṅs-pa raṅ-grol, vgl. oben S. 176 und Anm. 10.

24 Text S. 81.

25 Text S. 92.

Autorenverzeichnis

Klaus Fischer, geb. 1919, Dr. phil., Professor an der Universität Bonn (Seminar für Orientalische Kunstgeschichte).

Hauptforschungsgebiet: Indische Kunstgeschichte.

Veröffentlichungen u.a.: Caves and Temples of the Jains, Aliganj 1956. 5000 Jahre Kunst aus Indien. Ausstellungskatalog, Essen 1959. Schöpfungen indischer Kunst von den frühesten Bauten und Bildern bis zum mittelalterlichen Tempel, 2. Aufl. Köln 1961. Dächer, Decken und Gewölbe indischer Kultstätten und Nutzbauten, Wiesbaden 1974. Indische Baukunst islamischer Zeit, Baden-Baden 1976. (Hrsg.) Veröffentlichungen des Seminars für Orientalische Kunstgeschichte der Universität Bonn. Reihe A: Nimruz, 1974f.; Reihe B: Antiquitates orientales, 1977f.

Hanns Gabelmann, geb. 1936, Dr. phil., Professor an der Universität Bonn (Archäologisches Institut).

Hauptforschungsgebiet: Klassische und provinzialrömische Archäologie.

Veröffentlichungen u.a.: Studien zum griechischen Löwenbild, Berlin 1965. Das Kapitol in Brescia, in: Jahrbuch des Römisch-Germanischen Zentralmuseums Mainz 18 (1971), 124–145. Die Typen der römischen Grabstelen am Rhein, in: Bonner Jahrbücher 172 (1972), 65–140. Römische Grabmonumente mit Reiterkampfszenen im Rheingebiet, in: Bonner Jahrbücher 173 (1973), 132–200. Die Werkstattgruppen der oberitalischen Sarkophage, Bonn 1973. Zur hellenistisch-römischen Bleiglasurkeramik in Kleinasien, in: Jahrbuch des Deutschen Archäologischen Instituts 89 (1974), 260–307.

Karl Hoheisel, geb. 1937, Lic. theol., Dr. phil., Privatdozent an der Universität Bonn (Religionswissenschaftliches Seminar).

Hauptforschungsgebiet: Judentum und Umwelt des frühen Christentums, Neureligionen, Methode und Geschichte der Religionswissenschaft, Religionsgeographie.

Veröffentlichungen u.a.: Das Urteil über die nichtchristlichen Religionen im Traktat „De errore profanarum religionum“ des Iulius Firmicus Maternus, Phil. Diss., Bonn 1972. Das antike Judentum in christlicher Sicht. Ein Beitrag zur Forschungsgeschichte, Habil.-Schrift, Wiesbaden 1978. Rückwirkungen abendländischer Religionsforschung auf neuere Entwicklungen in den Weltreligionen, in: G. Stephenson (Hrsg.), Der Religionswandel unserer Zeit im Spiegel der Religionswissenschaft, Darmstadt 1976, 262–275. „Religionenunterricht" als neues Schulfach, in: U. Tworuschka–D. Zillessen (Hrsg.), Thema Weltreligionen, Frankfurt/M., Berlin, München 1977, 103–108. Das unendliche Mitfühlen eines Bodhisattva, ebd., 159–168.

Hans-Joachim Klimkeit, geb. 1939, Dr. phil., o. Professor an der Universität Bonn (Religionswissenschaftliches Seminar).

Hauptforschungsgebiet: Indische Religionsgeschichte, Manichäismus, Probleme des Religionsvergleichs.

Veröffentlichungen u.a.: Das Wunderverständnis Ludwig Feuerbachs in religionsphänomenologischer Sicht, Bonn 1965. Anti-religiöse Bewegungen im modernen Südindien. Eine religionssoziologische Untersuchung zur Säkularisierungsfrage, Bonn 1971. Das Prinzip des Verstehens bei Joachim Wach, in: Numen 19 (1972), 216–228. Spatial Orientation in Mythical Thinking as Exemplified in Ancient Egypt. Considerations toward a Geography of Religions, in: History of Religions 14 (1974–75), 266–281. Die „Teufelstänze" von Südindien, in: Anthropos 71 (1976), 555–578. Manichäische und buddhistische Beichtformeln aus Turfan. Beobachtungen zur Beziehung zwischen Gnosis und Mahāyāna, in: Zeitschrift für Religions- und Geistesgeschichte 29 (1977), 193–228.

Tilman Nagel, geb. 1942, Dr. phil., Professor an der Universität Bonn (Seminar für Orientalische Sprachen).

Hauptforschungsgebiet: Geschichte der islamischen Welt, insbesondere auch Religions- und Kulturgeschichte des Islams.

Veröffentlichungen u.a.: Die Qiṣaṣ al-anbiyā'. Ein Beitrag zur arabischen Literaturgeschichte, Phil. Diss., Bonn 1967. Untersuchungen zur Entstehung des abbasidischen Kalifats, Bonn 1972. Frühe Ismailiya und Fatimiden im Lichte der Risālat iftitāḥ ad-da'wa, Bonn 1972. Rechtleitung und Kalifat. Versuch über eine Grundfrage der islamischen Geschichte, Bonn 1975.

Jakob Ozols, geb. 1922, Dr. phil., Professor an der Universität Bonn (Institut für Vor- und Frühgeschichte).

Hauptforschungsgebiet: Vorgeschichte Osteuropas und Eurasiens, frühe Geistesgeschichte, Felsbilder.

Veröffentlichungen u.a.: Herkunft der zentralrussischen Fatjanowo-Kultur, Berlin 1962. Baltische Steinkistengräber-Kultur, Berlin 1969. Die vor- und frühgeschichtlichen Burgen Semgallens, Bonn 1971. Die Bootaxt- und die Spätkammkeramische Kultur des Baltischen Gebietes, Bonn 1972.

Otto Plöger, geb. 1910, D., em. o. Professor an der Universität Bonn (Ev.-theol. Fakultät).

Hauptforschungsgebiet: Altes Testament, jüdisch-hellenistische Zeit.

Veröffentlichungen u.a.: Theokratie und Eschatologie, Neukirchen 1959, 3. Aufl. 1968. Das Buch Daniel, Gütersloh 1965. Die fünf Megilloth (zusammen mit E. Würthwein und K. Galling), 2. völlig neu bearb. Aufl. Tübingen 1969. Zusätze zu Daniel, in: Jüdische Schriften aus hellenistisch-römischer Zeit, Bd. 1, Lfg. 1, Gütersloh 1973.

Klaus Sagaster, geb. 1933, Dr. phil., Professor an der Universität Bonn (Seminar für Sprach- und Kulturwissenschaft Zentralasiens).

Hauptforschungsgebiet: Kulturgeschichte Zentralasiens.

Veröffentlichungen u.a.: Über einige Ausdrücke für „sterben" im Mongolischen (zusammen mit M. M. Haltod), in: Sitzungsberichte der 6. Arbeitstagung der Permanent International Altaistic Conference in Helsinki 4.–8. 6. 1963, Helsinki 1964, 99–119. Ein Dokument des Tschinggis-Khan-Kults in der Khalkha-Mongolei, in: Collectanea Mongolica, Wiesbaden 1966, 193–234. Subud Erike – „Ein Rosenkranz aus Perlen". Die Biographie des 1. Pekinger lČaṅ skya Khutukhtu Ṅag dbaṅ blo bzaṅ č'os ldan, Wiesbaden 1967. „Der Siebziglügner". Ein mongolisches Lustspiel von Tsch. Oidow (zusammen mit M. M. Haltod), in: Serta Tibeto-Mongolica, Wiesbaden 1973, 105–169. Die Weiße Geschichte (Čaγan teüke). Eine mongolische Quelle zur Lehre von den Beiden Ordnungen Religion und Staat in Tibet und der Mongolei, Wiesbaden 1976. Das mongolische Epos Khüwei Buidar Khṻ. Eine symbolkundliche Untersuchung, in: Central Asiatic Journal 21 (1977), 234–250.

Heinrich Schützinger, geb. 1924, Dr. phil., Professor an der Universität Bonn (Orientalisches Seminar).

Hauptforschungsgebiet: Arabische Märchen- und Legendenliteratur, arabische Überlieferungsgeschichte, akkadische Literatur.

Veröffentlichungen u.a.: Ursprung und Entwicklung der arabischen Abraham-Nimrod-Legende, Bonn 1961. Die arabische Legende von Nebukadnezar und Johannes dem Täufer, in: Der Islam 40 (1965), 113–141. Die arabische Jeremia-Erzählung und ihre Beziehungen zur jüdischen religiösen Überlieferung, in: Zeitschrift für Religions- und Geistesgeschichte 25 (1973), 1–19. Das Kitāb al-Muʿǧam des Abū Bakr al-Ismāʿīlī, Wiesbaden 1977.

Josef Franz Thiel, geb. 1932, Dr. phil., Professor an der Universität Bonn (Seminar für Völkerkunde).

Hauptforschungsgebiet: Ethnologie allgemein, Religionsethnologie (Religion der Naturvölker, regional: Schwarzafrika, besonders Bantureligionen).

Veröffentlichungen u.a.: La situation religieuse des Mbiem (CEEBA II, 1), Bandundu 1972. Geschichtliche Überlieferungen der Yansi, in: Anthropos 68 (1973), 235–291. (Hrsg., zusammen mit A. Doutreloux) Heil und Macht – Approches du sacré, St. Augustin 1975. Ahnen – Geister – Höchste Wesen, St. Augustin 1977.

Claus Vogel, geb. 1933, Dr. phil., o. Professor an der Universität Bonn (Indologisches Seminar).

Hauptforschungsgebiet: Klassische Sanskritliteratur, Buddhismus, indische Lexikographie, indische Zeitrechnung, indische Medizin.

Veröffentlichungen u.a.: Vāgbhaṭa's Aṣṭāṅgahṛdayasaṃhitā. The first five chapters of its Tibetan version, Wiesbaden 1965. Surūpa's Kāmaśāstra. An erotic treatise in the Tibetan Tanjur, Helsinki 1965. The Teachings of the Six Heretics, Wiesbaden 1970. Śrīdharasenas Viśvalocana. Ein Jaina-Wörterbuch des Sanskrit im lamaistischen Kanon, Göttingen 1976.

Heinrich Zimmermann, geb. 1915, Dr. theol., o. Professor an der Universität Bonn (Kath.-theol. Fakultät, Neutestamentliches Seminar).

Hauptforschungsgebiet: Neutestamentliche Wissenschaft.

Veröffentlichungen u.a.: Die Geschichte der altlateinischen Überlieferung des zweiten Korintherbriefes (BBB 16), Bonn 1960. Das absolute ICH BIN als die neutestamentliche Offenbarungsformel, in: Biblische Zeitschrift NF 4 (1960), 54–69, 266–276. Christushymnus und johanneischer Prolog, in: Neues Testament und Kirche. Festschrift für R. Schnackenburg, Freiburg i. Br. 1974, 249–265. Neutestamentliche Methodenlehre. Darstellung der historisch-kritischen Methode, 5. Aufl. Stuttgart 1975. Jesus Christus – Geschichte und Verkündigung, 2. Aufl. Stuttgart 1975. Das Bekenntnis der Hoffnung. Tradition und Redaktion im Hebräerbrief (BBB 47), Köln–Bonn 1977.

Bildnachweis

J. Ozols, Über die Jenseitsvorstellungen des vorgeschichtlichen Menschen

Abb. 1: Nach A. Okladnikov u. V. Zaporožskaja, Lenskie pisanici, Moskau/Leningrad 1959, Tf. 37.
Abb. 2: Nach einer Zeichnung von H. Breuil.
Abb. 3: Zeichnung nach Originalabbildungen.
Abb. 4: Zeichnung nach Originalabbildungen.
Abb. 5: Nach S. Giedion, Die Entstehung der Kunst, Köln 1964, Abb. S. 122.
Abb. 6: Nach H. Breuil, Quatre cents siècles d'art pariétal, Montignac 1962, Abb. 129.
Abb. 7: Zeichnung nach Originalabbildungen.
Abb. 8: Zeichnung nach Originalabbildungen.
Abb. 9: Nach J. Ozols, Zur Problematik der ostspanischen Felsbilder, in: Festgabe für Kurt Tackenberg zum 75. Geburtstag, Bonn 1974, Abb. 2.
Abb. 10: Zeichnung nach Originalabbildungen.
Abb. 11: Zeichnung nach Originalabbildungen.
Abb. 12: Nach A. Nordén, Östergötlands bronsålder I, Linköping 1925, Tf. CXIX.
Abb. 13: Nach A. Nordén, Östergötlands bronsålder I, Linköping 1925, Tf. LI.
Abb. 14: Nach J. Ozols, in: Kölner Jahrbuch 11 (1970), Abb. 11, 1.
Abb. 15: Nach W. Widmann, Rechts und links von der Milchstraße, Stuttgart 1970, Abb. 1.

H. Gabelmann, Tod und Apotheose in der römischen Grabkunst

Abb. 1: Neg. Deutsches Archäologisches Institut (abgekürzt: DAI) Rom 3244.
Abb. 2: Foto Marburg 180307.
Abb. 3: Foto aus Besitz des Archäologischen Instituts Bonn.
Abb. 4: Neg. DAI Rom 61.1417.
Abb. 5: Neg. DAI Rom 33.150.
Abb. 6: Foto Marburg 180354.
Abb. 7: Neg. DAI Rom 31.958.
Abb. 8: Foto Marburg 180393.

Abb. 1: Nach Foucher / Auboyer, Fig. 11.
Abb. 2: Nach Foucher / Auboyer, Fig. 12.
Abb. 3: Nach Foucher / Auboyer, Fig. 45, 1.
Abb. 4: Nach Foucher / Auboyer, Fig. 45, 2.
Abb. 5: Nach Foucher / Auboyer, Fig. 45, 3.
Abb. 6: Nach Foucher / Auboyer, Fig. 29.
Abb. 7: Nach Foucher / Auboyer, Fig. 37, 1.
Abb. 8: Nach Foucher / Auboyer, Fig. 37, 2.
Abb. 9: Nach Foucher / Auboyer, Fig. 37, 3.
Abb. 10: Foto Fischer.
Abb. 11: Foto Museum Madras.
Abb. 12: Foto Museum Mariemont.
Abb. 13: Nach Grünwedel, Altbuddhistische Kultstätten in Chinesisch-Turkestan, Fig. 201.
Abb. 14: Litvinskij, Adžina-Tepe, S. 72/73.
Abb. 15: Nach Grünwedel, Altbuddhistische Kultstätten in Chinesisch-Turkestan, Fig. 92.
Abb. 16: Nach Härtel, Indische und zentralasiatische Wandmalereien, Bild 26.

Register